U0809076

区域文化与文学研究集刊

Studies of Regional Culture and Literature

周晓风　杨华丽　凌孟华◎主编

第8辑

中国当代文学研究会区域文学委员会
重庆师范大学区域文化与文学研究中心
重庆师范大学文学院
主办

中国社会科学出版社

图书在版编目（CIP）数据

区域文化与文学研究集刊．第8辑/周晓风，杨华丽，凌孟华主编．—北京：中国社会科学出版社，2020.12

ISBN 978－7－5203－7568－9

Ⅰ.①区… Ⅱ.①周…②杨…③凌… Ⅲ.①区域文化—中国—文集②中国文学—文学研究—文集 Ⅳ.①G122－53②I206－53

中国版本图书馆CIP数据核字（2020）第244304号

出 版 人 赵剑英
责任编辑 慈明亮
责任校对 王 龙
责任印制 戴 宽

出 版 中国社会科学出版社
社 址 北京鼓楼西大街甲158号
邮 编 100720
网 址 http://www.csspw.cn
发 行 部 010－84083685
门 市 部 010－84029450
经 销 新华书店及其他书店

印 刷 北京明恒达印务有限公司
装 订 廊坊市广阳区广增装订厂
版 次 2020年12月第1版
印 次 2020年12月第1次印刷

开 本 710×1000 1/16
印 张 20
插 页 2
字 数 298千字
定 价 99.00元

凡购买中国社会科学出版社图书，如有质量问题请与本社营销中心联系调换
电话：010－84083683
版权所有 侵权必究

本刊学术委员会名单

学术顾问

杨　义　中国社会科学院文学研究所
吕　进　西南大学中国新诗研究所
曹顺庆　四川大学文学与新闻学院
周　勇　重庆市地方史研究会

学术委员会主任

杨匡汉　中国社会科学院文学研究所

学术委员会成员（以姓氏拼音为序）

程光炜　中国人民大学文学院
靳明全　重庆师范大学文学院
李　怡　四川大学文学与新闻学院
刘　勇　北京师范大学文学院
谭桂林　南京师范大学文学院
田建民　河北大学文学院
王本朝　西南大学文学院
吴进安　（台湾）云林科技大学汉学资料整理研究所
吴　俊　南京大学文学院
杨匡汉　中国社会科学院文学研究所
袁盛勇　陕西师范大学文学院
张福贵　吉林大学文学院
张全之　上海交通大学人文学院
张显成　西南大学文献研究所
张新科　陕西师范大学文学院
张中良　上海交通大学人文学院
赵学勇　陕西师范大学文学院
周晓风　重庆师范大学文学院
周裕锴　四川大学文学与新闻学院
朱栋霖　苏州大学文学院
朱寿桐　澳门大学中文系
朱晓进　南京师范大学文学院

本刊编委会人员名单

主　编

周晓风　杨华丽　凌孟华

本辑执行主编

杨华丽

编委会成员（以姓氏拼音为序）

李文平　李祖德　凌孟华　王昌忠

熊飞宇　杨华丽　杨　姿　周晓风

编　务

范国富　付冬生

目　　录

彭燕郊百年诞辰纪念专栏

现代巴蜀湮没文学研究

江南文化与江苏文学研究

区域文化与比较文学研究

区域文化与古代文学研究

稿 约

彭燕郊百年诞辰纪念专栏

主持人：谭桂林教授

主持人语：

最初知道彭先生的名字，记得是在20世纪80年代初。当时大学的现代文学史课上，还没有提到七月派诗人，但我留校任教后，有幸去参加了一次湖南现代文学学会在衡山举办的年会，在这次会上听说了彭先生的许多传闻，尤其是听说他因胡风案身陷囹圄，出狱后落魄在长沙街头拖板车谋生，对诗的痴心犹然不改，让我好生敬佩。真正见到先生，则是在到湖南师大工作之后。中文系学生有一个黑蚂蚁诗社，他们请彭先生来讲诗，我被学生叫去做主持。那时的物质条件很简陋，没有报告厅，没有多功能，普通的教室，普通的硬板凳，彭先生没有一点大诗人的架子，和青年学生们之间交流得那么畅快，那么开心，目睹其景，我心里真是说不出的感动。后来的几次见面，就更私人化了。每到暑期，彭先生都到他住所旁边不远的银州游泳池畅泳，我那时也常陪小孩去参加游泳班。彭先生喜欢仰泳，平躺在水面上，舒展开手脚，仰望着苍穹，一动不动，任由着别人从他身边划过。那时我正读到先生的散文诗《混沌初开》，“你飘荡在零和绝对的无形深渊，飘荡是你得到的报偿，在无穷无尽与无穷无尽的浮游里，你感到你作为一个实体的存在”。我想，先生这时也许已经进入浩渺广远的无的境界，无眼耳鼻舌身，无色香触味法，无智亦无得，无穷亦无尽。那境界，既像是一个久经沧桑的老人超越物我天人的界限，呈现出的一个完整的无形，又像是混沌初开时的一个赤子，在没有白天也没有黑夜的时间状态里，从一个梦走向又一个梦的绝对的“凌空”。所以，每次我都是远远地瞻望着，不敢靠近去打扰先生。

今年是彭燕郊先生诞辰百周年，我不知道当下诗坛将以什么样的方式来纪念这位贡献卓越的天才诗人，我只知道湖南有几位中青年学者，也是彭先生当年的学生和忘年之交，他们在自己的工作和研究之余，整理先生尚未刊发的遗作，收集先生散佚的各种信件遗物，张罗着一个百年纪念集的出版。这些都是很好的消息，也是很有必要性的工作。但我觉得，这些工作对于彭先生的研究而言，或许还只是一个开始。在中国现代诗歌史上，很少有像彭先生这样的从不跟风去讴歌所谓“时代主题”，而是执着甚至有点固拗地吟唱着自我心中的土地、故乡、母亲、自然，很少有像彭先生这样从一开始写作就呈现出磅礴的大气，而且直到老年还勃发着盎然的艺术创造力，从人间烟火走向宇宙大化，冥思自然与生命的根本所在，当然，也很少有人像彭先生那样，毕其一生都保持着对自由新诗的忠诚与膜拜，当不少的当年新诗弄潮儿都免不了去写写古体、弄点民歌来应景时，彭先生的诗歌探索则始终坚守着新诗无韵、无形也无律的自由精神。或许正是因为这种不趋势骛时的个性坚守，彭先生不免有点寂寞，但正如冯至在其《十四行集》里对鼠曲草的描绘：“一切的形容，一切喧嚣/到你身边，有的就凋落，/有的化成了你的静默；这是你伟大的骄傲/却在你的否定里完成。”寂寞在很多时候，不是诗人的局限，而是诗人的荣耀。但像彭先生这样具有卓越贡献的诗人不幸寂寞，乃是诗评家们的局限，甚至耻辱。我相信在不会太远的将来，随着那些主题泡沫的消失和时尚喧嚣的凋落，彭燕郊诗歌的价值和意义，一定能够“穿越地壳断层般的厚薄光波，奔跑于喷泉般落下的光珠之间，得到光辉的洗礼”（《混沌初开》）。

鲁迅曾经说过，批评作家最好的方法是知人论世。彭燕郊诗歌研究的深入与拓展，首先也应该从认知和理解彭燕郊这个独特的天才个体开始。因而生平资料的收集、整理与阐释，应该说是目前彭燕郊研究的一个最为基础也最为迫切的工作，这也是我最初想编这样一组专栏的用意所在。感谢《区域文化与文学研究集刊》给我这个机会，向彭燕郊先生百年诞辰献上一份小礼。彭燕郊先生出生福建，但他一生的大半时光是在湖南度过。他常年耕耘在湖南的教育界，为湖南当代的文学教育培养了一批重要的骨干。他也是当代著名的“晚年写作”的代表性诗人，他的晚年诗作，深邃博大，哲思悠远，那些探寻宇宙终极奥秘的诗歌意境深深地浸润着楚文化的天问精神，而他以沈雄遒劲的笔触书写土地、母亲意象的诗歌，深深感染和鼓舞着湖南一代又一代新乡土诗人的成长。

可以说，彭燕郊先生的诗歌创作既是当代湖湘文学的最高成就之一，也是湖湘文化在全球化时代里大力转型走向世界的代表与标杆。研究湖湘文化这一颇具特色的区域文化的当下发展，无疑离不开对这一标杆的理解、分析与评价。我希望《区域文化与文学研究集刊》刊发这一组专栏文章，能够引发学术界对彭燕郊与湖湘文化之关系的深入探索。同时也要感谢专栏中的三位作者的鼎力相助。旭东先生现任湖南作家协会副主席，是我在湖南工作时经常见面的文友，易彬教授则是国内目前活跃在学术前沿的新诗研究专家，他们都与彭先生有着长期的交往，喜爱彭先生的诗作，熟悉彭先生的生平，景仰彭先生的人格，由他们来作彭先生生平资料的整理，无疑十分合适，而且可信度高。我相信这个小栏目不仅能够引发现代诗歌界研究阐释和重新评价彭燕郊的学术兴趣，而且能够给读者提供认知彭燕郊先生的一个角度，给现代文学的研究者们提供一种启示。

“在你付出一切的时候你已经获得一切，强烈骚动开始的瞬间你已进入宁静的永恒。”这是彭燕郊先生写在散文诗《躁动》中的诗句，借用于此，权当这一主持人语的结束。

2020 年 7 月 31 日写于长沙

人，应该是历史的儿子

——彭燕郊散文选集《未知的世界》后记

龚旭东*

十分感谢董宁文兄提供了可以为彭燕郊先生编辑一本散文选的机会。但是因为种种原因，我将编选的时间拖得太久，实在是惭愧、焦急而又无奈。

一转眼，彭燕郊老师（我和他的许多朋友学生一样，还是习惯像他生前那样称他“彭老师”）去世已经十二年了。2018 年 3 月 31 日是彭燕郊老师逝世十周年的忌日，他的生前好友与学生们举行了一个小规模的纪念会，十分动情地谈论并缅怀他。十二年来，他的家人、朋友和学生们也一直在坚持不懈地整理他的遗作，已经收集整理了他的许多书信、日记、诗文稿等，已出版的有《一朵火焰》《漂瓶》《那代人》（他生前拟目的三卷本诗歌及回忆散文选集，花城出版社 2010 年版，署“彭燕郊纪念文丛”)、《彭燕郊谈中外诗歌》（杜平整理、徐炼导读注释，湘潭大学出版社 2011 年版)、《梅志彭燕郊往来书信全编》（张晓风、龚旭东整理辑注，海燕出版社 2012 年版)、《我不能不探索——彭燕郊晚年谈话录》（易彬整理，漓江出版社 2014 年）等，已整理完毕及正在整理中的有《彭燕郊陈耀球往来书信集》（易彬、陈以敏整理注释，百花洲文艺出

---

* ［作者简介］龚旭东，男，曾任长沙教育学院中文系主任、《三湘都市报》副总编辑，现任《湖南日报·湘江周刊》主编，湖南省作家协会副主席，湖南省文艺评论家协会副主席，湖南文学评论学会副会长。

版社 2020 年版）、《风前大树：彭燕郊诞辰百年纪念集》（易彬、龚旭东编，西苑出版社 2020 年版）、《彭燕郊陈实往来书信集》等。这些资料中蕴含的丰富史料，对于彭燕郊研究乃至整个中国当代文学与文化史研究，具有极为重要的价值与意义，他与朋友们的往来书信更是近几十年来我们时代的百科全书式的见证与资料库。

彭燕郊先生在七十年如一日地创作诗歌的同时，还写有大量文章。在我草拟的“彭燕郊文集”分集目录中，十之七八是各类散文随笔、论文、序跋、书信、日记、访谈等，这些文章和书信日记等除了上述各书及早期散文集《浪子》（桂林水平出版社）、诗论集《和亮亮谈诗》（生活・读书・新知三联书店）、《彭燕郊诗文集・评论卷》（湖南文艺出版社）和随笔集《纸墨飘香》（岳麓书社）外，其余都未曾收录出版过。彭燕郊先生散见于报刊的文章太多，因此编辑这部散文选，在我是颇费思量的。

最初的编选想法，是先编辑由我经手的他在《三湘都市报》刊发的数十篇随笔，这是我完全熟悉了解的，许多手稿仍保留着，这些随笔比较轻松好读，较符合宁文兄“开卷文丛”的定位，但一着手却发现这是一个巨大的工程，我得一天天地将整整 20 年的报纸翻阅一遍，还得复印并录入为电子文本。随后我想编一部他在报纸上所开专栏的散文随笔选集。他的许多文章在报纸上发表时因为篇幅等各种原因删削甚多，比如他的已经产生很大影响的回忆文集《那代人》中收录的许多文章与我保存的手稿相比较（他认为重要的诗文都会复写一份交我保存），是很不完整的；但一编起来也发现版本比较与录入的工作量太大，以我目前的工作状态完全无法实际操作。最终，我只能先在已经有电子文本的文章范围内进行编选，并确定了几条原则：入选文章必须是未曾收入彭燕郊先生各种已出选本的；以散文随笔为主，不选各类论文、书信、日记、访谈等；考虑可读性，适当拓宽编选范围，以展现彭燕郊独特的关注视野、写作旨趣与写作风格。编选中有许多斟酌、比较、选择等纠结，最终便成了现在这样的面貌。

眼下的选本分为如下几辑：关于自己的言说（八篇）；早年佚文（两篇）；对师友回忆与怀念（七篇）；报纸随笔（十八篇）；关于诗歌的评说（五篇）。下面就一些应该和值得说明之处加以交代。

彭燕郊关于自己的言说的一组文章中，前三篇《我是谁?》《未知的世界》《躲到爱好里》是一组。

我一直希望并劝说彭燕郊先生写回忆录，但他一直不大愿意写，因为他很看不起许多人晚年所写的借重名流炫耀自我、谬托知己的回忆录，他认为简单记述式地将个人的生活经历写出来意义不大，回忆须有精神含量、须能够见出时代精神方有价值。他在最后几年的日子里开始以自己的方式写了许多关于师友们的系列回忆（如胡风、聂绀弩、艾青等）。后来我劝得多了，他终于有所松动，开始写关于自己早年生活的系列回忆文章《岁月如歌》，这三篇是这一系列文章的开篇，从中可以看出彭燕郊生命与文学创作的底色和缘起，他终生葆有和发展着少年时代的精神特质。很显然，这些文章与人们习见的回忆录有着很大的距离（倒让我想起托尔斯泰的《童年・少年・青年》），我认为彭老师所写的，乃是一份精神自传，有着他独有的诗性特征。

后来我劝他在勾勒“精神自传”的同时，再写一个感性化的生活经历自传系列（以他十分丰富复杂的经历与见闻、以他的博识强记与生动笔墨，那将是大有“看头”的），与这个已经开始写的“精神自传”构成一部生活与精神的“二重奏”。我的这个“二重奏”的说法似乎触动了他，他终于答应我在写完计划好的几首长诗后“试试看”。遗憾的是，这已经是一个未完成的构想。我一直期望在他未整理的遗稿中能发现这个“二重奏”的大纲。

这辑文章的其他几篇，都是彭燕郊关于自己精神与艺术创作追求的自状，很真实、诚实，因为饱含精神性而富于诗性，对于了解彭燕郊的艺术创作、艺术理念，乃至对于理解他的作为艺术的诗歌创作，是具有深刻启示性的。其中，《“诗歌与人・诗人奖”获奖答谢词》是彭燕郊为获得第二届“诗歌与人・诗人奖”的颁奖典礼所写手稿（未分段），但据陪同彭老师去广州领奖的诗人远人告诉我，彭老师在颁奖现场并没有读这份手稿，而是脱稿即席致了答谢词，他的演说令在场的诗人们热泪盈眶。也就是说，还有一篇《“诗歌与人·诗人奖”获奖答谢词》。我一直在寻找这份记录，希望有一天能够找到当时的视频，记录下这次感人的演说。

随后的两篇早年佚文《暗冷的月夜》和《茶棚下》（亦可以说是自传式的文章）十分难得，记录了抗战期间彭燕郊一家逃难至贵州时的情境与心绪，少有地纪实性地述说了他与妻子的情感与家庭生活状况。彭老师曾几次向我诉说这段难忘的经历。抗战时期他们一家三口逃亡至贵州时已经无法维持生活，彭燕郊只好离开妻女想去柳州变卖自己千辛万苦留存的一点书籍，却在中途遇匪抢劫，好不容易返回后却已寻找不到妻女，从此音讯隔绝数年。他最宝贵的一套《鲁迅全集》（雪峰送给他的，1938 年初版甲种纪念本，布面精装）在这次经历中丢失了，而数年后他与失散的妻子重逢时，他的女儿已在逃难中因饥病交迫而夭亡（写《茶棚下》时他显然还不知道）。这是他心中永远的痛——他的“灵魂上流血不止的伤口”。我没想到他还留有早年所写的这两篇文章，成为这段艰难时日的珍贵铭记。战争中个人的命运与心绪，总是典型地体现着整个民族的命运，这是彭燕郊诗歌的重要特色，他的这两篇纪实散文亦复如此。

对师友的回忆与怀念，是彭燕郊文章中十分重要的一个方面，也是这个选本中分量最重的一个部分。这一辑中选入了五篇（其实是十篇）关于聂绀弩的文章，如果加上发表在《读书》杂志上的《千古文章未尽才》（已收入《那代人》），彭燕郊关于绀弩的专文就基本上全了。

彭燕郊先生在新四军时代和桂林文化城时代一直跟随绀弩，绀弩既是他的文学引路人之一（他的第一部诗集《第一次爱》就是绀弩写的序），也是他最亲密、最相知的师友（彭燕郊很尊敬恩师胡风，但他们的关系说不上亲密；与另一位亦师亦友的文学引路人邵荃麟的关系很亲近，但也没有达到与绀弩的密切程度。与冯雪峰的关系则较为亲密随意）。应该说，彭燕郊是最有资格写聂绀弩传记的人，四川和湖北的出版社曾约他写绀弩传，他曾决定要按自己的写法写（不写成生活经历实录，十万字就足够了），却因当时忙于编辑诗歌文化书籍和刊物等多种原因，未能写出这部应该是传神写照式的独特传记，不能不说是一个巨大的遗憾。彭燕郊先生在近五十年的文学生涯中与绀弩相从甚密，知心交心（绀弩的诗集《南山草》即是1979年委托彭燕郊在长沙油印的），但他从不谬托知己以自重，在我与他多年交往及在他的相关文章中，提及绀弩，他从来是以自己的师长辈尊而敬之的（提及相熟的胡风、荃麟、田汉、雪峰、艾青等人时，都是如此）。

这里要特别交代的是，《胡风与绀弩》是他写完关于胡风的系列回忆文章《世纪烟尘》后又特别加写的一篇（也未收入《那代人》之《忆胡风》）。写这篇文章，是有很深用意的。彭燕郊回顾了胡风与两位终生好友之一的绀弩的友谊，同时通过回忆和分析，对比和剖析了“被认为是胡风的好朋友的舒芜”。此文之深意，不仅仅在于辨明到底谁是胡风的真朋友，更在于折射历史大潮下的时代境遇、人性与人心。故文章结尾时说，胡风与绀弩“两人友情之笃，之诚，之真，共同理想之坚，之深，之韧，使每一句诗，乃至每一个字都闪烁着人性的光辉，喷发着人性的芳香。聂绀弩、胡风，两人的友谊，其意义岂止于两人之间，因为友谊不只是一种情感状态，而是一种价值观念在人际关系上的折射，说它是最足珍贵的精神遗产，不算过分吧”。真是意味深长。

写完《胡风与绀弩》后，彭燕郊意犹未尽，于是便在他最后的时日里写了酝酿已久的《我所知道绀弩的晚年》。

长达四万言的《我所知道绀弩的晚年》是一篇奇文，是彭燕郊先生晚年最重要、他自己也最看重的一篇文章。本书为第一次全文发表。

写这篇长文，彭燕郊先生花费了极大的心力，在内容（写什么、不写什么）、结构、写法、语言表述方式与风格等诸多方面都有特定的考虑与创新，体现了他对绀弩深切的怀念、理解，更蕴含着他对历史、时代、人性的深刻反思与追索。文章的重心，最终落在了“舒芜现象”上，这是晚年彭燕郊极为关注的问题。

在彭燕郊先生看来，“舒芜现象”是反思中国现代知识分子的一个重要入口和典型案例，涉及当事人、相关人、旁观者、研究学者及后来人等不同层面与角度的一系列历史、文化、心理、人性命题。而作为绀弩的相知者，他认为自己有责任澄清与绀弩有关的一些历史真情，同时展现出绀弩独特的精神风骨、迷人的人格魅力和锐利的思想锋芒。应该说，很少有人能够如此入骨三分地刻画出绀弩的精神风采。

写完《我所知道绀弩的晚年》，彭燕郊先生仍意犹未尽，又补写了对话体的《答客问》一文（刊发于《新文学史料》2010 年第 4 期），直接将自己反思“舒芜现象”的整个过程及心理轨迹袒露出来，甚至坦陈《我所知道绀弩的晚年》“简直就是在写‘绀弩和舒芜’”，他从“五四”以来思想文化发展的角度指出：“对丑恶熟视无睹的结果，已经导致丑恶越来越气焰嚣张，嚣张到只想以个人力量歪曲真实制造虚假的真实”，“问题不在于某一个人，而在这个人所代表的一种现象”。他认为，“人吗，都应该是历史的儿子，都应该对历史负责”。这，正是他写绀弩的初心。

写出《我所知道绀弩的晚年》，在彭燕郊老师是完成了一件重要的大事。文章写完后，他似乎预想到发表的难处，很郑重地将一份复写手稿交给我保存。而这篇长文的发表果然十分曲折，连他的回忆散文选集《那代人》也未能收入。后来陈子善先生来长沙，我与他谈起这篇文章，陈先生慨然应允将此文发表在他主编的《现代中文学刊》上（2012 年第 1 期），为此我写了《情深之至的缅怀——关于〈我所知道绀弩的晚年〉的一点说明》，详细介绍了此文的情况。遗憾的是，当时该文中“女人”一章遵彭燕郊老师家人及朋友们的意见抽出，未能全文发表。此次该文全文及《答客问》一同完整发表，是本选集最可欣喜、最具思想文化史价值之处。尤可告慰彭燕郊老师在天之灵。

随后的一辑文章除《琉璃厂旧闻录》外多经我手刊发于报纸。彭燕郊先生在报刊上发表过大量随笔文章，这些文章题材广泛，充分体现了他广博的见闻、深厚的学养、独到的思考，而这些文章的稿费则是他买书买碟的重要倚靠。要说明的是，《永远忘不了你——端午遥寄屈子》不是他主动写给我的，而是我专门请他写的。2006 年端午节，我策划所在报社组织湖南文化名家与大学生按古礼在长沙杜甫江阁祭祀屈原，告诉彭老师后他很高兴，原想前来参加，到时却因身体不适未能成行。他对屈原怀有深深的情感，一直想将屈原的《山鬼》等作品搬上舞台，我便请他写一篇纪念屈原的专文，没想到他当即抱病写了这篇文章，刊发在了我所编报纸的端午纪念专刊上。我很喜欢这篇文章，尤其喜欢“一摞一摞的绿色的心一拨一拨向江水跳下去”这个意象（按照古礼，我设计了祭祀后众人向江水中投撒粽子这个环节，他很称赞），将这句话做了端午节通版纪念专刊的总标题。

要特别说一句的是，彭燕郊先生写这些文章时已经是八旬多了，但文艺学、民俗文化学资料随手拈来，妙笔生花，依然生动活泼，不仅显示了深厚的文艺和民间文学、民俗学学养，而且体现出视野开阔、涵盖丰厚、打通古今中外各个文艺领域的文化理念与艺术追求。他是民间文学的大家，但对他这方面的资料收集整理尚未真正开始，从这组小文中，可以窥见他这方面的风采（包括他讲课及平日聊天时的神采）。

最后一辑的几篇文章，是彭燕郊先生为诗人们写的序跋与评论。彭燕郊先生不仅自己坚持诗歌写作七十多年不辍，而且一贯扶掖后学新人，为他人写诗歌序跋和评论是他写作乃至生命中十分重要的部分，花费了大量时间与心力，在这方面颇具他的文学引路人胡风先生的风致。他的这些文章并不是一味简单地嘉许，也很少作直接的褒贬，而是在分析与发掘诗歌对象的幽微之光中（许多是诗人自己也不曾自觉到的）阐发他对诗歌的独到领悟与思考。他既拷问和追索诗、诗人，也拷问和追索他自己，探究和发现人的精神空间的深幽浩瀚，引领诗作者和读者对什么是诗、诗和诗人已经和应该是怎样的，不断有新的领悟。读他的这些文章，会有一种精神的享受与愉悦，随后是思考、追索、发现、感悟。

事实上，彭燕郊先生在写这类文章时，也常常是在借助他人的道具唱自己的戏，借此找到一个合适的入口和角度来表达自己对诗歌艺术、对人类精神世界、对现代人的灵魂运动（他认为这是现代诗歌的本质）的思考与理解。它们直接承续了别林斯基、瓦雷里等思想文学大家的思想传统与气质特征。而评说对象的诗句，也就常常逸出原作的语境，成为彭燕郊精神运动轨迹的呈现媒介，在这些文章中，这些诗句因此得到了转换、超越和升华，成为某种意义上的彭燕郊思维火花。在这里的几篇文章中，《带有痛苦的美》是他花费心力颇多、他自己也较为满意的一篇，是彭燕郊诗论的代表性文章，深入表达了彭燕郊先生对现代诗歌承载现代人灵魂运动的思考与阐发，以及对新诗发展流变的总结与剖析。读他的这些文章，你会惊奇：评论原来还可以这样写！是的，这些文章本身就充沛着诗性与诗意，这才是与“诗”相匹配的“诗评”。这才是“诗品”啊！

彭燕郊老师去世十年来，我似乎一直处于失语状态，虽然在各种场合常常说起他，到处劝朋友们写关于他的文章，但我自己写的关于他的文字颇为寥寥。屈指算来，三五篇而已。其中，《彭燕郊先生未完成的2008》（《扬子江评论》2009 年第 4 期）和《情深之至的缅怀——关于〈我所知道绀弩的晚年〉的一点说明》对于了解彭燕郊先生及本书所选文章的相关背景情况或当有裨益，故作为附录附骥于后。

2018 年 7 月 4 日写毕于长沙菊隐园

2020 年 7 月 16 日改定

（因种种原因，《彭燕郊散文选集》至今未能出版。谨以此文纪念彭燕郊先生百年诞辰）

附录：

未知的世界

——彭燕郊未刊文稿三篇辑录

我是谁?

到现在也还想不清楚，年纪很小的时候，为什么就有这样的想法：我是个闯入者吗？为什么要到这个世界上来？我是谁？

或许完全多余。大人们好像都还喜欢我，小朋友都喜欢跟我玩，一个孩子，除了这些还需要什么？

但是我这个小孩子却不喜欢热闹。这是为什么？是病态的疏离感吧？可有些时候我也能感到亲切，周围的一切，所有的人所有的人们的活动都让我感到亲切。也许真的是有这么一种病态，在感到亲切的同时，我又总是被疑惑纠缠：大人们忙些什么？我明白有些事情是非得要去忙的，然而为什么总是忙得没有个够？孩子们总是忙着玩，玩得没有个够，可大人们为什么总是限制，甚至禁止？

因此我不得不给自己找个时间，找个地方，让自己能够安安静静地独自一个人，想；或者什么也不想；享受疏离。

乡下的小镇，旁边就是四野，小丘，小树林。一个人躺在小丘上，看蓝天，蓝天上白得叫人心疼的白云，于是更加痛切地感到自己的幼小。所有的人，连同小镇的街道，街道上来往的忙着的人，都缩小到和我一样幼小。也和我一样不知道为什么要到这个世界上来，为什么要这样不停地忙这忙那，不一定这样吧？这里面一定有我猜不到的什么，想不到的什么，人家告诉我我也不懂的什么。于是我就不想了，专心享受四野、树林、蓝天、白云了。

渐渐的我在蓝天的深处，在移动的白云间构建了一个属于我自己的世界，它的唯一的特点就是简单，纯粹的简单，因此也是纯粹幻想的。当然我也知道，在那个世界里很可能我也不会很习惯，我爱疏离，又怕寂寞，我也需要热闹，和小朋友一起爬树掏鸟窝里的有斑点的小蛋，捉河沟里的五色鱼，打一场不大不小的群仗……也很放松，很快活，只不过很容易厌倦。应该有还要好得多的方法躲避疑惑的纠缠，同时保持疏离。

这样我就找到书本，躲进书本了。已经认得一些字了，只能说一些，要认的字太多了。凭这一些开始依恋书本。对于书本的感觉好像特别锐敏，锐敏到能够闻到书本的香气。到现在我还敢说，一点也不夸张，印书的纸和油墨，是有香气的，所有的书都这样。对于幼小的我，书是没有好坏的，只有读得懂的和读不懂的。

书本里的世界和蓝天白云间的想象世界有什么不一样？一样是幻想吧，不过书本里的更丰富，丰富到有那么多是我想象不出的。躲进书本比躲进蓝天白云更好。你可以独自一人但不寂寞，你可以拿书本上的幻想和不让你幻想的周围的一切对比，一边读，一边对比。

书本上的幻想世界是新奇的，灿烂辉煌的，远超出我自己的想象力的。故事里的智慧和愚蠢的对比总是在孩子能够理解的日常生活琐事里展开，很自然地让我联想到周围发生的一些我不懂的和不完全懂的，我认为奇怪而大人们并不觉得奇怪的事。虐待幼小者；对比自己活得困难的人的鄙视、冷漠、斗殴；议论别人的好事和丑事：婆媳之间，妯娌之间，兄弟叔伯之间的各种各样的事，在故事里都得到很到位的叙述和点拨，让你细细地去想。童话的书不但新奇，是神奇。人做不到的事都做到了，并且合情合理，你不会怀疑它的真实性，也不想怀疑它。不怀疑是有充足理由的，幻想本来就是好的嘛。小说里的昏君、奸臣、英雄、侠客……都可以很方便地和平常见到的大人们中间的某一个联系起来，有时就像我认识的某一个大人的影子。将书里的人与现实中的人联系起来，我并不是有意这样做的，但我觉得很有必要。虽然那时我读的小说只是作为儿童读物的节本，不过一个片断，我已经很满足了。我得到抚慰，书本世界对于幼小的我是温暖的，给我提供了一个舒适的藏身的地方。

当然也有遗憾。故事、童话里的善良人和他们的生活和向往，我已经知道一些，很容易和书本上的人物联系起来，然而那些坏人却都很陌生，因为不懂得他们为什么要坏，坏成那个样子。昏君和奸臣，坏里面顶坏的，他们的坏好像不存在“为什么”要坏，就是要坏。坏成了他们的爱好。他们代表坏。就这么简单。生活里的坏人为什么做坏事，很有些是我想不透的，我必须努力去学会想透。

未知的世界

就这样想着，想着，忽然想到了：很明白，有一个未知的世界，很大的，很深很远的世界，必须走进去。而我这样幼小，无知，应该怎样走进去？一个孩子，不就是要学吗？谁来教我？大人们，老一辈熟人，老师（我读二年级了）教给我的，只有一句话：“听话”。听什么呢，要我听的我都听了，想听的却还总是没有听到，这叫我纳闷。我必须自己想办法让我能够走进我渴望进去的未知的世界。

不知道这种想法对不对：孩子们的游戏是对大人的模仿，模仿的目的是要走进未知的世界。那时候，我们的游戏有很大一部分是这样的：打群仗总是认定对方是坏人、昏君、奸臣；自己这一边是英雄、侠客。仗是非打赢不可的，因为我们是对的，他们是不对的。当然也可以把对方想象成偷果园里的水果、果园里的瓜菜的贼，以及偷鸡埘里的鸡的黄鼠狼。也学大人们下棋赌钱，只是下的是最简单的“猪卵孵棋”，输赢不超过两个铜板，主要是斗智吧，比一比谁的反应更敏捷，还有更重要的，比谁更有男子汉气概，经得起输赢。

没有好久我就渐渐退出这种模仿大人的游戏，虽然说不太清楚为什么，但我多少有点发觉这种活动只不过是我和小朋友们快速成长期间，躯体里涌动着的生命力不断高涨后的释放要求。下棋这种游戏的斗智性质只不过偶然闪现于求胜防败的心理过程里。我还没找寻到我自己的精神出路。

也许我真的有些怪。大人们总觉得这个孩子有些不正常是必然的。这时候我又遇到一些推不开摆不脱的揪心事，当然是人们不会去留意，更不会想了又想总是反复思索的事情。

小镇上偶然也会有变把戏的。据说是从南边来的，海港城市厦门；甚至更远的南洋群岛。他们也以跑过许多大地方自豪，可以说明他们的把戏不是仅仅只能吸引我们这些没见过世面的乡下人。他们的目的是卖"能除百病"的膏药，还有装在小玻璃瓶里的药粉。"把戏是假的，膏药是真的"，他们自己这样宣传。他们的机灵叫我佩服。叫我想不通的是，既然这样机灵，为什么还要"跑江湖"，还要用假把戏推销假药过日子？机灵就这样没有价值吗？难道他们不知道这样做是在浪费机灵，是对机灵的侮辱？我想不下去了，这太复杂了。

每年在一定的时候，会有道士从老远的浙江的什么海岛上来，头发像女人一样梳成髻状，还插上一根很长的银钗；灰袍；裤脚扎得高高的，膝盖那里有块厚厚的补丁，最特别的是背上背一个菩萨，菩萨前面还插三支点燃的香，一边唱着不知什么歌，走三步跪下来拜三拜。小镇的街道不长，笔直的，总有千把米吧，算算看他要跪下来多少次，多少次？从街那头起到尾，走走跪跪拜拜完了，再挨家挨户化缘，想来大概总可以应付吃饭和住客栈的开销吧，然而也太辛苦了。他为什么要这样做，信神吗？和尚道士不都是讲究"静坐"的吗？老远地天涯海角地跑，不太辛苦了？也许是什么"苦行"，好像他又不觉得有多么苦，那么这也算是一种行当了，该不是很好的行当，虽然是以菩萨名义化缘，说白了还是和乞丐差不多，一样是向人乞讨。看样子不是很笨的人，干什么不好偏要干这个，这世界难道就没有他安身的地方？……这又会让人想好久，好久。

有时我会觉得自己很脆弱，有些事情很容易让我难过，当时难过，以后很久还难过。我最怕听小孩的哭声。我知道他们为什么哭，因为他有痛苦，他用哭来表达，还没有能够用说话表达，他太幼小了。听他哭我知道他痛苦。为什么痛苦，痛苦些什么，我不知道。这叫我痛苦。但是我的痛苦比起他的痛苦小得多，他的痛苦是没有办法让人知道他为什么痛苦，他感到不被人理解的孤单。他是用哭来安慰自己的吧，来支撑自己的吧。让孩子总是甜甜地笑才好，让我忘记孩子的哭声吧。

小镇上有不少乞丐，他们来来往往，想必是在附近地区内流动，有的来的次数多些，我认识他们中间的两个。因为一个带只狗，一个带只猴子。带狗的那个，还带一个小道具，很小很简单的，跷跷板样的。乞丐唱一句，狗踩一下，脚一松板就落下来，顶端那串洋铁片就铃铃响起来。带猴子的那个，让猴子翻两下跟头，作几下揖，表演不那么枯燥单调。每次都这样，也很平淡，却给我留下很深的印象。那狗，瘦小，浅黄色的毛好像正在褪色，也是狗里面的小孩吧。那对茫然的眼睛总是叫人觉得有对生活失去希望的苍凉。乞丐一定虐待它，但是它又不能不跟着乞丐。那只猴子，很衰老了，也许是被耍猴戏的抛弃了的。乞丐收容它，让它做这种也算是表演的表演。它的眼神叫我害怕，那里流露的心思我完全明白，完全理解：我吃不饱。我知道你们谁也不可怜我。算了吧，我没有什么指望了，混一天算一天。那里面有一长串这样的话语，悲哀的，叫人流下眼泪的话语。

怎么会这样呢？这个世界怎样了？人，和人一起的动物，怎么会有这么多带着修复不了的创伤，万般无奈地活着？难道没有一点方法可以生活得哪怕比较好一点，只那么一点也好？

我想，我确实是有点跟别人不一样了，不只是怪，是怪得特可怜特可怜了。就因为看见了记住了不能不去想的事情多起来了，压向心头的负担多起来了。我并不愿意这样，我只想躲避，最好有个什么方法消解。我渴望轻松，自在，渴望被人理解，我知道我并不怪、不愿意怪。

躲到爱好里

我开始寻找，已经不能回到只晓得玩游戏的时候，我需要新的满足。我不算小了，读高小了。起初我找到画画。画画的愉快不就是把你认为美的东西弄得更美？第一步只是把书上的黑白插图涂成彩色的。颜料对于我有化妆品对女孩子一样的魅力。让白纸上有各种色彩的交错，对比，形成可见的具体的幻想是最大的享受。花更红；小猫的眼睛更绿；雨点是银灰色的游丝；橄榄青里带黄叫人嘴馋。不管是不是真的画出来了，我都以为是已经画出来了。一直到不久后发觉画画是一件技术性很高的事，是要经过苦学苦练的，需要全身心投入的，而我缺少足够的精神余裕，我不再画了，而只是在对画的欣赏中寻求愉快，安慰。

差不多同时，我迷上音乐。音乐是什么？为什么会有音乐？我想音乐是用来补充、代替说话的最大缺陷的。音乐是无保留的说话，谁听到过百分之百的真实的话，哪怕百分之五十，甚至百分之十真实的都很少。谁听到过不真实的音乐？哪怕一支很短很短的山歌，人都要让自己已真实起来才好开口唱。笛子里吹出来的，胡琴里拉出来的，口琴吹出来的，哪怕最短的曲子，都是从那些不真实的话里提炼出来的真实的、最真实的话。唱歌的人，吹笛子的、拉胡琴、吹口琴的人，在那个时候，都真实起来了，都把心里想的平常不经意说的话用音乐给说出来了。人们其实都有说真话的愿望呢。可惜我没有唱歌的嗓子，得有耐心去学怎样运用乐器，到头来只能是爱听，只能凭听觉享受音乐。

也曾迷恋戏剧。家乡的草台戏，据说是从很古老的“南戏”流传下来的有悠久历史的剧种。不要因为它古老而且简单就轻视它，对于幼小的我，那已经是最充分，最有戏剧特色的、十足的戏剧了。因为在我看来，每一个演员，扮演的每一个角色，戏文的每一个情节、唱腔、唱词、动作，都集中在表现人的内心上。哪怕一个昏君，一个奸臣，要做一件什么坏事，也会自己先说出来。少女会说出思春的心事，小丑在开玩笑之前会说“让我开他一个玩笑”，就这样叫你不能不相信这是真实的，虽然是演戏，但是比真实还要真实。到处是遮掩、假装、做作，戏台上却只有真实，怎能不叫人入迷？我甚至会跑十几里路赶到外乡看夜戏，甚至记得整本戏文，从头到尾唱一遍。戏剧让我觉得这种表演是在把人的内心活动无保留地展示出来，而且得到人们的认同。各式各样的心思、心事好像每个看戏的人都有，大大丰富了我对于大人世界的认识，我开始变得“老成”起来了。

真正让我“老成”的还是文学作品。这时的我开始读整部的被我叫作大书的旧小说、新小说。小说让我进入由许多许多人的互相关系编织起来的，许多许多故事环节联结在一起而形成的世界里。让我知道所有的人，包括还是儿童的我在内，都不可能孤立地存在，人是不能不互相依靠的，当然依靠的程度和方式也是有许多式样的，像我们儿童（我已意识到我不再是幼儿了）就不能不依靠大人，尤其在生活上。

于是我有意识地开始摆脱对大人的依靠。因为在几乎察觉不到的某个突然来临的瞬间，我发觉自己可以说是少年人了，再依靠大人是可耻的，不正常的。但是又能做什么呢？除了有力地用逆反心态来维护作为一个独立的人的尊严之外，还能做什么？我开始看不起那些守规矩的，胆小怕事的同学。那个可怕的，涵盖一切的“孩子必须听话”的行为准则越来越叫我痛恨。老师和同学里的好学生开始给我下“倨傲”“犟”这类难听的评语，我的好朋友都是有名的“调皮角色”。也不再思考什么了，以为自己知道的已经够多了，在长时间的疑惑、躲避、寻觅之后，没有任何人，任何书本的引导，我居然不由自主地走进了虚无主义，这世界只让我厌恶，我用虚无主义反抗它。

翻译事业与文化自觉*

——彭燕郊、陈耀球书信选辑（之二）

易　彬**

内容提要：作家书信有助于“显示文人的全貌”，也有助于对作家的文学行为展开“实存分析”，进而探究其“文学史意义”。坊间所传作家书信很多，但往来书信集的总体数量有限。彭燕郊与友人的往来书信集，日后将在此类书籍中有一个比较突出的位置。若需全面、系统地了解晚年彭燕郊，则《彭燕郊陈耀球往来书信集》最值得一读，晚年彭燕郊的行历、日常生活、身体状况、写作、发表、出版、诗学思想等，都有非常详细的记载。本文辑录彭燕郊、陈耀球1986—1988年的书信12封，它们不仅凸显了晚年彭燕郊的文化身份与文化自觉意识，也透现出当时文艺界、翻译界的诸多信息。

关键词：彭燕郊；陈耀球；往来书信；翻译界

作家书信的搜集与整理受重视的程度素来较高。孔另境所编选的《现代作家书简》（1936年）即曾受到学术界的普遍好评，鲁迅在《序言》中即认为：从作家的日记或尺牍这类“非文学类作品”上，“往往能得到比看他的作品更其明晰的意见，也就是他自己的简洁的注释”；能

---

* ［基金项目］教育部人文社科项目“彭燕郊与新时期文学发展之研究”（14YJC751004）。

** ［作者简介］易彬（1976—　），男，湖南长沙人，文学博士，长沙理工大学中文系教授、硕士生导师，主要从事中国现代文学文献学、新诗研究。

“显示文人的全貌”，“知道人的全般，就是从不经意处，看出这人——社会的一分子的真实”。①

而从近期的学术动向来看，作家的“互动行为”得到了更多关注——在面对文学现象时，不能止于“文坛掌故、文学谈助或名人轶事之类”，而应“回到一个朴素的原点，重新定义文学活动的性质及其与作家自身、和他人和社会到底是个什么样的关系”，应对作家（们）的文学行为展开“实存分析”，进而探究其“文学史意义”。② 从这样的角度来看，作家间来往书信正是揭示彼此“互动行为”最重要的方式之一。20世纪中国文化人士的生活环境多波折动荡，书信的存留往往是一个大难题，极难完整保留。坊间所传作家书信集着实不少，以“×××往来书信集”或类似题目命名的专书亦较常见，但“×××”与“×××”的往来书信集就相对较少了。看起来，彭燕郊与友人的往来书信集，日后在此类书籍中将会有一个比较突出的位置。目前已成形的有《梅志彭燕郊来往书信全编》（2012 年）和《彭燕郊陈耀球往来书信集》（2020 年），《彭燕郊陈实往来书信集》亦在整理之中。此外，彭燕郊与其他一些文艺界人士，通信量虽没有这么大，但辅以某个专题，也是可以单独成集的。这些往来书信集，自是有助于深入认识作家间的私人交往，对揭示新时期以来的政治语境、文化活动、翻译与出版等方面，无疑也是别有效应的。

本次书信辑选自即将出版的《彭燕郊陈耀球往来书信集》③。在一般的印象之中，彭燕郊（1920—2008）是一位原“七月派”诗人、胡风分子——这两者虽多有相通之处，但终究并非同一概念。前者的要点还是在于诗歌，后者则是一个和新中国历史紧密相关的特定概念。新时期之后，这两种身份还在延续，年届花甲之年的彭燕郊在诗歌写作上保持了

① 鲁迅：《序言》，孔另境编《现代作家书简》，生活书店 1936 年版，第 2 页。

② 解志熙：《相濡以沫在战时——现代文学互动行为及其意义例释》，《新文学史料》2011 年第 3 期。

③ 易彬、陈以敏整理注释：《彭燕郊陈耀球往来书信集》，百花洲文艺出版社 2020 年版。

持续的创造力，围绕着“胡风”也做了大量的工作。但除此之外，彭燕郊的“文艺组织者”① 的身份也一度非常之显赫——近几年，我采访、整理的彭燕郊晚年系列谈话录得以出版②，彭燕郊晚年书信的整理工作也在持续进行中，这些工作都令我愈发感觉到新时期以来彭燕郊的“文艺组织”工作的重要性。在不同场合，对于彭燕郊晚年的文化身份问题，我都曾予以强调。要言之，新时期以来，年届花甲之年的彭燕郊筹划、组织乃至直接主编了数种外国文学翻译丛书（刊），包括湘版“诗苑译林”丛书与“散文译丛”、花城版“现代散文诗名著译丛”、漓江版“犀牛丛书”等外国文学翻译丛书，并亲自主编译诗丛刊《国际诗坛》《现代世界诗坛》。其动因何在呢？彭燕郊在给友人们的书信中多有谈及，确切的说法可见于 1989 年 3 月 12 日致友人木斧的信：“过去漫长的封闭岁月”压抑了求知欲，桎梏了眼界，新诗的前途在于“艺术更新”，即通过外国现代诗的译介，获得必要的参照系，进而获得一种“坚实的自信”——“这几年我用大部分时间编译介［绍］各国现代诗的目的也在于让大家看看到底现代诗是个什么样子，现代诗是怎样发展过来的，从中也可以比较一下到底人家有什么长处我们有什么短处。我以为，在这种情况下如果能形成我们的自信，应该是一种坚实的自信。能看到的我们的新诗的前途应该是现实的可靠的前途”。在新时期以来的文化语境之中，“这种藉助译介活动来推动当代文艺发展的自觉意识，大大地拓展了彭燕郊的文化身份，有效地凸现了他在 1980 年代以来的文艺建设之中新的、独特的作用”。③

通信的另一方是一个文化界已然陌生的名字，陈耀球（1931—2012）。陈为湖南湘潭县人，号白竹，有笔名关越，生前为湘潭大学历史系教师。目前所见彭、陈二人通信始自 1983 年，止于 2007 年，共计 660

---

① 梅志：《致彭燕郊（1985/12/26）》，晓风、龚旭东整理辑注《梅志彭燕郊来往书信全编》，海燕出版社 2012 年版，第 82 页。

② 彭燕郊口述，易彬整理：《我不能不探索：彭燕郊晚年谈话录》，漓江出版社 2014 年版。

③ 参见易彬《晚年彭燕郊的文化身份与文化抉择——以书信为中心的讨论》，《中国现代文学研究丛刊》2015 年第 3 期。

封（极少量为残稿）。书信量如此之大，可以说，若需全面、系统地了解晚年彭燕郊，则彭、陈二人书信最值得一读，晚年彭燕郊的行历、日常生活、身体状况、写作、发表、出版、诗学思想等，都有非常详细的记载。而从文化的层面看，借助翔实的书信及相关材料，陈耀球作为新时期文化史上的“失踪者”的意义也可得到彰显。简言之，一方面，作为文学翻译者，陈耀球主要从事俄国文学的译介，译有普希金、茨维塔耶娃、阿赫玛托娃等人诗文及相关研究资料，如列入湘版“诗苑译林”丛书的《苏联三女诗人选集》（1985 年）、列入漓江版“犀牛丛书”的《自杀的女诗人：回忆茨维塔耶娃》（1991 年）以及《普希金叙事诗全集》（2013 年）、《我的夜晚是对你的狂想：阿赫玛托娃诗选》（2017 年）等。另一方面，由于资料搜集以及著述发表、出版等方面的缘故，陈耀球还与文艺界人士如卞之琳、绿原、顾蕴璞、魏荒弩、周健强等人曾有交道或书信往来，并通过日记等方式比较详细地记载了相关情况，目前已经整理出《陈耀球记卞之琳》[①]。以此来看，“在新时期以来的文化语境当中，陈耀球通过自己的译笔，留下了一批翻译成果；而那些数量较大的书信、日记资料，所记载的部分文化人的工作、心迹与生活细节……则将有助于人们窥见当时文化语境的某些侧面。”“这里所谓‘失踪者’，并非意指一个独立的个人或一种孤立的现象，也并非简单地将被沉埋的个人或现象重新翻出，而是指随着文献的较多发掘，其个人事业、人生轨迹以及相关文化语境得以较多地呈现出来，从而具备了将个体放到大的文化格局中加以考量的可能。在这个意义上，陈耀球的翻译事业自可从翻译、中外文化交流等层面立论，其人生境遇也有了文化学与社会学的价值。”[②]

这里辑录彭燕郊、陈耀球 1986—1988 年的书信 12 封，这与我们先前

---

① 易彬、以敏：《陈耀球记卞之琳》，《新文学史料》2015 年第 4 期。

② 参见易彬《书信、文化与文学史：关于〈彭燕郊陈耀球往来书信集〉的相关话题》，《现代中文学刊》2016 年第 2 期。

所选辑的1983—1986年的10封通信①在时间上有个先后衔接，有兴趣的读者或可参阅。本次选辑的书信涉及不少彭燕郊晚年的生活状况，更多还是从事“文艺组织”方面的情况。就彭燕郊的“文艺组织”工作而言，20世纪80年代中后期其实正在发生转折的时刻。如所选辑的信所示，已过了65周岁的彭燕郊在翻译出版事业上依然有很大的干劲，不仅筹稿（实际上也可说是行“主编”之实）的外国散文翻译丛书“犀牛丛书”、主编的外国现代诗歌译介丛刊《国际诗坛》，已交付给漓江出版社，逐步进入出版轨道，还有多种新的译介出版计划：一是为陷入困境的湘版大型外国诗歌翻译丛书“诗苑译林”谋求新的出版可能；二是主编的《国际诗坛》出版几期即陷入困境，又另行主编《现代世界诗坛》，交湖南人民出版社出版；三是商议“散文诗译丛”出版事——从后来的情况看，出版方已非湖南文艺出版社，而是花城出版社（即稍后出版的“现代散文诗名著译丛”）；四是与安徽文艺出版社商定的《外国诗辞典》的编撰事宜——在随后几年彭燕郊与友人（不仅仅与陈耀球）的通信中，这是被反复提到的一个话题。此一事件形成了相当一批书信，参与人数当有数十人之多（设副主编5人，编委34人，工作中心设在广州外国语学院）。

但换个角度来看，四下出击、寻找各方的出版资源，也正是危机四伏的表征——彭燕郊非出版中人，手中没有任何直接的出版资源，所提出的多种出版构想得以实施，但所遭受的挫败也不少。上述出版物之中，“诗苑译林”丛书还在继续，但彭燕郊与出版社发生了嫌隙；外国现代诗歌翻译丛刊辗转两地，最终累计也只出版了6期；而刚刚起步《外国诗辞典》，日后耗费彭燕郊数年心力，形成字数在220万字左右、词条在11000条上下、重量达到50多市斤的书稿，虽是进入了编辑流程的且有清样寄来（1994年上半年），最终却未能出版。个中曲折，只能另找场合详述了。除了这四种外，信中还提到“诗论丛书”和《民间文化辞典》，

① 易彬、以敏：《彭燕郊陈耀球书信选辑》，《现代中国文化与文学》2016年第2辑。

两者后来未见相关材料，应是没有进入实际的操作环节吧。凡此，均显示了彭燕郊在“文艺组织”方面日益落魄的境遇。

当然，在20世纪80年代中后期，彭燕郊对于未来还是抱有很大的期待而“没有疲累之感”的——1987年10月11日，彭燕郊发自北京的信中谈道，“我几乎每天都有三分之二时间在外边跑，只是回住处睡觉吧。可是，奇怪得很，身体比在家时倒好得多。一到北京就觉得整个上呼吸道十分舒服，鼻子从不流鼻涕，痰也少到几乎没有，而且尽管这样跑了十多天，似乎也没有疲累之感”。这既和北京“气候好，秋高气爽，一点不潮湿”有关，也是朋友们——“特别是一些老前辈”的鼓励和“很好的意见”使然。更早的时候，1984年11月27日，彭燕郊也是在北京，在给陈耀球的信中谈道，抵京第二天起“即处于紧张的‘满城跑状态中……业务上的联系，北京老同志太多，每天至多看二人，总是感到时间不够”。从这副为了“业务”而“满城跑”的形象，大抵可以看出晚年彭燕郊是如何为了翻译出版事业而奔走与操持的了。

通信的另一方陈耀球，从所选书信已不难看出，一方面他是彭燕郊晚年生活的重要助手，另一方面又是彭燕郊非常倚重的一位湖南本土翻译者。信中有大量陈耀球查阅苏联当时的报刊以及《苏联大百科全书》，辑录俄苏文学方面话题的记载，相关信息自然是基本上并不会见诸实际的译著，此番披露，多少提供了一些与国内当时或后来通行的俄苏文学史不尽相同的视点。而就1986—1988年这个时间点来看，其时，陈耀球已经有数篇译作发表，并出版译著《苏联三女诗人选集》，其时正在进行多种翻译，日后成型的有《自杀的女诗人：回忆茨维塔耶娃》（即信中所提到的《我们的青春》）和普希金的叙事诗，后者是陈耀球花费精力最多也最为看重的，如1988年5月13日信中所言，在其译事中，“这本书可能会是最大的一本”。不过，此书虽曾列入“诗苑译林”出版计划，最终还是未能出版，直到2013年——陈耀球逝世一年之后，才以《普希金叙事诗全集》之名由湘潭大学出版社出版。这些方面的信息内容，对于认识新时期以来的文学翻译事业的历史进程，也是会有所助益的。

有必要说明的是，彭、陈二人书信之中，日常琐事非常之多，这里略略作了删节，用“……”标识；同时，因内容为选辑，语境无法贯通，相关注释与实际成书的《彭燕郊陈耀球往来书信集》有所不同。此外，书信原稿为手写体，偶有脱字或错字的现象，凡此，均用［　］，予以补充或者说明。

附录：

彭燕郊　1986年1月22日　自长沙

耀球兄：

我20日到家中，见到你17日的信，甚喜。

我们搞的“犀牛丛书”① 第一批决定推出三十种，即三集，每集十种。选题已确定二十几种，我很想在第一批内有你的一种。

漓江负责人刘君②对兄印象好，想是听老唐③说的。

茨维塔耶娃妹妹的回忆录，全文据说有五、六十万字（译成中文）。魏荒弩兄介绍北京一个人，那个人并未来接洽，因此，我现在只好找你了。你考虑一下，选其中最精彩（她生活中最关键的若干时刻）部分，中文十七万字上下即原书的三分之一，如何。是选译，不是摘译。选定那一章，全部译完，不选的，不译。这样严肃些。

书在谁手里，能借到不？我不主张你和别人合译的，这你知道。

普氏长诗，如译此书，可以暂放一放。看样子，这件事是“百年大计”，不必急急。我有新计划，以后再告。

---

① 该套书于1985年年中与漓江出版社商定，1988年底左右开始出版，包括《爱经》（［古罗马］奥维德著，戴望舒译）、《卡夫卡随笔》（［奥］卡夫卡著，冬妮译）、《巴尔扎克情书选》（［法］巴尔扎克著，管筱明译）、《普希金情人的回忆》（［俄］安·彼·凯恩著，张铁夫译）、《自杀的女诗人：回忆茨维塔耶娃》（［苏］茨维塔耶娃著，陈耀球译）等。

② 指刘硕良（1932—　），时任职于漓江出版社。

③ 指唐荫荪（1927—1996），时任职于湖南人民出版社。

丁鲁[①]来信，说他订购了《同代人回忆叶赛宁》，上下两册，我十分高兴，急于想要请你或丁兄译为中文。丁兄说他处有叶的全集，其中有叶的美学论文，太好了。我已去信请他为《国际诗坛》第二集译八千字左右，他不想译，你如不译“茨忆”，译此书也好。

此事不宜迟，因三十种月内就得确定，确定了就发约稿信，列入预告，请即考虑决定后，最近期内函告我。

另外，须在我校外语系和图书馆找两种英文书，但我不想找洪君了。你能找到别的人吗？或转老廖找人？[②] 系里的多为外籍老师送的，据说有的未编目，要有些“资格”的人才能去翻去找的。

要找的这两位作者都是四十年代起就有声望的名家，在国外其作品是颇流行的，我估计可能在我校找到，特别寄希望于外籍教师赠书。

务请帮忙。

我的“新居”（实即小“仓库”）[③] 有便请常去看看。一怕偷，二怕老鼠饿了以文字为粮——这事也实在得解决了。

英文书作者名列后。费神了。匆匆

握手！

燕

86.1.22

David Garnet 小说选，最好其中有

“Lady into fox”一篇

要找的是这一篇，无这一篇，也要。

Henry James 小说选，最好其中有

“Asperns Papers”一篇

要找的是这一篇，无这一篇，也要。

---

① 丁鲁（1934— ），时任教于湘潭师范学院（现湖南科技大学）。

② 指洪振国和廖海廷，均任教于湘潭大学。

③ 彭燕郊当时在长沙定居，在湘潭大学亦保留住房，当时多是由陈耀球负责照看。

陈耀球 1986年2月25日 自湘潭

彭老师：

22日信今天收到。前几天我曾给您一信，并附了根据以前浏览茨氏回忆录的印象写的一个简介，不知可以敷衍否。这本书还未收到，我正在着急。

张老师①到上海开陀斯妥耶夫斯基诗讨论会去了，要到3月3日才能回来，我把您的信交给曾簇林老师了，她当然无能为力。我在前信中写了凯恩回忆录的大概内容。根据这样的内容，要取个简练而又动听的书名，觉得要费些思索。至于茨氏回忆录取个什么名称好，因为毕竟不曾全部细读，我觉得有些茫然。这本回忆录，既回忆姐姐，也回忆自己，姐姐是诗人，自己是散文家，而且只写到诗人成名（青年时代）时止，是否可以叫"诗文姐妹"？如果我将主要地选译关于诗人的部分，则似乎又可叫"诗坛女杰"？不知您以为如何？又不知似此译本，是否可以标明为"暂定名"？

您上一封信中，谈到钟敬文老师作序需要资料的事，我查了苏联百科辞典，原作者的姓名在译音上拿不准，同时图书馆也还未开门，也不能去找百科全书。所以，我写了从百科辞典中查到的几句话，请您问问钟老师，把原作者姓名搞准确，我再找百科全书，把该条目译出来。俄国人取名字有固定的范围，所以同名的人很多，为了防止万一弄错，最好还请他注明生卒年份。这点小事，我一定效劳。

2月22日《参考消息》报导"苏联出版帕斯杰尔纳克文集，其中包括《日瓦戈医生》"。这篇报导中还提到艾哈迈杜林娜，应当就是您所说的阿卡杜丽娜，现在准确的译音应为阿赫玛杜林娜。这两位，和我译过的阿、茨基本上属于同一流派。可惜现在找不到他们的书。丁鲁曾经告

① 本辑所提到的"张老师"均指张铁夫（1938—2012），时任教于湘潭大学中文系，主要致力于普希金研究，是国内卓有成就的普希金研究专家；随后提到的曾簇林为其夫人，亦任教于湘潭大学。

诉我，说帕氏的诗如同天书，十分难译，劝我别弄它。但我现在萌发了要追寻这个流派的念头。3 月中旬或下旬，我将去北京开非洲史学年会（带《郑和、迪亚士与非洲》一文），到时我会去找一找，找到的话就复印回来。我去北京，会去看顾蕴璞。您有什么事，告诉我，我竭力去办。

……

敬祝

安康!

学生　耀球

86. 2. 25

陈耀球　1987 年 1 月 18 日　自湘潭

彭老师:

14 日信，托人带来的，今天洪老师转交给我。

曼、古二氏的照片，按原文作了注明，都写在照片背面。[①]

丁鲁搬了家，到他们学校去住了，要转乘车，还要走路，变得不方便了，我还未去过（他搬家后，曾到过我家）。

现在，手里有的是曼氏原文，可以从容挑选，拟和丁鲁商量，我想，多译 150 行左右，大概就会有点挑选的余地了。您以为可以吗?

《我们的青春》，这几天本该结束初译，被些啰嗦事拖住了，还有一万多字待译。作者到诗人死处找坟，没有找到（只找到了大概的位置，因为埋在坟场，不能断定是哪座坟）。对于诗人的死因，作者的说法，与我们以前见到的一些文章不同。只提到是战争造成的分离和孤独，根本的原因是诗人和儿子的矛盾。儿子独立性很强，又不知尊重母亲，而母亲又挚爱儿子，处处要关心（儿子认为是束缚），于是造成悲剧。儿子说过：两人之中，总有一个要死的。诗人怕儿子死，就以自己的死来拯救

① 指俄苏诗人曼德尔斯坦姆和古米廖夫。按：当时彭燕郊参与的各种翻译物所用人物图片，多是从国内外出版物中翻拍的，彭、陈二人通信中，多有这方面的记载。

儿子。从母亲、家庭教育、母子关系等方面看，这倒是一个永恒的题目，比政治思想方面的原因更具有永恒性，社会性的教益应该更深。以前我看到的一些文章，都不明确说出诗人丈夫的死期，似乎是在诗人之前，而且有个别中文作者就索兴［性］说是在诗人之前，造成一种特别严峻的气氛。其实，诗人死的时候，丈夫并未死，只是分离了。还有个别中文作者，甚至说儿子在前线牺牲也在诗人死以前。我写“三人集”前言时几乎采用，好在当时算了一下儿子的年龄（16岁），按苏联兵役法不应当入伍，就没有采用，真是救了我。

洪老师几次正式约我春节期间到您家拜年。丁鲁住得远了，能否邀他同往，现在还说不准。

安康！

学生　耀球

87.1.18

彭燕郊　1987年4月7日　自长沙

耀球兄：

信和《我们的青春》稿都收到了，还有那篇关于曼的部分。我还没来得及看，但我应该首先向你祝贺你的又一成果的诞生！

这几年，你几乎在不断取得成果，这对我也是个很大的激励！我以为搞艺术的朋友间就应该是这样。

古—阿[①]书信，铁夫是否想译。

叶集待我到学校时带来，丁兄一时也未找到出版者吧？[②]

《历史片断》已发二辑了，漓江认为二辑文字太多，其实我们还是注意到诗、文的比例的。[③]

---

① 指古米廖夫和阿赫玛托娃。

② 丁鲁所译《叶赛宁抒情诗选》后列入了“诗苑译林”丛书，湖南文艺出版社1991年版。

③ 陈译丘科夫斯卡娅所作《历史片断》，为作者回忆阿赫玛托娃的文章，与《阿赫玛托娃爱情诗八首》同刊于《国际诗坛》第2辑。

“漓江译丛”存稿二集（已编好）未发，也不知以后还搞不搞。

丁兄译的帕诗，是他自己说不要发的，他大约忘了，而且他当时说译稿也不一定要退回，所以没有即退，当一起带来。

《诗坛》邮购到了盼即寄给魏一册，象你所拟那样题赠甚好，我是借花献佛了。他的《十二月党人诗选》也该送我一册呀。他的通信处是：北京西外展览馆路24楼……

天气好，我就会来学校。小袁[1]已把房门钥匙给我了。

给小袁信请于便中放到中文系办公室（请加个信封）。

上月上旬，我去附二院作了一系列检查，结果未发现新问题，验痰（三种）未发现癌细胞，此实可告慰兄者。

但炎症仍在，还得不断服药。

祝

春游诗兴大发！

燕

87.4.7

彭燕郊　1987年8月29日　自长沙

耀球兄：

总想写信，总是没工夫写。

我已收到二辑[2]，想你也收到了。四辑编好后，又更动了一下，我把你的勃洛克儿童诗也编进去了，用“关越”笔名，想你会同意的。

我大约五日以后来，但又不能定下来，因为需要在这里等着订《诗坛》的协议书，还有文艺社那两套书，如他们能同意我们的条件，也可以订下来，如此，则回校只能在这些事办好之前［后］了。

玛耶可夫斯基，我想该重新把他推出来，“诗论丛书”可以搞一本他

① 指袁铁坚（1957—　），曾在彭燕郊指导下攻读民间文学硕士研究生，当时留校任教，后离职。

② 指《国际诗坛》第2辑，漓江出版社1987年3月出版。

的诗论，如《我怎样写诗》（我没有说错吧）。《穿裤子的云》也得重新译，再出版。

原想八月份起可以静下心来写东西了，如今又是这些事拉住了。但身体似在好起来，这点请你不必挂念。

……

丛书事，有眉目当即写信给你。要找的书，请找，别雷的特别叫人感兴趣。

匆匆。祝

全家好！

燕

87. 8. 29（于长沙）

彭燕郊　1987年9月9日　自长沙

耀球兄：

小袁，小曾来，都曾托他们带口信，想已见到他们了。

湖南文艺社那两套书，这两天他们内部在讨论。译诗丛刊订合同事，我希望近日能办好，但他们又在评职称，大小责任人都忙于开会，想去催一下。

因为我接到法国文学研究会年会的邀请，拟去参加，就此也办一些别的事，要20日动身，不能再等了。

《诗学大辞典》，另一个出版社自己来找我主持，我已回信，提出我的设想，亦即要求，看他们同意不，如同意，想干。我的要求，即以前和你说过的，要有权威性，讲科学，能反映当代最新学术研究成果，胡乱编，不干。可能成功，那么，你就一定得参加工作了。初步设想是吸收英美法苏日最新资料中可用部分，作为基础。这事你不要推辞。另外，湖南文艺社也拟出《民间文化辞典》，也是个大工程，如果，你也得参加。

这次出行，在京住些时候，然后得去上海，杭州，桂林，广州，要十一月才能回了……

近日看《参考消息》，苏联的步子迈得很大，有位诗人写法捷也夫之死，很好，原文登在《星火》上，不知你看过没有？望多注意信息，《阿尔巴特街的孩子们》可能有几家出版社在组织人赶译，此书的出版当是件世界性大事。

二辑听说湘潭市到了一些，长沙如何，我未上街，不知道。我对刘的作风有些怕了，二辑他竟以“动态”形式搞了四则广告，完全不尊重人，降低了译丛的威信，可以说是一种恶劣的行为，此人看来无大作为。你的译文（历史）北京友人来信认为很好，最后一篇是我那长文中的一部分[①]，刘作了点删节。二辑总算刊出这两篇，聊堪自慰吧。

房子事，已托小袁去交涉了，我不在校，搬起来又得劳你们几位，不如等我回来再说，望与袁、杜一商，谢谢！我走得成否，月中可定，到那时，我会再写信的，现在当然也可以进行，但恐校方不会那么爽快耳。

下次再写。祝

秋好！

燕

87.9.9

彭燕郊　1987年10月11日　自北京

耀球兄：

来京已近两周，今天才写信，乞谅。

我几乎每天都有三分之二时间在外边跑，只是回住处睡觉吧。可是，奇怪得很，身体比在家时倒好得多。一到北京就觉得整个上呼吸道十分舒服，鼻子从不流鼻涕，痰也少到几乎没有，而且尽管这样跑了十多天，

---

① 《国际诗坛》第2辑所载彭燕郊的《文化交流与中国新诗》（署名陈思勤）出自其长文《关于现代诗》，此文后收入其诗论集《和亮亮谈诗》，生活·读书·新知三联书店1991年版。

似乎也没有疲累之感。我看这是北方气候好，秋高气爽，一点不潮湿的缘故。另外，在家每天不是写就是读，倒反于病体不利，真可以证明我这人生得贱了。

这次来是为《国诗》如何办下去征求朋友们的意见，大家都认为如要好好办下去和“漓江”合作是不可能的了。我们这么多人的一番苦心，他们竟完全不理解，实在叫人失望。好在明年合同已满期，他们也没有理由强迫我们再受他们的气了。另外就是关于“诗苑译林”如何改革的事，我只是受委托以个人名义向朋友们征求意见，大家一致认为不改不行。怎样改才好，也提了很好的意见，特别是一些老前辈的意见，我想会受到重视的。

行前，湖南文艺出版社表示散文诗译丛已定下来了，但诗论丛书还得“考虑”。他们的情况，我已和你谈过了，就那么回事吧。要等我回去再和他们谈。蕴璞兄说苏联散文诗不少，北图十五号开馆，他就去借。看来很有希望。

我大约住到二十日左右就走，或先到广州，但也未能最后确定，因此你也不必告诉别人……

我把病历和报销医药费的单据都放在我爱人手上了，如有报销机会，盼设法告诉她寄给你。本月工资想已劳你代领并汇去了。感谢你！

小袁在我来之前，曾到绿原兄处，是张老师托他找卢永先生，顺道来看绿原兄的，他要了原兄的电话号码去了，却忘记留下自己在京地址，我想找他也不可能。这样久了，想他也回去了。小杜说要来，也不知来了没有，大约没来吧。他来，是会去找丹丹①的。

你现在译什么？望坚持。行止决定后，我会再写信给你的。小袁如未回，房子还得烦你和细流帮忙照看，想到这些，心情总十分不安，苦恼，这你知道，我也不多说了。总之，我感谢你们！盼代问大家好！祝你全家都好！

燕

87.10.11

---

① 即彭燕郊女儿张丹丹，当时就读于中央工艺美术学院（现清华大学美术分院）。

彭燕郊 1987年11月6日 自广州

耀球兄：

在京曾奉二函，想早收到。这次滞京近月，办了不少事情。遗憾的是“北图”未全部开放，蕴璞兄虽热心找资料，麦日罗夫、别雷的散文诗仍未能找到。想他也会给你写信的。

我是二十七日抵穗的，原来只想停留几天，没想到已经十天了，还是走不开，因有些事还只是个开头，未办好。还得过几天才能回去。恰好马先生来此，在京时曾给他信，说我会来，他遂来广外找我，果然遇到了，大家都十分高兴！他已收到你寄的《欧根·奥涅金》，深深感谢，嘱我代表谢意，并希望你以后多为他写稿。①

广外俄文书不多，可以说很少，但找英、德、日的诗都甚有收获。约了一些稿，也复印了一批资料，就这一点说，可谓不虚此行了。

常想起我那乱七八糟堆满书的小房间，我太爱书了。我的书遇上我这样一个倒霉的主人，可以说是够不幸的了。一想到这些书我就心疼，谢谢你经常帮忙照顾！希望早日在学校见面畅谈。

匆匆。祝

健安！

燕

87.11.6 广州

请代问细流好！给小杜小袁信请代转。

陈耀球 1987年11月8日 自湘潭

彭老师：

我估计您快回来了，赶时间写这封信。从您发自北京的信来看，

① 马先生指马文通（1948— ），时任职于香港《大公报》。彭燕郊与马文通的通信非常多，作品亦较多见于《大公报·文学》，陈耀球后来亦曾与马文通通信，并在香港《大公报·文学》发表过作品。“广外”指广州外国语学院（现广东外语外贸大学）。

您在旅行中身体倒还好些，这使我十分高兴。同时，我还相信您这次旅行将会带回极其令人高兴的消息，当然是宏大的文学活动计划。

我去图书馆翻阅了一些俄语刊物，有几样值得说一说：

1.《阿尔巴特街的孩子们》，《星火》上只有摘登，其按语说全文刊在《各民族友谊》上。(我校没有这种杂志)

2.《英雄之死——法捷耶夫生活中的几页》（或译作《生活片断》)，刊在《星火》今年第30期上，有一万字左右，但还待续，碰巧我校缺第31、32期，我请图书管理员查了一查登记簿，没有收到这两期。

3.《星火》22、23、24期摘登了爱伦堡的《人、岁月、生活》。

4.《星》第8期上阿·茨维塔耶娃的文章中知道，苏联出了一本书，叫做《玛琳娜·茨维塔耶娃》，作者A. 萨克扬茨。阿·茨文章的标题是《对A. 萨克扬茨著〈玛琳娜·茨维塔耶娃〉的思考》。

5.《新世界》第6期刊了H. 维利蒙特的著作《鲍里斯·帕斯捷尔纳克》，共五章（约七万字)，书还未写完，作者已于去年去世。其中引证了许多诗。

6.《星火》从今年第1期起，刊登叶甫图申科编的《二十世纪俄罗斯诗选》(直译为《二十世纪的俄罗斯缪斯》)。《星火》杂志是周刊，八开。基本上每期占一页（一面)，至今未刊完。不知道要刊多少。重要诗人，如叶赛宁、马雅可夫斯基、阿赫玛托娃等，是一人一期（即一面)，并附按语。其他诗人数人一期，有的只有一首诗，共同合在一个按语里。

以上六项，我对5、6项特别感兴趣。但是，我手边有事在做，没有去搞。尤其第5项，李蟠想和我合译，他认为一定有人抢译，要搞就得快点。第6项，是俄国的断代诗选，是大诗人选的，比《苏联现代诗选》(《诗苑译林》）一定选得更精当。

收到了马文通先生的信，概括有三件事：1. 收到了《奥涅金》复印件；2. 想写关于《苏联三女诗人选集》的评论文字，但手中没有原文；3. 问我能否向他们投稿。信写得十分客气。我译三女诗人时，也没有全部复印原文，有一些只有手抄本。

……

安好！

学生 耀球

87. 11. 8

陈耀球 1988年1月3日 自湘潭

彭老师：

28日信此刻读到。

所说的两首长诗，一是特瓦尔多夫斯基的《根据记忆的权利》，一是阿赫玛托娃的《安魂曲》，分别刊在《新世界》和《十月》上，都是去年第3期（1987年3月出版）。您回长后，我就借到手了，并且放下曼氏，到昨天正当我译完《安魂曲》（初稿）的时候，铁夫同志来了，说他几天前，收到北师大《苏联文学》1987年第6期，上面已经登了《安魂曲》，并且说他好象在什么地方还看到过乌兰汗的译文。我马上去借来他的《苏联文学》第6期。登的是野里的译文，读后的初步印象是：理解准确，但行文不够流畅，且有译诗中的忌用的一些词汇，如“命丧黄泉”等。我既然译了，准备整理后，连同本月工资托人带给您。如果考虑到与别人重复了，不好刊用，便不要勉强。我不会计较，这点小事的。乌兰汗的译文我未找到。如您手边没有《苏联文学》第6期，我拟复印给您看看（野里的译文）。

《安魂曲》共200行，由若干首组成。

《根据记忆的权利》共700行，分五大段。若译，需时一个月。我还未去找，不知是否也已经有了译文。我拟先完成曼氏，然后再考虑特氏。如果您认为特氏的这篇东西要抢译，那就把曼氏再放一放。

《安魂曲》实在是把匕首，我以前没见过全文。《历史片断》中说这首长诗没有落到当局手里。否则，我想玛氏难得活命的。

谨祝

愉快、健康！

学生　耀球

1988. 1. 3

彭燕郊　1988年1月15日　自长沙

耀球兄：

信得，托彭公穆同学带来的钱及《安魂曲》，和两本书（《苏联文学》《焦尔金》）都收到了，钱的事，又一次麻烦你了，谢谢！“退休证”也收到无误。

《安魂曲》读了，除一两处文字上我有点小意见外，整个从文字上说没有意见可提了。主要的我以为现在在你是应该百尺竿头更进一步了，即信、达之外，求雅。我的体会，雅应指风格的传达，傅雷所说的“神似”，或应指此而言。此诗，风格上应是悲愤的，威严的，凄厉的，是控诉，是谴责。现在读来，似乎太淡了些，软了些。我不懂俄语，只能猜想，说得不对，请指正。

译苏联诗的朋友，喜欢以文字堆砌来（不知是否如此）达到风格的“神似”，这是不是一种通用的办法，我很怀疑。前辈译者中如戴、梁①等（多读他们的译诗我以为是有益的）文字能力甚强，用之于译兰波等人诗给人以恰到好处之感，可见其中有功力问题，而你的文字修养我是相信的。

现有一事相商：安徽文艺出版社一定要我主编《外国诗歌大辞典》，（原是《世界——》，现分为三部“外国”、“中国”、“诗学”）这次我再推辞有不近人情之感（是两位友人一再介绍的），我想，如果有一班人，是可以搞起来的，不如冒险答允下来再说。我校无人，只你一人（张老

① 指戴望舒、梁宗岱。

师我仍感到不找他为好），还有个丁鲁，我们商量一下，苏联、东欧、俄国，由你们二人包下来，可以不？（东欧我考虑俄文资料好找些）。此辞典除开了理论部分，条目我想也只是诗人，名作，流派，诗歌运动等等了。你先考虑一下，如可行，我再写信找丁鲁，约个时间我们在湘潭碰一次头。当然，我还得和出版社作具体洽谈，包括和他们订合同等事。我想，这工作也有意义，这次，不找太多人，都要干实事的。此事，盼你考虑后即告诉我。北京的朋友也不想找了，搞个精悍班子就可以了。

匆匆不尽。祝

全家好！

燕

88.1.15

信写好，得12日回信，特瓦尔诗我以为你还是可以译的，你似乎有个“怯场”的习惯，译《我们的青春》如此，译曼杰斯坦姆如此，译艾赫玛亦如此，可以不必的。你所提到的那位专家的译诗，我并不喜欢，觉得他译不出风格来。风格，我以为主要是内在的韵律（心灵的韵律，艺术倾向或追求的韵律），其次才到文学上。不知对否？余再叙。

桔子甚好，细流找了个人带来了，谢谢你！代我谢谢他！

燕　又及

陈耀球　1988年1月18日　自湘潭

彭老师：

前天晚上，彭公穆送来了您15日的信。

您批评我“怯场”，或有之。我越来越感到翻译吃力。吃力在三方面：1. 文字上，有时一个词，什么工具书上也查不到；2. 理解上，有时由于把握不到作者的思想感情，一句话简简单单，就是不知道是什么意思；3. 表述上，这当然是母语的功力问题。我读过《焦尔金》的中译本，起先不以为然，现在初读了《根据记忆的权利》原文，觉得特氏的文字风格和用语习惯，的确有那么一个味道：用刚直的语言来构成诗意。我认为自己做不到这一点，宁肯去琢磨那些婉约的语言。所以这首诗我的确不想译。

《辞典》问题，我支持您的事业（当然也是自己的事业），愿意参加，用句老话，就是“效犬马之劳”。我知道自己知识有限，要您把着手才能干下去。丁鲁那边，请您和他商量。如果必要的话，你向他发信之后，请同时告诉我，我先去他家当面听听他的反映。这里要考虑的问题是“东欧”。这会成为我们的一个难题。俄、苏是比较好办的。

曼氏诗译稿（共28首，404行）及我写的一篇介绍文字，仍请您以严师的目光指正。关于曼氏的介绍文字，我说过不发译文，而由我据以改写。除了原文太啰嗦之外，主要是作者的观点不能接受，他们（两篇长文的作者）不仅反对斯大元帅，还一股脑儿反对十月和整个布尔什……①（原文啰嗦，主要因为搞了许多考证，而且行文的脉络不很清晰，涩重。）我的改写在观点上、结构上都不同了，只用了他们的材料，完全摒弃了他们的观点。他们，一个在美国，一个在法国，所以在观点上就与他们的祖国相去风马牛。与丘科夫斯卡娅的《历史片断》是两码事。我的改写，只是介绍了曼氏的生平，谈不上学术价值。但我觉得，这些材料大家都未见过，介绍出来也有必要。

谨颂

安康！

学生　耀球

1988. 1. 18

彭燕郊　1988年12月19日　自广州

耀球兄：

我七日到广州，至今已两周，时间可以说全花在《辞典》上了。在这里找到负责意大利语的编委，另外是东南亚诸语种的。除缅、菲外，

① 此处“……”为原有。

也都找到。暨大那边的研究所，听说是搞历史和经济的，不搞文学，所以也未去找周先生。但也还是要去的，因《现代世界诗坛》的发行要自己开辟渠道，各大学都想去打听一下，有没有人愿代销。

令爱那里，恐不能去，因搞“治理、整顿”，办边境通行证必须在本地（湖南）办，这里已不能代办了。

连日来和这里的编委讨论词目内容及写法，大体和我们谈得差不多，也有新的补充，正在打印，印好当即寄上。

安徽文艺出版社订19日起在上海开会，铁夫同志想已收到通知，不知他去了没有？北京的罗寄一兄①因新华社要分房子，没有去。我和黄建华兄②亦不能去，已请广外一位青年老师去了。会议结果如何，俟这位老师回后即告。上述情况请告铁夫、丁鲁二位。

我爱人来信，承你汇寄的本月工资已收到了。谢谢你。

请你写的释文（长、中、短）范本盼即用快件（我校邮局可寄不?）寄给我。以便打印后分发，这里的编委都未动手写。如我校邮局不能寄快件，则只好寄平邮了。估计那时我还在这里，信件来回，十天总够了吧。词目想已全部拟出了，但请暂不必寄来。反正我至迟下月上旬内会回。

《诗坛》一辑已出，你收到了没有？印得很漂亮。

下次再写了。祝

全家好！

燕

88.12.19 广州

① 罗寄一（1920—2003），原名江瑞熙，诗人、翻译家，与彭燕郊多有书信往来，曾评介彭燕郊的长诗《混沌初开》。

② 黄建华（1936— ），时任教于广州外语学院（现广东外语外贸大学）。

彭燕郊相关著作信息辑录

陈 璐*

（一）彭燕郊个人作品集

1. 《春天——大地的诱惑》

诗集，彭燕郊著，诗创作社（桂林）1942年5月版，署“诗创作丛书”（胡危舟主编），录长诗两首，即《春天——大地的诱惑》《在这边，呼唤着……》。

2. 《战斗的江南季节》

诗集，彭燕郊著，水平书店（桂林）1942年10月版，署“现代诗文学丛书”，录诗9首，即《冬日》《雪天》《岁寒》《冒着茫茫的雪呵》《山国》等。

3. 《妈妈，我，和我唱的歌》

长诗，彭燕郊著，萌芽社（桂林）1943年12月版，署“萌芽文学丛书”。

4. 《浪子》

散文诗集，彭燕郊著，水平书店（桂林）1943年12月版，署“现代散文丛书”，有代序文《土地的魔力》，录散文诗21篇，即《百合花》《小小的土地庙》《生者写的哀辞》《家山七章》《村里散文抄》《宽阔的

* 陈璐（1976— ），女，湖南岳阳人，文学硕士，长沙理工大学中文系教授，主要从事中国现代文学研究。

蔚蓝》《阳光》等。

5.《第一次爱》

诗集，彭燕郊著，山水出版社（桂林）1946年5月版，录诗13首，即《春雷》《冬青只是在开花》《牛的生产》等，有《后记》。

6.《湖南歌谣选》

彭燕郊编，湖南通俗读物出版社（长沙）1954年2月版，有《前记》，按照五大类收录，即“一般生活抒情歌谣”“政治歌谣”“长工歌谣”“妇女生活歌谣”“情歌”。

7.《文艺学习手记》

文集，彭燕郊著，湖南人民出版社（长沙）1955年2月版，有《前记》，录文9篇，为《有意识地、细心地阅读文艺作品》《关于诗的几个问题的讨论》《关于快板》《搜集民歌的几点经验》《从生活中学习语言艺术》《毛泽东文艺思想是我们的指路明灯》等。

8.《彭燕郊诗选》

诗集，彭燕郊著，湖南人民出版社1984年4月版，有代序文《彭燕郊的〈第一次爱〉》（聂绀弩），录诗55首（组），按年代分辑编排；有《跋》（陈萱）和《后记》。

9.《高原行脚》

散文诗集，彭燕郊著，花城出版社（广州）1984年6月版，署“曙前散文诗丛书”（郭风、刘北汜主编），有《〈曙前散文诗丛书〉前言》（刘北汜），录1939—1946年散文诗39篇，分9组编排。

10.《和亮亮谈诗》

诗论集，彭燕郊著，生活·读书·新知三联书店（北京）1991年5月版，署“今诗话丛书”，录长篇诗论3篇，即《论感动——关于诗·诗人的随想录》《关于形式美》《关于现代诗》，有《后记》。

11.《当代湖南作家作品选·彭燕郊卷》

诗集，彭燕郊著，湖南文艺出版社（长沙）1997年12月版，录1979年之后诗作90首，有《总序》（郑培民）和《编后记》（《当代湖南作家作品选》编委会）。

12.《夜行》

散文诗集，彭燕郊著，山东友谊出版社（济南）1998年12月版，署“逼近世纪末人文书库”（陈思和、李辉策划），按年代分辑编排，录1939—1989年散文诗57篇，有《序》（李振声）和《后记》。

13.《纸墨飘香》

文集，彭燕郊著，岳麓书社（长沙）2005年3月版，署“开卷文丛”（蔡玉洗主编、董宁文执行主编），有《题记》，录“历年写的有关书和读书的文字”54篇，分5辑，即“蹇斋书话”“蹇斋书缘记”“蹇斋存书题识”“蹇斋读书记”“蹇斋见闻录”。

14.《野史无文》

诗文合集，彭燕郊著，武汉出版社2006年1月版，署“潜在写作”丛书（陈思和主编），录31篇，有《总序》（陈思和）和《〈野史无文〉题记》《后记》；附录3种，即《作品纪略》《我应该怎样想——一些原生态思想素材》《彭燕郊致陈思和、刘志荣》。

15.《彭燕郊诗文选》（诗、散文诗合集）

诗文合集，彭燕郊著，为黄礼孩主编《诗歌与人》总第13期，2006年5月，录1938—1999年诗歌、散文诗130余首，有序（黄礼孩《彭燕郊：美伴随一生》）。

16.《彭燕郊诗文集》（四卷）

彭燕郊著，湖南文艺出版社2006年12月版（四卷统一定价）。

（1）《彭燕郊诗文集·诗卷》（分上下册）

有《序》（龚旭东）和《后记》；录诗229首，按年代分辑编排。

（2）《彭燕郊诗文集·评论卷》

有《序》（孟泽）和《后记》，录评论18篇。

（3）《彭燕郊诗文集·散文诗卷》

有《序》（林贤治）和《后记》，录散文诗119首，按年代分辑编排。

17. 《那代人：彭燕郊回忆录》

回忆文集，彭燕郊著，花城出版社2010年3月版，署“彭燕郊纪念文丛”，分两辑，录文28篇，有《自序》和《后记》（兰馨）。

18. 《漂瓶：彭燕郊散文诗》

散文诗集，彭燕郊著，花城出版社2010年3月版，署“彭燕郊纪念文丛”，录散文诗63首，按年代分辑编排，有序（林贤治《彭燕郊的散文诗》）、附录（龚旭东《彭燕郊先生未完成的2008》）和《后记》（兰馨）。

19. 《一朵火焰：彭燕郊自由诗》

诗集，彭燕郊著，花城出版社2010年3月版，署“彭燕郊纪念文丛”，录诗144首，按年代分辑编排，有序（李振声《诗心不会老去》）。

20. 《彭燕郊谈中外诗歌》

课堂讲稿，彭燕郊著，杜平整理，徐炼导读、注释，湘潭大学出版社2011年12月版，署“中外文学与文论丛书（第二辑）”，按“《诗歌研究》1982年讲稿”“《诗歌研究》1984年讲稿”分为两辑，有《导读》（徐炼）和《整理说明》。

21. 《梅志彭燕郊来往书信全编》

书信集，北京鲁迅博物馆编，张晓风、龚旭东整理辑注，海燕出版社2012年11月版，署“鲁博文丛”，录梅志、彭燕郊书信117封，始于1982年9月11日，止于2007年10月20日，其中包括胡风信1封，张晓风信多封。附录《天真——记梅志和胡风不寻常的三十年》（彭燕郊）、《为了心灵深处那颗神圣的燧石——〈梅志彭燕郊来往书信全编〉后记》（晓风）。

22. 《我不能不探索：彭燕郊晚年谈话录》

谈话录，彭燕郊口述，易彬整理，漓江出版社2014年7月版，为六大主题，即个人经历、个人创作、创作主题、各时代的人物、“七月派”、与现代新诗相关的三个问题；有附录《关于“彭燕郊访谈”的几点想法》《“单纯就好！”：纪念诗人彭燕郊先生》和《后记》（作者均为易彬）。

23. 《彭燕郊陈耀球往来书信集》

书信集，易彬、陈以敏整理注释，百花洲文艺出版社 2020 年 7 月版，录彭燕郊和陈耀球的书信 664 封（极少量为残稿），起于 1983 年 6 月 11 日，止于 2007 年 9 月 30 日，其中有 4 封的写信人或收信人为彭燕郊夫人张兰欣。附录《〈白竹诗稿〉序》（彭燕郊）、《“以它的利爪，紧紧地抓住大地”——读〈彭燕郊诗选〉第一、二辑》（关越①）、《陈耀球主要文学著译目录》、《书信、文化与文学史——关于〈彭燕郊陈耀球往来书信集〉的相关话题》（易彬），有《后记》（易彬）。

（二）彭燕郊研究著作

1. 《认识彭燕郊》

苏正军著，湖南文艺出版社 2000 年 4 月版，朱健《序》，分“彭燕郊生平及创作简介”“彭燕郊艺术风格研究”“彭燕郊与‘七月’诗人”“彭燕郊诗歌理论初探”四章。

2. 《坚贞的诗路历程：彭燕郊评介文集》

赵树勤选编，花城出版社 2007 年 12 月版，有《前言》（赵树勤），录各时期评论文 65 篇，分序跋类、综论类、印象记、诗评类 4 辑。

3. 《彭燕郊评传》

刘长华著，湖南文艺出版社 2008 年 12 月版，署“当代湖南作家评传丛书”，有《前言》（湖南社会科学院文学研究所），分七章、结语与注释，七章为“出征之前”“朝花初绽”“‘七月’放歌”“艰难跋涉”“浮沉岁月”“放逐归来”“‘无’境超越”，有附录两种（《彭燕郊著作目录》《彭燕郊研究论著与论文》）、《后记》。

4. 《默默者存——彭燕郊创作研讨会实录暨论文选》

孟泽、季水河主编，湘潭大学出版社 2009 年 1 月版，为 2007 年 5 月湘潭大学举办的“《彭燕郊诗文集》出版座谈暨创作研讨会”的会议实录

① 关越为陈耀球的笔名。

与论文选，有《编后记》（孟泽）。

5.《怀念集》

龚旭东编，属《默默者存——彭燕郊创作研讨会实录暨论文选》的附赠出版物，未署出版信息，分彭燕郊先生告别仪式资料、媒体报道选、怀念文章选和附录四个部分。

6.《风前大树：彭燕郊诞辰百年纪念集》

易彬、龚旭东编，西苑出版社 2020 年 10 月版，录各类文章 50 余篇（组），分 4 辑，即彭燕郊本人的文字，相关印象记与回忆文，研究论文，综述、报道与资料索引。

现代巴蜀湮没文学研究

主持人：李怡教授

主持人语：

在近现代历史上，来自四川与重庆的文学发展曾经有力地推动了整个中国文学的潮起潮落，川渝作家人数之众，在现代作家阵营中首屈一指，郭沫若、巴金、李劼人、沙汀、艾芜、何其芳……这些名字已然成为现代文坛上永不陨落的星辰。然而，中国文化的发展从来就不是各个不同区域的平行亮相，作为近代新文明的策源地——上海，作为传统文明的中心城市——北京，理所当然地汇集了最为丰富的文学资源，也堂而皇之地成为举世瞩目的焦点，一切文化的运动都不得不围绕这两个中心，至于其他区域的文化资源也只有流入中心之后才得以释放光彩，这样的事实不尽合理，却长期构成历史的主要场景，令人深思。

这样的等级划分，实际上就形成了大量湮没的文学现象。在人们的印象中，巴蜀文学已经传播得不错了，还有湮没的部分吗？当然有，下面这个名单可能都属于这个范畴，其中相当部分可能对许多读者都是陌生的。

王光祈、周太玄、李思纯、孙少荆、何鲁之、周晓和（光煦）、李璜、李小舫、彭云生、穆济波、曾琦、吴芳吉、叶伯和、蒲伯英、康白情、邓均吾、王余杞、刘盛亚、陈炜谟、陈翔鹤、林如稷、李开先、沈起予、李初梨、邵子南、任白戈、李一氓、马宗融、段可情、赵景深、甘永柏、萧蔓若、李华飞、章泯、杨子戒、李岫石、周文、还珠楼主、陈铨、贺麟、敬渔隐、何剑熏、阳翰生、沙鸥、覃子豪、陈敬容、曹葆华、杜谷、葛珍、许伽、白堤、秦德君、胡兰畦……

如此众多的作家都处于边缘的湮没的地位，如此多样的文学经验都被限定为“地方经验”，这里肯定失落了重要的信息。

当然，这不是说所有的边缘作家都值得大书特书，非要打乱文学史的现有格局，将大大小小的创作者不分轻重地等量齐观，这既不可能，也没有必要。我还是相信，随着岁月的荡涤，大浪淘沙，最终留下的文学史还是少数作家，文学史不会越来越厚，它只能越来越薄的。但是，这也不意味着在一个文学史观念尚面临考验的、转型的年代，我们不应当时时检讨我们的知识框架，不断回首我们踏过的道路，注意抚摸那些不经意间被遗弃的部分，特别是当我们曾经过于依赖总体的历史叙述，对个别、局部和异质都多有忽略的时候。所谓边缘和“地方性知识”的价值正在于此。

中国主流的文学史与文化史，其实湮没了大陆的区域文学事实，而这些区域文学的事实，不仅对区域文化的创造产生过主要的作用，甚至对整个中国文学的发生发展都举足轻重。有鉴于此，在一部宏大的中国主流文学史之外，理应出现更多种类的区域文学史，并且不是主流意识形态“指导”下的区域文学史，而是区域自身的文学现象史，特别是——区域湮没文学史。

我们这里展示的“民国时期的巴蜀湮没文学”就是这一学术理想的尝试。

民国，一个“遥远”的时代。这里的“遥远”之所以还需要打上引号，就是它不仅仅意味着时间上的间隔。其实，较之于更为古老的岁月，距今不过半个多世纪的“民国”绝对属于年轻的历史记忆；“遥远”在这里特指一种意识形态的阻隔，新中国的建立曾经处处以对“民国”的否定和批判为标志，这样，作为文化记忆的民国也就随之模糊起来，民国历史的复杂性越来越少地引起人们的注意，而就是这种模糊湮没了很多的文学故事。

巴蜀，一个“偏远”的区域。在这里，“偏远”被打上引号是因为我们的文化已经出现了不平等的现实：站在少数中心文化城市的视角，深居内陆腹地的四川与重庆何其偏远！因为偏远而常常逸出人们的日常视线，成为历史叙述中“被人遗忘的角落”。然而被人遗忘并不等于真正的沉寂，百年来的四川与重庆，不断为中国文学输送人才，甚至一度成为整个中国文化的避难所、收容地，成为众望所归的“民族复兴基地”，其文化之膏腴显然无法漠视。讨论本区域的文学遗产，我们之所以使用古老的“巴蜀”而非行政区划的“四川与重庆”，也就是要提示一种文化积淀的深厚性，行政的区划可以调整设置撤并，但文化由来已久的事实却无从轻易取消，对巴蜀湮没文学的挖掘，将有力地揭示现代文学历史的诸多秘密。

在“遥远”的民国时期，在“偏远”的巴蜀区域，因为种种的理由，我们的诸多文学史现象为人们所遗忘，当它们再次“出土”的时候，足以改变现代历史的记忆，并提醒我们如何关注自身的来源，如何重塑文化的格局。

我们设计中的湮没文学史论将在以下几方面自觉突破既有知识格局的限制，提供新的历史细节。

首先是知识的区域阻隔。中国文化的独特的区域分割特征造成了“知识”的区域隔离，必须跨越区域的限制才能更充分地掌握文化与文学的诸多信息。传统中国社会农业文明存在区域差异和我国巨大的东西南北的地理及文化的不同，虽然到了现代一体化的工业文明进程之中，也无法完全改变这一现状。

其次是突破历史破坏性力量（如战争）的干扰。现代中国的战争经历造成了一些重要文化人士与作家的全国性流动，当众多作家汇入巴蜀之地，他们的声音和书写痕迹很可能留在了另外一些可能意想不到的地方，等待我们认真发现。

再次是突破民国时期有限的文学物质基础，尽量修复和还原那些行将消失的珍稀档案材料。中国印刷出版物质基础薄弱，加之如抗战的经济困难以及意识形态方面的某些禁忌，民国出版物的保存正面临极大的威胁，如不加以及时的抢救性发掘和保存，损失将难以弥补。

在这个意义上，研讨区域湮没文学史不仅仅是对我们主流文学史的补充和陪衬，而区域文化本身的学术意义更可能获得进一步的提升，中国各区域所包含的“主体价值”可能得到新的发现。

这一主题价值，就是我重新定义的概念：地方路径。那些湮没的空间中，很可能包含着隐秘的通达未来的文学的地方路径。

持续抒情：20世纪中国感伤文学的陈翔鹤传统*

康　斌**

内容提要： 把文学史的一般评价当作贴在非知名作家或边缘作家身上的标签，成为某些文学研究的套路。但通过梳理陈翔鹤的小说创作生涯和文学特质，我们发现无论是书写爱情失落、人生苦闷，还是描述更广阔的现实境遇，他都坚持了抒情的原则和手法，为中国新文学持续创造了一个感伤的内面。这一显著特色，使其在民国时期避免卷入各种文坛争讼，也与同时代文学思潮激进化趋势拉开了距离，并在共和国阶段以执着的伤感情绪营造，凸显了自身独特而重要的文学史意义。

关键词： 陈翔鹤；抒情传统；感伤文学；浅草—沉钟社

巴蜀之地自古盛产文人，进入现代中国亦复如是。然而学者李怡却列出一张长长的名单①，以证明我们对巴蜀作家其实并不熟悉。所以如此，其来有自。这里有主流文学史叙述将其视为“地方经验”而使之边

---

* ［基金项目］2016年四川省社科规划重点项目“民国时期四川边缘作家研究”（SC16A010）、2020年西南民族大学中央高校基本科研业务费专项资金项目“网络社会情感治理研究创新团队”（2020STD06）。

** ［作者简介］康斌（1982—　），男，博士，西南民族大学副教授，主要从事中国现当代历史与文学研究。

① 李怡：《边缘性、地方性与中国现代文献学的着力方向》，《四川大学学报》（哲学社会科学版）2019年第6期。

缘化的原因[①]，也有先锋文学史叙述将其视为“模仿和积累”而看低其艺术价值的缘故[②]，而战乱烽火、人事迁徙、社会动乱、载体老化等造成的作品损失也不应等闲视之。于是，之于一些“边缘”作家或文学社团，文学史的一般论述便成了贴在他们身上的标签，进而形成文学研究的某种驾轻就熟的套路。比如，在中国现代文学的一般叙述中，陈翔鹤作为浅草—沉钟社的重要成员，虽以小说创作之丰富而广受关注，但其价值似乎只是提供了一份关于20世纪二三十年代文学青年的“感伤”样本，以证明中国现代文学的生物多样性。

如果将陈翔鹤置于共和国历史文化语境中，“感伤”的意义和影响却是另一番光景。其在20世纪60年代所作的《陶渊明写〈挽歌〉》和《广陵散》被认为“得风气之先”，表现了“达观态度后面的感慨与殷忧”，“引发了历史小说创作的一个小高潮”[③]。这显然强化了陈翔鹤对文学史尤其是当代文学史的意义。由此可见，一个作家的价值并非某种不变的本质属性，它必然要在历史流变中经历不同的语境阐释和目的强调。联系今日一些学者力证20世纪中国文学在启蒙、革命之外乃有一“抒情传统”的说法，那么横跨民国与共和国而持续抒情的陈翔鹤实则不应轻易错过——他竟然敢于并且能够依靠某种感伤、悲哀、疏离的情绪，“在一个群众挂帅革命呼声迭起的时代里，完成一种具体的抒情”，那么这算不算“一种抒情的现代性”？能否视作“一种言谈论述的方式；一种审美愿景的呈现；一种日常生活方式的实践；乃至一种政治想象或政治对话的可能？”[④] 给出一个标准答案其实没有那么重要，问题的关键在于它迫使我们重新去追溯陈翔鹤感伤小说写作的历史缘起、展开进程及背后的人生执着与美学决断，进而深掘和丰赡其历史意义和现实价值。

---

① 李怡：《边缘性、地方性与中国现代文献学的着力方向》，《四川大学学报》（哲学社会科学版）2019年第6期。

② 朱寿桐：《文学社团与中国现代文学的历史冲积效应》，《福建论坛》（人文社会科学版）2005年第7期。

③ 陈思和：《中国当代文学史教程》，复旦大学出版社2005年版，第117页。

④ 王德威：《抒情传统与中国现代性》，生活·读书·新知三联书店2010年版，第72页。

一 陈翔鹤感伤小说的创作历程

陈翔鹤与文学结缘，是在他走出巴蜀，在京沪与一班文学青年相遇之后。1919 年中学毕业的陈翔鹤，离家出走；初到北京，因升学不成，又转到上海复旦大学英文系。在这里，他遇到了林如稷、陈炜谟、邓均吾等来自四川的乡友，凭着日益旺盛的文学兴趣彼此砥砺，创立了“浅草社”，而陈翔鹤以戏剧、小说创作成为核心成员。1923 年年底，放弃了复旦学籍的陈翔鹤开始了北京大学的旁听生活[①]。“生活上的相同感触和文学上的共同爱好，像一条结实的纽带”[②]，把陈翔鹤同冯至、陈炜谟和杨晦紧密联系在一起。这一期间，陈翔鹤继续给浅草供稿，并在浅草社成员主持的《民国日报》副刊《文艺旬刊》和《文艺周刊》上发表文章。根据冯至所说“到《浅草》季刊一卷四期慢腾腾地在 1925 年 2 月才印出时，浅草社这个文艺社团已经名存实亡了”的说法[③]，陈翔鹤在浅草社阶段的小说创作主要有《茫然》《幸运》《断筝》《遗爱》《青春》《乐园》《婚筵》《一件怪事》等作品，另有戏剧《狂飙之夜》《雪宵》《落花》以及诗歌散文若干。

陈翔鹤浅草社阶段的小说带有很强的习作特征，如篇幅短小、故事简单、人物单薄，模仿名家名篇痕迹明显，其中《一件怪事》和《幸运》具有较强的代表性。《一件怪事》缺少完整故事，但是却通过演讲的方式表达了男性的“爱情失落”感，也预示了陈翔鹤此后一段时间的写作方向。文中人物直露求爱不得的愤怒：“爱情是一株美丽的鲜花，花是需要养料的……简便言之，只不过是名誉，金钱，美貌三者而已，但是能够完备这三种的，有几人呢?”正如李欧梵所指出的，“五四”时代许多

---

① 据好友冯至回忆：“从一九二三年暑假起，他跟我和我的同学陈炜谟不断通信。到了这年年底，他为了能同炜谟和我经常在一起，放弃了复旦大学的学籍，来到北京，在北京大学附近的一个学生公寓里住下，过着一边读书、一边写作的生活，有时也到北京大学的红楼去听一听课。”冯至：《〈陈翔鹤选集〉序》，《文学评论》1979 年第 3 期。

② 杨晦：《怀念翔鹤同志》，《文艺报》1980 年第 1 期。

③ 冯至：《鲁迅与沉钟社》，《冯至选集》第 2 卷，四川文艺出版社 1985 年版，第 420 页。

“爱情抒发与倾泻，是处在反抗社会和攻击传统观念这一特定的背景之下，因而它不能不表现出理论上的贫乏”[①]。在陈翔鹤的小说中，爱情作为个人追求自身幸福的直接而具体的目标，但仅以一种流动的情绪方式呈现，这样的“爱情”话语显然既难被说清，也无法为其笔下茫然失路的青年提供心灵救赎。陈翔鹤浅草社阶段的其他小说也鲜明地暴露了这一弱点：《茫然》的主人公C君整日游荡在风月游乐场，幻想各种浪漫主义的死亡方式；《婚筵》中的润堇，在“柔软的肢体与鲜红的嘴唇”中满足了欲望，却又遗憾“没有爱情的结合”；《幸运》中的D君从城市到A镇，断绝一切社会来往后得狂病而死，其“高傲冷淡”和自怨自艾，与其说是主动反抗社会的决绝，不如说是从社会退出后的心理扭曲，很难让读者产生同情，也难以达到如《狂人日记》那般对包括自我在内的文化传统黑暗面的揭露和批判。

随着创作的持续，陈翔鹤小说虽抒情依旧，但人生内涵大大加强。从1925年10月《沉钟》周刊发刊，到1934年2月《沉钟》半月刊终刊（中间经历杨晦主编的《华北日报副刊》），陈翔鹤发表了“约近二十五万字”（见《独身者·序》），包括《市隐》《see!》《忆》《蜿蜒》《悼》《西风吹到枕边》《眼睛》《莹子》《姑母》《他》《不安定的灵魂》《在另一个世界里》《秋虫》《早秋》《大姐和大姐圣经的故事》《家庭》《一个偶遇的故事》《鸽的悲哀》《洛迦法师》《转变》《疲乏》《独身者》《写在冬空》等小说。基于这些成绩，有研究者称，《沉钟》周刊、半月刊上的“这些小说作家中，成绩最突出的无疑是陈翔鹤”[②]。

从写作内容来看，一些作品继续围绕青年爱情话题展开，但已经有了新的发展。如果说陈翔鹤浅草阶段的爱情理解，往往被设置成“爱与欲的冲突”，因作者不自觉的男性立场，其笔下的女性形象往往面目模糊，也较少得到作者的足够尊重，那么，《沉钟》阶段的创作中，“爱与

① 李欧梵：《现代性的追求》，人民文学出版社2010年版，第96页。

② 陈永志：《灵魂溶于文学的一群——论浅草社、沉钟社》，华东师范大学出版社1995年版，第72页。

欲的矛盾”虽依旧存在，但作者对女性已经多了几丝温情。比如《西风吹到了枕边》中的“我”身陷包办婚姻旋涡，但小说并未结束于男性主人公的郁郁寡欢，而是被未来妻子无辜的眼神和愿为“我”做任何事情的真诚所打动。此外，女性甚至成了某种无须论证的美好价值的体现：《眼睛》中“我”只是偶然在医院见到一个纯白着装的女子，便为她“流动而含有媚力”的眼睛打动，决定“变成一个伟大的灵魂”；《写在冬空》中，我将社会周遭都看作“庸俗”，却把身患重病的少女“南多”看作生命最重要的寄托。当然，此类设计固然因“自觉地扭曲小说时间”而具有“明显的现代派色彩”①，在作者方面想必也不失真诚，但在读者看来毕竟有失突兀。

真正代表陈翔鹤创作成绩的乃是基于个人和同人的真实人生体验，以“生的苦闷”为抒情对象的一系列作品。1927年暑假，陈翔鹤结束了北京大学旁听生的生活，其父此时生意失败，家庭经济支援断绝，生计便成了他必须考量的首要问题。陈翔鹤一度为受挫感包围，甚至靠变卖旧书度日，直到开始教书之路后，生活才有所改善。生存的压力和“人到中年”的危机感，成了这一时期陈翔鹤小说反复述说的苦境。他借笔下人物沙宾君感慨道：“在一个曾经饱经忧患的中年人，他才真正的能以明白，自己为什么要活着，什么才是他生活的一切，甚么才是人类真正的悲苦和欢乐的。”② 冯至对此总结更为到位：“翔鹤在‘毕业’以前，一般是从书本上或是从客观的观察中体味一些人情冷暖，世路坎坷，如今走到社会中，由于他感情真挚而又胸无城府，对外没有戒心而又易于感触，则亲自遭受到不少工作上的挫折、爱情中的痛苦。”③

陈翔鹤先后在北京孔德学院、山东曲阜第二师范、吉林省立大学、青岛市第一男中、邢台女子师范等校任教。如此频繁变更工作地点，固有个性突出而人世难处的因素，但多半也与薪资高低及其能否按时发放

① 陈平原：《中国小说叙事模式的转变》，北京大学出版社2003年版，第59页。
② 陈翔鹤：《独身者》（三），《沉钟》第28期，1933年11月30日。
③ 冯至：《〈陈翔鹤选集〉序》，《文学评论》1979年第3期。

有关。如其1932年11月30日致信杨晦所说："最感苦痛的还是经济问题！几乎每月之末，到发薪时（晚发一月）我都所剩无几，而只得去向学校支借当月的了"，遂决定"到明春来就要离开济南了，无论如何都不愿再留在高中，随便甚么地方我都可以去，只要不欠薪就行"。三天之后，他又在信中提道："闻河南不欠薪，若有法，可以往彼处注意一下。"[①] 生活的艰辛挫折，在他的作品中得到更具体的呈现，其对亲情伦理造成的负面影响也得到细致描摹。小说《他》中的主人公就因偶然遇到旧时同学，而被介绍到某私立中学教书，工作内容和待遇介绍甚为详尽："中英文兼教，每周课程二十小时，每月月薪五十元，说明准不欠薪，但缺课时得照扣"。《家庭》中部门代理主任立亭君在拿了七折薪资——"七十元零几毛"后，因生活困窘而发出"独身时，抱怨孤寂，到结婚后，又苦于担负"[②] 的感慨。《转变》中的慕海君受学生攻击而欲往上海另觅职业，但上海的朋友却告知"每月五六十元的收入"只能让一家人喝西北风。拮据的经济条件也扭曲了慕海君的心灵：母亲的爱子之情，被认为可能与"他的每月都能拿回相当的款子来，以作养家之用，不无关系"；妹妹之所以亲热地唤他哥哥，也不过曾经"答应了发薪后，给她缝制两件时样的衣服"[③]。

但这是否如人所言：陈翔鹤的文学人生终于走上了一条从艺术（幼稚）到现实（成熟）的"必然"之路呢[④]？这套关于"文学成熟"的话语，本质上不过是推崇以现实逼真性为文艺价值判断依据的再现说的翻版。事实上，陈翔鹤小说中的人生内容再多，也无法与直接书写工农兵生活或广阔社会内容的作品匹敌，更何况在陈翔鹤等人看来，生活内容的增加不过让个人的内心更加坚强，如其所说："我心中已经是没有所谓强烈的爱与憎了，和平极了。"[⑤] 但这并不意味着作者正在走向对自我表

① 杨涛：《沉钟社通信选——致杨晦》，《新文学史料》1988年第2期。
② 《家庭》，《沉钟》第13期，1932年10月15日。
③ 陈翔鹤：《转变》（上），《沉钟》第21期，1933年2月15日。
④ 《陈翔鹤小传》，现代文学馆编《陈翔鹤代表作》，华夏出版社1999年版，第448—449页。
⑤ 杨涛：《沉钟社通信选——致杨晦》，《新文学史料》1987年第4期。

现的否定，而只不过是在适当调整手法，对这更平静的内心给予更如实的书写，如其所说："在写法上，自己总是日加一日的，打算力向冷静，确切和纯客观的道路上去的。"①

于是我们看到，那几篇写于 20 世纪 40 年代、被认为代表着陈翔鹤"成熟"的现实主义作品，其实从未远离心灵表现的熟悉轨迹。比如《刀环梦》作为陈翔鹤最早的一篇演绎真实历史人物的小说，用"男子汉大丈夫，到处都可为家，那能够再去任人随便加以侮辱"②，为李陵拒绝归顺汉朝提供了一个极具个人化的心理根源。《丢弃》中，黄松亭科长"因为生活不够"，要将刚生下的第四个小孩送人。"有的人一方穷奢极欲，荒淫无耻，而我们却在丢儿弃女"③，这自然是人间悲剧之明证，但黄松亭的一番解释却得不到一句妻子的体己话则更添悲凉。《傅校长》中，傅校长自然是一个克扣学校办学经费包养情人的贪官，但傅校长殚精竭虑满足情人物质、精神需要的患得患失、喜忧参半，不正是陈翔鹤着力刻画人物内心世界的结果吗？《一个绅士的长成》固然详述了宋老七爷囤积居奇、为官自肥的恶习，但他与妻子回乡受辱的经历始终未被克服，"那种似酸、似麻、似痛、似苦，想报复，想发泄的种种莫名其妙的复杂情绪"④ 不是极易让人共情，生出参差对照的效果吗？

二 抒情文艺观的历史缘起和独特性

陈翔鹤钟情于表达个人心理活动的感伤小说的制作，在书信或日记体裁的创作中持续抒发愤怒、烦恼、苦闷以至颓废之情，使其亦有资格跻身于中国"个人抒情小说"⑤ 的代表之列。而此一特征并非偶发。早在 20 世纪 20 年代初，其小说创作尚在摸索阶段，他已经形成了较为明确的

① 陈翔鹤：《自序》，《独身者》，中华书局 1937 年版，第 4 页。
② 陈翔鹤：《刀环梦》，《笔阵》1942 年第 3 期。
③ 陈翔鹤：《丢弃》，《世界文艺季刊》1945 年第 1 期。
④ 陈翔鹤：《一个绅士的长成》，《陈翔鹤选集》，四川人民出版社 1980 年版，第 275 页。
⑤ 陈思和：《中国新文学发展中的浪漫主义》，《陈思和自选集》，广西师范大学出版社 1997 年版，第 83 页。

文学观——那就是对文学的“情感”本质的强调。1921 年，上海民众剧社的《戏剧》杂志第 1 卷第 6 期发表了一篇关于“舞台上发议论和独白”的通讯稿件，其中就有陈翔鹤对徐半梅翻译自日本剧作家久米正雄的《工厂主》的批评意见。在列举该剧种种不合理处之前，他提出了个人关于文艺作品的基本原则：

> 无论甚么文学，要是其中不含有充分和热烈的情感者，绝不会称为优美的；并且也从不会感动人，使人得一种印象。文学作品而不会感动人，也不会称之为文学了。简切言之，就是无情感的也不能算叫文学。①

中国文学素来有重视情感的传统，这在与西方叙事艺术和史诗传统的比较之下更为显见，诚如陈世骧所说：中国“所有的文学传统‘统统’是抒情传统”②。普实克也认为“在旧式中国文人的作品中，抒情性占有绝对的地位”③。但“五四”文学革命语境中的“情感”主义，恰是对“文以载道”和温柔敦厚传统的纠偏，内置于新文化运动对旧文化的批判全过程，以至于有学者认为“情感表现是中国新文学获得现代意识的起点”和“现代文学秩序确立的基础”④。这是我们讨论陈翔鹤文学情感论的观念起点。但陈翔鹤的抒情观，亦不可看作对“五四”文学革命主张的照单全收，尽管他每每对新文学表示敬意。因此，我们必须注意陈翔鹤对新文化运动先驱以现代情感为核心的文学启蒙方案作出的个人思考和抉择。

---

① 秦宝鑫、半梅、陈翔鹤：《通讯：独白的讨论》，《戏剧》第 1 卷第 6 期，1921 年 10 月 30 日。

② 陈世骧：《中国的抒情传统》，转引自王德威《抒情传统与中国现代性》，生活·读书·新知三联书店 2010 年版，第 9 页。

③ ［捷克］普实克：《中国现代文学中的主观主义和个人主义》，《普实克中国现代文学论文集》，李燕乔等译，湖南文艺出版社 1987 年版，第 10 页。

④ 周仁政：《情感表现与五四文学》，《文学评论》2010 年第 3 期。

胡适的《文学改良刍议》在解释何为“言之有物”时，提出“所谓‘物’，约有二事”：（一）情感，（二）思想。[1] 情感与思想并重，这显然是一种合理正确的文学观念，但情感与思想的相互关系、各自表现，往往因论者个人经验、群体诉求和时代呼唤而各有侧重，因此其分寸其实很难拿捏。在王富仁看来，以鲁迅、陈独秀、周作人等为代表的启蒙主义者一代，痛感旧文化传统的思想压力，而更倾向于在思想原则上表达“个性的解放、思想的自由、社会的平等、恋爱的自由、民主的理想”；他们的心态是自信的，“坚信自己的理性是健全的，坚信自己的新的文化追求的合理性”，这种情绪自然也传递到了他们的文学实践上。对于更年轻的文学爱好者和文学从业者来说，他们几乎都在毫无心理障碍的情况下接受了那些启蒙思想原则，却在用它们追求个人幸福的生活实践中付出了惨痛的代价。[2] 于是文学不再是纵横驰骋的精神战场，而成了抚慰经济困窘、地位卑微以及同道缺乏者失落、痛苦、绝望等情绪的心灵精舍。

某种意义上，浅草—沉钟社的文学旨趣也可以在“五四”文学的代际性影响中获得解释。毫无疑问，陈翔鹤以及浅草—沉钟社同人都深受鲁迅影响，但创造社对他们的影响似乎更巨。正如陈翔鹤自陈：“民国十一年至十四五年之间，如果有人去向任何一个文学青年问道：‘你所喜爱的中国作家究竟是哪个呢?’那无疑地，他是会说出郁、郭二位的名字来。”[3] 在创作中，如《不安定的灵魂》《独身者》《他》《写在冬空》等，便鲜明借鉴了郁达夫小说中常见的自叙传手法——小说人物孤僻清高、爱哭软弱、耽溺于灵肉冲突的“零余者”性格有如师承私授。只是浅草—沉钟社毕竟与郭沫若、郁达夫有着年龄乃至代际差异，因此对郭、郁一代的情感总结，不能简单套用到浅草—沉钟社之上。陈翔鹤等人遭遇到的现实问题与心灵困惑及所选择的文学道路需要有细致的甄别和阐

① 胡适：《文学改良刍议》，《新青年》第 2 卷第 6 号，1917 年 2 月。

② 王富仁：《感伤小说·序》，陈翔鹤著，王富仁编《感伤小说》，上海文艺出版社 1996 年版，第 4—6 页。

③ 陈翔鹤：《郁达夫回忆琐记》，《陈翔鹤代表作》，华夏出版社 1999 年版，第 340 页。

释。但这首先需要警惕乃至跨越两大文学史障碍：其一，在现代文学史的一般论述中，感伤文学是青年知识分子的新文化优越感在面对复杂人生和展开社会实践时的柔弱情绪表现，是在革命历史语境中逐渐走向现实主义世界观和创作论的初级阶段；其二，在与鲁迅、郁达夫等“五四”文学前辈的感伤作品对比时，陈翔鹤的感伤特色和抒情水准，往往又被视作后来者不成熟的模仿或者先行者局限性的继承。也可作如是说，陈翔鹤“真正”的意义和价值，即使不能跳脱抒情小说整体格局，也可以并且应该设置其他参照系来获得深度阐述乃至额外发明。

比如对“民族寓言”叙事模式的偏离。詹姆逊曾说：“第三世界的本文，甚至那些看起来好像是关于个人和力比多趋力的本文，总是以民族语言的形式来投射一种政治：关于个人命运的故事包含着第三世界的大众文化和社会受到冲击的寓言。”① 但浅草—沉钟社尤其是陈翔鹤的小说其实最低程度地“投射一种政治”，或者说只能从“寓言”的角度才能见出个人本文与民族国家的对应关系。相较于鲁迅早早树立的“拯救愚弱国民精神”的立人而立国的目标和“我以我血荐轩辕”的豪情，相较于郁达夫、郭沫若等人在小说中反复陈说身、家、国三位一体之痛，陈翔鹤似乎更自觉地摒弃了夏志清总结的现代文人“感时忧国”的传统，而执着于以“自我”为本位与界限作纯粹的表现。正如他在写给杨晦的信中所热烈宣示的：“若是你要寻求上帝，‘自己’就是你上帝；若是你要寻求人间‘至宝’，‘自己’就是你至宝！我们总不能为兽中虎豹般的人中英雄，有顺我者生，逆我者死的气概，至少亦应凡事都以‘自己’为本位。”②

比如对文坛是非恩怨的力避。当文坛论争和攻讦彼此裹挟，一些文学生力军使用各种时新理论，依靠骂战和“打架”自立成名时，浅草—沉钟社不仅拒绝卷入各种文坛是非，甚至避免参与各种社会批评和文学

① ［美］弗雷德里克·詹姆逊：《处于跨国资本主义时代中的第三世界文学》，张京媛主编《新历史主义与文学批评》，北京大学出版社 1993 年版，第 135 页。

② 杨涛：《沉钟社通信选——致杨晦》，《新文学史料》1987 年第 3 期。

争鸣，并集体营造了一个重创作轻批评的文学小生态。如《浅草》创刊号《编辑缀话》中，林如稷代表“小社的同人所持的态度”发言：“我们不敢高攀文学上的任何主义；也不敢用传统的谬误观念，打出此系本社特有的招牌。”杨晦也在《沉钟》上指出：“攻击个人或一件事实进而为攻击政治现象或者指摘社会事实”——这样的“批评是不中用的”①。这些观念得到了陈翔鹤的明确回应：“我鄙视学者，批评家，考据家，以为他们都是‘多事’，‘作家的附属物’。”找出此等立论的弊病太容易，但是作为一种集体和个人共享的特色主张，能得到一以贯之的坚持却并不容易。

比如对激进文艺思潮的疏离。当社会思潮明显左转，左翼文学蓬勃兴起，“民族主义和社会主义势力的迅速兴起及个人主义的衰落”，“‘反自由’、‘反个人’的倾向日趋严重的文化背景下”②，陈翔鹤始终坚持“根据生活中的真情实感构思”③身边小说创作，既不议论时政，预测文化走向，也没有虚构本人并不熟悉的工农形象。即到1936年出版的《独身者》自序中，他仍然为自己持久的文学主张辩护：“大凡能忠于自己个人私生活和‘遭遇’的描写，岂不也即是从大众或时代中，去抽出一小片或一小段的雏形来。”他甚至对盲目扩大小说社会内涵的做法表示不屑：“把握不着这种生活的核心，便去驱使这种材料，即无异等于作者的自杀。”④此论有对前期创造社个人主义话语和身边小说传统的借鉴痕迹，当然算不得新颖，但是当前期创造社集体转向后，当郭沫若对广大文艺青年热情呼吁“你们应该到兵间去，民间去，工厂间去，革命的漩涡中去”⑤时，陈翔鹤仍坚持自身对五四感伤传统的个体选择与接受。也可以说，创造社开启而又抛弃的自我内面的书写传统，被陈翔鹤坚守并深入

① 晦：《附记》，《沉钟》第14期，1932年10月30日。

② 周策纵：《五四运动的阐释和评价》，王跃、高力克编《五四：文化的阐释和评价》，山西人民出版社1989年版，第25—26页。

③ 杨晦：《怀念翔鹤同志》，《文艺报》1980年第1期。

④ 陈翔鹤：《独身者·自序》，中华书局1937年版，第3页。

⑤ 郭沫若：《革命与文学》，《创造月刊》第1卷第3期，1926年5月16日。

了下去。

不仅与身外颇有势力的文学潮流拉开距离，即使在自身创作进程中，陈翔鹤最终也抵抗住了因写作和生活的双重困境所造成的皈依文化传统的内心驱力——“平静闲适”的生活向往、“平和从容”的情感诱惑和“平淡优美”的美学追求，走持续感伤的抒情之路。比如出于生的苦闷，陈翔鹤似乎曾一度走向宗教以克服心灵危机，《早秋》《大姐和大姐圣经的故事》《洛迦法师》便是这一文学实验的几个代表性样本。《早秋》中Y君即使面对丈夫奔走革命而无顾于家的处境，仍然“毫不怨谤，只是表现出一种在忍苦中所感到的宗教性和神性来”①。《大姐和大姐圣经的故事》更直接塑造了一位因虔信《圣经》而“既不矜娇，又不羞涩，于诚恳自然中，时常给人以一种明净之感”② 的女性。《洛迦法师》则试图通过皈依佛门，笃行教义，克服那因目睹家人被杀而带来的心灵创伤。但是对于宗教，与其说陈翔鹤信奉，不如说他是在借用“一点佛学的空理”③。在对宗教的理解和信服上，他明显不如前辈文人苏曼殊、许地山。更何况，深受五四新文化运动洗礼的他，也断断放不下感时忧国的大羁绊。因此研习经义、恪守戒律、看透人生、无喜无悲，这些他做不到，也未必真想做到。毕竟艺术创作亟须的心灵颤动，他舍不得，也丢不掉。只要看看那些小说中悲伤的结局就明了了——《早秋》中Y君女儿的早夭、《大姐和大姐圣经的故事》中大姐的悄然离别、《洛迦法师》中死前被恐怖景象一再惊吓——显然，陈翔鹤只想表现宗教对人生的克服（过程），却不相信宗教真能克服人生（结果）。正如1933年9月，也就是在《早秋》《洛迦法师》等小说写完之后，陈翔鹤对杨晦所说的：“若果要问我甚么是我自己宗教的呢，那，从崇高的品格中去产生艺术，这在我是会毫不迟疑的说了出来的。”④

---

① 陈翔鹤：《早秋》，《独身者》，中华书局1937年版，第227页。

② 陈翔鹤：《大姐和大姐圣经的故事》，《独身者》，中华书局1937年版，第173页。

③ 杨涛：《沉钟社通信选——致杨晦》，《新文学史料》1987年第3期。

④ 杨涛：《沉钟社通信选——致杨晦》，《新文学史料》1988年第2期。

三 持续抒情的艺术得失及跨时空意义

这就说到了陈翔鹤的艺术观。浅草—沉钟社的艺术观往往被总结为“为艺术而艺术”。但是直面他们的小说文本，我们能看到他们如某些人所批评的艺术至上主义者那样“排斥了道德，甚至常常排斥了激情”，“明显地违背人类的天性”① 吗？他们主张“艺术在任何情况下都不可能变成宗教的婢女、责任的导师、事实的奴仆、道德的先驱”② 吗？他们未必有那么高的理论修养，甚至没有这方面的兴趣诉求，用陈翔鹤自己的话说就是：“我之讨厌哲学，并不因为它之无用，实在是因为它之对我自己‘单独’无用。”③ 作为《沉钟》四大成员之一的冯至，曾一语道破了他们的“艺术”理想：“不外乎是写出自己认为满意的诗文，翻译自己喜爱的外国作品而已。”④ 陈翔鹤也将“艺术”与“工作”并置，称：“曾以‘艺术至上’、‘工作至上’等信念，用来当作鞭策着自己生活的唯一目标，和于生之苦斗中，最后的唯一的堡垒。”⑤ 可见，所谓“艺术至上”，在浅草—沉钟社看来，并不是一种远离人生、藐视大众的精英文化选择，而是文学创作的代名词，是有限人生中自认的一份有意义的工作。

将文学创作视为人生一项极有意义的工作，这是“五四”启蒙观念系统中的重要组成部分。文学研究会成立时即表示：“将文艺当作高兴时的游戏或失意时的消遣的时候，现在已经过去了。我们相信文学是一种工作，而且又是于人生很切要的一种工作；治文学的人当以这事为他终身的事业。”⑥ 但稍加注意，便能意识到此处之所以强调文学的“工作”性，其实是基于建立行业工会的目的，即首先是从商业劳动的角度，肯

① ［法］波德莱尔：《论彼埃尔·杜邦》，《波德莱尔美学论文选》，郭宏安译，人民文学出版社1987年版，第25页。

② ［英］史文朋：《威廉·布莱克》，转引自周小仪《“为艺术而艺术”口号的起源、发展和演变》，《外国文学》2002年第2期。

③ 杨涛：《沉钟社通信选——致杨晦》，《新文学史料》1987年第3期。

④ 冯至：《回忆〈沉钟〉——影印〈沉钟〉半月刊序言》，《新文学史料》1985年第4期。

⑤ 陈翔鹤：《自序》，《独身者》，中华书局1937年版，第1页。

⑥ 《文学研究会宣言》，《小说月报》第12卷第1号，1921年1月10日。

定“文学”可以并且应该成为一份具有日常性、长期性尤其是专业性的工种，并不刻意强调“文学”的伟大与高人一等。但我们也知道，自梁启超将小说与群治建立起因果关系以来，到鲁迅的“救救孩子”，乃至毛泽东的“惩前毖后，治病救人”，文学尤其是小说作为工具手段被赋予了极其重要的文化使命和政治意义，也从未被简化为一个普通工种。在某种意义上，文学作为“工作”和“工具”，本是一体两面之事。但陈翔鹤等人更愿意从专业化、职业化的角度频繁突出文学作为一种社会分工的“工作”性，可见后五四一代青年作家对晚清以来形成的庞大的“立国立人”启蒙文学观念系统的情感倾向和观念侧重。

当然，这并非说陈翔鹤及其同人缺乏文学理想。简言之，陈翔鹤的文学工作的主要任务，是调和艺术与现实的矛盾。沉钟社“有一个共同看法，即艺术理想与现实生活之间存在着不能调和的矛盾”①。虽说“不可调和”，但他们并不认为艺术应该远离生活，恰恰相反，他们期待用写作的方式进行艺术理想和现实生活的勾连。正如陈翔鹤明确表示的：“无论私人生活是多么的辛苦颠连，困窘不幸吧，我们也只想在艺术的本身上，求得一点成绩而已。我们觉得在现社会中，只有艺术可以使‘生活’更为向上，更为高洁，并且保持一种庄严性。”② 只是，陈翔鹤及同人必然意识到其人其文不仅缺乏现实介入、拯救众生的能力，甚至不具备茅盾所倡导的文学“激励人心的积极性”③，因此放弃主动介入的思想启蒙和社会改造，选择退守性的个体精神抚慰成为势所必然。诚如《沉钟》半月刊创刊号《启事》声明的那句话：“凡是想说话而找不到适当的场所的人们，想做事而到处碰壁的人们，泥泞遍道，一路绊绞的‘穷人’们，我们都愿沿途献给他们一些野花，显露我们自己。”此种主张表面上颇与周作人耕种“自己的园地”的精神相似，但在艰难生活中摸爬滚打的青

---

① 冯至：《回忆〈沉钟〉——影印〈沉钟〉半月刊序言》，《新文学史料》1985 年第 4 期。

② 陈翔鹤：《关于〈沉钟社〉的过去现在及将来》，《陈翔鹤选集》，四川人民出版社 1980 年版，第 431 页。

③ 雁冰：《“大转变时期”何时来呢?》，《文学旬刊》第 103 期，1923 年 12 月 31 日。

春苦闷毕竟不同于名士的雍容冷静，他们不愿也不忍坐等着“他人接触这艺术，得到一种共鸣与感兴”①。鲁迅曾经渴求“有作温煦之声，援吾人出于荒寒者”（《摩罗诗力说》），因此才真正懂得他们的孤独和热望，才会说他们“向内，在挖掘自己的魂灵，要发见心里的眼睛和喉舌，来凝视这世界，将真和美歌唱给寂寞的人们”②。从实质上看，此种抒情的创作、表现的感伤乃是社会挫折、生活困顿、情感失败的产物，但如果意识到这些挫折的社会探索、困难的生活经历和失败的情感交流乃是后五四青年现代人生的一部分，是 20 世纪中国人现代性体验的一部分，那么，这种书写本身，便是对社会黑暗不堪的拒绝和对理想社会的迫切期待，是为中国现代化进程保存着看似微弱却能星火燎原的现代精神能量。

当然现代文学阶段的陈翔鹤并非没有可以讨论的地方。王富仁在分析悲剧精神时，曾遗憾地指出：“我知道实现不了，但是我也要追求它，我能够做什么，我就一点点地去做去，我一定要实现这个目标的这种精神，在我们中华民族的精神当中我觉得还是比较缺少的，并且在我们的文学创作当中，也是比较少的。”③ 但沉钟社同人却可说是在现实人生中持之以恒地实践着这种悲剧精神：就个人来说，他们以文学创作为志业，在繁重的教学工作任务和生活困累下，始终以创作、翻译作为人生价值的最重要的评价标准；从团体来说，他们始终相互砥砺，不仅推动了彼此的创作产出，修正了创作的重点和方向，还在经济上以近乎宗教般的执着，以合股的方式将《沉钟》半月刊延续了 35 期。即是说，陈翔鹤的小说如果有局限，与其说是因为他执着于表现，不如说是因为他的表现还不够——他将太多的注意力放在了个人之于社会人际的不适和愁苦，而没有将他们在现实人生中备尝艰辛却奋斗不止的悲剧精神和崇高体验充分展示出来。

---

① 周作人：《自己的园地》，《晨报副刊》1922 年 1 月 22 日。

② 鲁迅：《导言》，《中国新文学大系·小说二集》，上海良友图书印刷公司 1935 年版，第 5 页。

③ 王富仁：《悲剧意识与悲剧精神》（上），《江苏社会科学》2001 年第 1 期。

然而历史的吊诡在于，在革命乐观主义昂扬的20世纪五六十年代，持续的抒情冲动（也可能是惯性），竟然让他的创作最大限度地与时代写作主流拉开了距离。陈翔鹤1949年后写的小说如《喜筵》《方教授的新居》《陶渊明写挽歌》《广陵散》，好看的地方都不在时代性和叙事技巧，而在于那种伤感情绪的调动和表现。如工人顾师傅对待寡居媳妇再婚可能性的既人道的又封建的矛盾心态；方教授在“三反”运动中“被人当作坏分子来斗”的屈辱以及女儿用政治话语要求自己“坦白”时的寒心；嵇康、陶渊明对人心的洞穿而宽容、对死亡的看透而留恋，等等。这些都是“表现”在继续，“抒情”在继续。夏志清曾经批评巴金等作家早期写作的不成熟乃出于“无法超越青春期间的文艺修养和这一期间的领悟能力”①，陈翔鹤可谓提供了一个极有说服力的反例：正是对个人青年时代文学阅读和美学趣味的坚持，正是对抒情文学观的持续坚守，看似柔弱、颓唐、疏离的感伤文学反而能在历史的翻云覆雨中，成就其对“十七年文学或者说中国当代文学的深刻意义”②。

结　语

通盘考量陈翔鹤的创作后，我们或许才能回应开篇所展开的那一段追问：陈翔鹤执着地表现着接受了科学、民主、自由等启蒙观念的青年个人命运和幸福追求，当然是一种现代性抒情；他为中国新文学创造了一个持续感伤的内面，当然可以看成是一种别有幽怀的“言谈论述”和“审美愿景”；这在一个强调集体主义和乐观主义的时代，当然也可以理解为具有某种“政治想象或政治对话的可能”。但我们也必须警惕：若刻意从政治文化角度抬高陈翔鹤及其抒情的小叙事意义，可能落入王德威式抒情传统论述自身亦存在的悖论——在启蒙、革命等宏大叙事之外另立一个“小”说传统、“抒情”传统，本身便是宏大历史叙事的一次“以小博大”的政治实践。这种理解显然也不符合陈翔鹤“只想一辈子与

① 夏志清：《中国现代小说史》，复旦大学出版社2005年版，第171页。

② 郭冰茹：《陈翔鹤小说论》，《文学评论》2007年第1期。

人无患，与世无争，找一门学问或者在文艺上下一点功夫”[①] 的创作初衷。更何况，政治文化视角还可能低估了陈翔鹤持续抒发的感伤、苦闷、无力等情感之于普遍人生的存在主义式的悲悯意义——诚如其在《陶渊明写挽歌》中那一段隐忍而动人的描述：“一种湿漉漉、热乎乎的东西，便不自觉地漫到了他的眼睛里。这时他引以为感慨的不仅是眼前的生活，而且还有他整个艰难坎坷的人生。”[②] 简言之，论述20世纪感伤文学视域中的陈翔鹤传统，其一并非夸大历史事实，渲染其开宗立派、文脉绵续，并构成后人创作无可回避的影响的焦虑；其二并不刻意将陈翔鹤对时代的情感“反应”阐释为某种理论“反思”乃至现实“反抗”；其三乃是强调陈翔鹤“持续的个人视角、持续的感伤风格、持续地拒绝其小说人物被整合进宏大理论或普遍性论述”，是一种有益且独特的文学资源，可堪促进一种新的文学“传统的发明”或“经典的建构”。

① 黄秋耘：《十年生死两茫茫》，《黄秋耘自选集》，花城出版社1986年版，第164页。

② 陈翔鹤：《陶渊明写挽歌》，《人民文学》1961年第11期。

论王余杞《我的故乡》对故乡与抗战的异形同构

胡余龙*

内容提要：从1938年8月至1940年3月，王余杞在《新运日报》上连载系列散文《我的故乡》，每篇大约千字，总共四百篇。《我的故乡》跟当地抗战形势有着紧密联系，以宣传抗战救亡、推动社会进步为创作宗旨，可谓向四川自贡“吹进来一股抗战的新风”。为取得更好的传播效果，《我的故乡》以故乡书写与抗战宣传相结合的方式向自贡民众传递抗战建国理念，其对故乡与抗战的异形同构，包含着王余杞对四川自贡的抗战形势和社会状况的多重思考。

关键词：王余杞；《我的故乡》；故乡书写；抗战宣传

从1938年8月起，重回故乡的“抗战文艺战士”① 王余杞，开始在川康盐务总局主办的机关报——《新运日报》上连载系列散文《我的故乡》，以故乡书写与抗战宣传相结合的方式向当地民众传播抗战建国理念，试图向四川自贡“吹进来一股抗战的新风”。这里需要追问：王余杞为什么要创作《我的故乡》？《我的故乡》有哪些特别之处？《我的故乡》造成了怎样的影响，又遭受了何种对待？想要解释这些问题，需要回到当时的历史情境里。

---

* ［作者简介］胡余龙（1992— ），男，博士，四川大学文学与新闻学院讲师，主要从事中国现代文学与文化研究。

① 《前言》，《王余杞文集》上卷，花山文艺出版社2017年版，第4页。

一 《新运日报》的“主笔”与《我的故乡》的连载

1938年7月，回到自贡的王余杞在于去疾的推荐下成为《新运日报》的“主笔”，1939年4月16日，王余杞正式卸去《新运日报》的副刊编务。从1938年8月至1940年3月，王余杞按日撰写散文，每篇大约千字，总共四百篇①，“内容坚持抗战，迎接新生事物”②。这系列散文，就是他抗战时期的名作《我的故乡》。

“爱国，爱故乡，提倡社会进步和抗日救国是作者文中始终的情怀”③，这是亲人对王余杞的评价，此种评价同样适用于《我的故乡》。《我的故乡》以故乡书写为外壳，以抗战宣传为内核，无意于表现乡愁情愫，着重散布战时政策，帮助广大民众认识到抗战建国的重要性和迫切性，从而动员他们积极参与战争。不同于现代乡土小说的普遍创作模式，《我的故乡》的部分篇目虽然也揭露故乡落后状况、倡导文明进步，但是这种社会改造跟抗战建国之间存在着密切关联，并非源自一种相对纯粹的社会建设理念，因此《我的故乡》应该被视为战争语境下的一种特殊产物。“故乡”与“抗战”这两个有着不同形态的社会概念之所以在《我的故乡》里被同时建构，根本上说是由当时战争形势所决定的，具体来说是由王余杞长期进行抗战宣传活动所决定的。

从20世纪30年代初期起，王余杞就通过多种形式开展抗战宣传工

---

① 《文章说明》，《王余杞文集》下卷，花山文艺出版社2017年版，第13页。1985年1月3日，王余杞在写给陈青生的信里感慨搜寻自己作品富有难度，其中以《我的故乡》尤甚，“《我的故乡》更无望，党史办所有的，正是你所有的，我请他们分别在重庆、五通桥、成都等处档案处去找。他们有力量，但是不肯去办；我无力量，想办也办不到。此事只好拉倒。好在我从来也没敢想过出版的事”（陈裕容：《王余杞致陈青生书信选》，《现代中国文化与文学》2006年第1期，第124页）。这种情形直到今天仍然是不容乐观的，王平明、王若曼整理的《王余杞文集》只收录了《我的故乡》中的一百二十篇，这是他们当时能够搜集到的所有篇目，然而《我的故乡》总共有四百篇，剩下的文章目前很难得见。《我的故乡》在王余杞的文学生涯和人生经历里占有重要地位，如果能够将《我的故乡》搜集齐全并且结集出版，那么对于认识王余杞的创作观念和抗战思想必然颇有裨益。

② 王余杞：《我的生平简述》，《新文学史料》1999年第3期，第117页。

③ 《文章说明》，《王余杞文集》下卷，花山文艺出版社2017年版，第13页。

作，不仅以文学活动传播抗战理念，而且深入人民群众中间进行战时动员。他编辑《当代文学》《嘘》《海风》等文学杂志或文艺副刊，创作《急湍》《将军》《海河汩汩流》等以反侵略为题旨的小说作品，先后加入北方左联以及由北方左联改组而成的北平作家协会，在呼吁建立中国文艺界抗日统一战线的《中国文艺工作者宣言》上签名，诸如此类的行为都在一定程度上宣传了抗战理念。

抗日战争全面爆发后，王余杞、邵冠祥、曹镇华等人为顺应下乡运动浪潮，对《海风》杂志进行改组，将之变成以诗歌为主、兼收散文的综合性刊物，由王余杞负责发稿①。当时王余杞身处天津，抗战局势十分恶劣："像天津这样一个世界，实在太需要匕首、投枪、尖刀、响箭、暴雨、狂飙、惊雷、闪电……摧枯拉朽，把这样一个世界打个稀巴烂。"②1937 年 7 月 27 日夜晚，天津保安队跟日本军队正式开战，天津在第二天遭到日本飞机的肆意轰炸，王余杞只能"挈妇将离"、乘船南逃。虽然深受其苦，但是王余杞依旧热切期盼这次战事的到来："我一直在兴奋着；我祈求战争！只要中国兵肯端起枪射向敌人，我的家，一任毁之于炮火而无憾。"③ 王余杞后来在《人我之间》里结合自己逃出天津躲避战火的经历，谈到人民在抗战里的重要性，指出动员民众尤为迫切："一切依赖人民，一切为了人民；人民和军队打成了一片，不但不逃避，而且并肩作战。"④

离开天津后，王余杞随同上海救亡演剧队第一队四处演出《放下你的鞭子》《国仇》《八百壮士》等戏剧，向普通民众宣传抗日救亡理念。1938 年，王余杞跟刘白羽一起前往武汉，并且合著《八路军七将领》。交出该书稿后，刘白羽奔赴延安，王余杞则前往重庆。他原本打算先回自贡看望病中的妻子，而后赶去解放区，继续从事抗战宣传工作，殊不知

① 王余杞：《补遗二事》，《新文学史料》1987 年第 1 期。
② 王余杞：《记〈当代文学〉》，《新文学史料》1979 年第 5 期。
③ 王余杞：《人我之间》，《文联》1946 年第 2 卷第 7 期。
④ 同上。

他这次在自贡停留了一年半有余。

1938 年 7 月，王余杞成为《新运日报》的“主笔”。希望能够为抗战做点实事的于去疾对他说：“你是主笔，主笔就是耍笔杆，只要你不给盐务局捅娄子，招来祸事，你要上天入地都行。巴望你打破这里的乱七八糟、乌烟瘴气，吹进来一股抗战的新风！”① 可见他给了王余杞巨大的发展空间，也寄予了殷切的期望。王余杞不负众望，立即着手从多个方面进行改革，试图将该报跟抗战时局紧密联系起来，并且尽可能多地吸引本地读者的关注。增加评点时事政治和社会现象的“短论”、以“此时此地”为原则加强新闻报道的地方色彩、开辟连载《我的故乡》的随笔专栏，是他变革《新运日报》旧格局②的三种举措。“先时报纸逐日无《短论》，我则以为报纸为言论机关，言论表现，端赖论文，遂规定每日专刊《短论》，阐明报纸立场。又以为成渝两地，一车可达，紧要新闻，难与竞争，莫若转注本地风光，概以‘此时此地’为原则，进谋充实本市新闻，除了提高技巧、多刊特写之外，我又自告奋勇，连载《我的故乡》。”③ 事实上，居于“短论”专栏旁侧的随笔专栏《我的故乡》，与“短论”专栏互为补充，共同致力于把抗战风气吹进四川盆地：“《我的故乡》一以补短论之不足，一以充实报纸言论篇幅，一则本‘此时此地’之义，期以现实题材报道于读者之前。”④ 随写随发的《我的故乡》，以“此时此地”的自贡风光散播抗战建国的星星之火，用情真意切的故乡书写承载动员民众的时代使命。

在王余杞的认知里，《我的故乡》比《新运日报》更具影响力、更有研究价值：“我在这一段时间的活动，与其说集中于新运日报，不如说集

① 王余杞：《洪流回旋——记抗战时期在自贡的斗争》，原载《自贡市现代革命史研究资料》1983 年第 20 期，收入《王余杞文集》下卷，花山文艺出版社 2017 年版，第 554 页。

② 陈青生：《王余杞和〈我的故乡〉》，原载《作家报》1996 年 5 月 18 日，收入《王余杞文集》下卷，花山文艺出版社 2017 年版，第 643 页。

③ 王余杞：《交差声明》，原载《新运日报》1939 年 4 月 21 日，收入《王余杞文集》下卷，花山文艺出版社 2017 年版，第 398 页。

④ 同上。

中于《我的故乡》。”[①] 而他关注《我的故乡》的方式，又特别注重其与四川自贡的抗战形势的关联。在得知陈青生有意搜集、整理和评介《我的故乡》以后，他就提醒陈青生“要介绍形势……”[②] 即是说，今日的我们要重新进入该文，最应该关注的，就是该文对故乡与抗战的异形同构。

二 四川自贡的抗战与《我的故乡》的生成

从成为《新运日报》“主笔”到担任自贡市歌咏话剧团团长，王余杞此期的系列文学活动跟自贡抗战有着千丝万缕的联系，这一点在《我的故乡》上体现得尤为明显。换言之，四川自贡的抗战形势对《我的故乡》的生成产生了重要影响。

在《八路军七将领》被查禁以后，重回自贡并非王余杞的唯一选择，解放区看起来是一个更好的去处，至少《八路军七将领》的另外一位作者刘白羽便是这般抉择的。即便后来前往自贡，王余杞也没有打算在那里停留多长时间，他的主要目的是看望妻小。王余杞留在自贡从事抗战宣传工作的选择看似充满了偶然性，实则也带有一定的必然性。长期的抗战宣传经历让王余杞对抗战局势有着清醒的认识，相比已经燃起抗战烽火的地区，王余杞更愿意去那些抗战宣传尚未普及的地区，他认为自己在那里可以发挥出更大的作用。1938 年春天，已经在西线流转了半年多的王余杞一行人感到了疲乏，于是有人提出寻觅一个“归宿的地方”，王余杞对此表示坚决反对，认为他们不能向困难和疲劳作出妥协，而是应该继续努力开展抗战宣传活动：“我以为‘归宿’的地方诚然是一个理想的地方，但我们打算去休息么？那就等于逃避，我想大家不会如此。打算去工作吗？那里已有许多人在工作着，并不十分需要我们。需要我们的地方乃是更宽广的，非理想的地方，那才迫切地需要我们前去播

① 陈裕容：《王余杞致陈青生书信选》，《现代中国文化与文学》2006 年第 1 期。

② 同上。

种。”① 这种看法对王余杞重返自贡的志业抉择起到了关键性作用，让他心甘情愿地在西南盐城停留了将近一年半的时间。“一九三九年一整年我都在老家办报。我认真是在那里播种，居然跟着生了根，发了芽”②。这里所说的“办报”自然是指担任《新运日报》“主笔”，而作为编辑《新运日报》的一项主要成果，《我的故乡》自然而然地汇入彼时自贡抗战的洪流之中，成为王余杞进行抗战宣传活动的一种有力工具。

“王余杞在这一时期以笔作武器，创作了许多长短篇小说、诗歌、剧本、时评和随笔来揭露日寇侵华的阴谋，并全方位地描述抗战中的人民遭受的苦难。”③ 这种情形在自贡期间更是有增无减，王余杞为动员当地民众参与抗战进行了大量工作。在自贡的那段时间里，王余杞从事了多种形式的抗战宣传活动，除了在《新运日报》上连载《我的故乡》以外，另外一个工作重心便是组织自贡市歌咏话剧团公开演出。1939 年，王余杞开始担任自贡歌咏话剧团团长，在当地多次上演抗日剧目，宣传抗战理念、动员民众参战。随着自贡市歌咏话剧团造成的社会影响越来越广，国民党市党部施加的政治压力越来越大。王余杞却不加理睬继续率团公演，并且表现出明显的亲近共产党、拥护抗战救亡的趋向，引起了国民政府地方官员的强烈不满，于是自贡市党部、市三青团部、警备司令部联合拟订了一道命令：“王余杞是自贡市共产党市委书记。他与共产党员李吉渊、陈厚坤过从甚密。必要时加以逮捕。”④ 不久之后，王余杞离开自贡前往成都，准备赶往信阳寻找彭雪枫，却在成都被捕入狱。幸有冯玉祥从中斡旋，王余杞得以在三个月多以后成功保释，同年 10 月转去四川驿运处任职。对于自己的这段抗战经历，王余杞颇感自豪，他把深入中国后方开展抗战工作视为是否拥有享受抗战胜利资格的一把标尺：“敌人投降，我们接收。接收者就是胜利者。胜利的姿态以对于收复区的中

① 王余杞：《人我之间》，《文联》1946 年第 2 卷第 7 期。

② 同上。

③ 《前言》，《王余杞文集》上卷，花山文艺出版社 2017 年版，第 2 页。

④ 转引自陈裕容《王余杞大事年表》，《现代中国文化与文学》2006 年第 1 期。

国人为限。对日本人却不然，那是所谓的‘宽大’。日本人仍然大模大样地极尽享受，我们若熟视之而无睹。似乎中国人向来有尊敬洋人的脾气，日本人虽然战败，到底仍是洋人，我们不加尊敬就会怪不好意思。至于中国人呢？则不在话下，一切都是‘伪’，‘伪’与‘真’势不两立，谁叫他们不到后方去蹲上八年？蹲上八年便是资格，具有这资格便该享受伪字号的人的尊敬，一如自己的尊敬洋人的日本人一般。”①

有学者指出过王余杞对民族/时代的关注：“所谓‘民族/时代的关注’，并非仅仅指创作取材上的‘宏大叙事’，也包括了对生活在特定‘民族/时代’背景下的个体的聚焦。”② 在笔者看来，《我的故乡》鲜明地体现了这一点，它以书写个人乡情的方式描绘抗战形势的变幻，通过个性化的生命体验表现普遍化的时代主题，凭借更加亲切、可感、生动的叙述宣扬抗战救亡的主流话语。“《我的故乡》又一特点，是多方面、多角度地宣传爱国爱乡、团结抗战。论政谈军、分析形势的作品，大多抓住抗战中的种种现实事件与问题，进行简明扼要、情理交融的评论，说明坚持抗日救国的道理，对破坏抗战的行径给予抨击。”③ 这是我们今天重新审视《我的故乡》的基本视点。需要专门说明的是，《我的故乡》不全是借助于书写故乡来宣传抗战的文章，里面亦有不少篇目着重描绘自贡/四川的风土人情、历史文化和社会变迁，包括《舟行》《粮食》《川戏》《三畏堂》《可骄傲处》《劳力出卖的价格问题》等。这些散文从不同角度刻画了战时四川自贡的社会情景，虽然没有直接表现抗战建国的时代，却可以从中看到战时情境的某些剪影。

就王余杞自己的创作经历而言，故乡书写与抗战宣传的紧密结合并非一蹴而就。在“九一八”事变发生之前，王余杞也撰写了一些追溯故乡的文章，只是那时的乡愁较为纯粹，跟社会现实并无太多关联，主要

① 王余杞：《人我之间》，《文联》1946 年第 2 卷第 7 期。

② 卢亚兵：《从启蒙到救亡：艺术视景的转化、深入与局限——王余杞小说创作简论》，《现代中国文化与文学》2008 年第 1 期，第 162 页。

③ 陈青生：《王余杞和〈我的故乡〉》，原载《作家报》1996 年 5 月 18 日，收入《王余杞文集》下卷，花山文艺出版社 2017 年版，第 644 页。

是为了纾解瞬时性、个性化的情感体验。例如发表于《国闻周报》1930年第7卷第44期的《故乡的残影》一文，思乡之情真挚感人，充斥着异乡人常有的浓郁孤独感，从中基本看不到对社会现实的嗟叹："我离开故乡已经将近十年了。在这十年中，因为人事的匆忙，因为时光的侵蚀，深深嵌在我内心的故乡的憧影，渐渐稀薄，渐渐模糊，几乎没留下些儿印象了。然而，唯其因为印象的稀薄与模糊，对于故乡，更常怀着眷恋的意念。"① 在"九一八"事变发生之后，王余杞的创作发生了重要转变，"开始了对日本帝国追侵略罪行的揭露和抨击，并且积极参加了就地的抗日救亡的实际工作"②。受此影响，王余杞的故乡书写也逐渐跟抗战宣传结合起来，成为他进行民众动员的一种重要手段，尤其是在抗日战争全面爆发以后，这种情况愈发显著，《我的故乡》便是其中的代表作。

三 故乡书写与抗战宣传的结合

整体而言，王余杞之所以要创作《我的故乡》，不是为了满足一种文人自娱的私人化诉求，而是为了配合抗战宣传的时代潮流，为了取得更好的民众动员效果。故乡书写与抗战宣传的结合，包含着丰富的历史信息，透出王余杞的多重现实思考。

王余杞之所以要在《我的故乡》里反反复复强调抗战，是因他认为位居大后方的自贡抗战氛围相对淡薄，广大民众对亢战并不那么热情，因而不利于抗战建国目标的早日实现。对此，王余杞进行了多次揭露和批评。例如《"无关抗战"文章》一文反驳了"无关抗战"的论调，指出"在本市以全人口论，我可以承认关心抗战的绝非过半数，无关的主张也许恰合他们的口味"③ 的现实状况，强调全民抗战才是正确的做法。《国难》对大后方"天下太平"的虚假景象表现出强烈不满，指出"在这里，听不见枪声炮声，嗅不到火药气息，受不着敌机的轰炸，看不见

① 王余杞：《故乡的残影》，《国闻周报》1930年第7卷第44期。
② ［美］毛一波：《王余杞与自流井》，《文史杂志》1990年第6期。
③ 王余杞：《我的故乡》，《王余杞文集》下卷，花山文艺出版社2017年版，第83页。

剧烈的空战，触不到广大民众的紧张情绪”[1]，此种情形对于解救国难而言有百害而无一利。《赶场》对三天一次的乡场聚会提出了严厉批评，认为乡场聚会消磨了乡民的大量时间，乡民并没有为抗战建国做出应有的贡献：“热心也不过挂在嘴上而已，究竟空说的结果何补于实际？几曾为抗战尽过义务？出钱？用力？流血？流汗？”[2] 恰恰因为看到了四川自贡的抗战氛围淡薄、人民群众的抗战热情不高，所以王余杞热切期望通过《我的故乡》让当地民众及时了解抗战救亡的内涵和意义，动员他们踊跃投入这场全国性战役之中。

从作者的角度而言，故乡书写与抗战宣传的结合需要考虑读者的接受问题。如何将故乡书写与抗战宣传结合起来，而又不至于令之显得太过生硬，这是王余杞在创作《我的故乡》的过程中无法回避的一大难题。为了平衡故乡书写与抗战宣传之间的关系，《我的故乡》通常选取自贡民众日常关心的社会话题，从战时生活的某一方面入手，描绘战争带来的多重影响以及自贡民众的多种反应。例如《杜鹃》提出杜鹃的鸣叫声类似“米贵呀”的谐音，所以杜鹃又被称为“米贵鸟”，进而指出自从抗日战争爆发以来物价不断上涨，无论是外来物品还是本地物品均是如此，“米贵呀”的哀啼在广大人民群众中间此起彼伏，给他们的日常生活造成了巨大烦扰。此类散文在《我的故乡》里屡见不鲜，时见暴露与批判的语调，然而仅有暴露与批判似乎是不够的，所以作者又把对故乡的爱与对国家的爱融通起来。《自重》鲜明地体现了《我的故乡》对故乡与抗战的异形同构，让对故乡的爱与对国家的爱、故乡书写与抗战宣传融为一体：

> 我是四川人，四川是我的故乡，我自然如别人爱他的故乡一样地爱我的故乡。而且也并非由于感情而偏爱，我的确觉着我的故乡有可爱处：温和的气候，多量的宝藏，丰富的出产，精巧的工艺，

---

① 王余杞：《我的故乡》，《王余杞文集》下卷，花山文艺出版社 2017 年版，第 19 页。

② 同上书，第 56 页。

> 奇丽的山水，勤俭的风俗，挺拔的民气，高尚的文化……在历史上是有名的“天府之国”，在目前国家危急存亡之秋，又肩负了复兴的重任——是一种艰巨的重任，同时却也是一种无上的光荣。这光荣并非可以幸致，四川委实可以当之而无愧。以四川和中国其他各省较，四川有过之无不及；以四川和世界同等幅员的地方较，四川除了因社会组织、经济环境的限制略有差别外，实也无须妄自菲薄。不仅为了四川是我的故乡，我爱四川，原因还在这里。①

在对故乡与抗战的建构上，虽然也有一些散文运用类似《自重》那样的宏观叙述，以口号标语的形式号召人民群众肩负起抗战建国的历史重任，但同样也有许多文章采纳诸如《天亮早点睡》那样的微观言说，以社会素描的形式向人民群众宣传抗战建国理念。其中，迷信习俗是《我的故乡》十分关心的一个话题。在中国近现代史上，革命运动往往同时肩负着“反帝”和“反封建”的时代使命，这一点在抗战时期也是成立的。四川自贡有着悠久的历史文化传统，既积淀了许多值得传承的社会文明，也藏纳了不少需要祛除的陈旧残渣，尤其是一些迷信习俗不仅无助于人们的日常生活，反而有害于抗战的正常开展。例如《施孤》一文以“施孤”这一传统习惯为例，指出迷信依旧流行于战时的实际状况，认为应该废止此项活动：“在目前抗战期间，敌人以飞机大炮不断地轰炸我们，我们不亟谋准备，反而热心发扬迷信，真叫人有点啼笑不得哩。”②《处“迷信”以“游街示众”》从自贡迷信风气盛行的社会状况出发，认为大后方照样能为推动抗战的发展贡献力量，但“彻底破除迷信”，乃是抗战建国的“政策之一”③。《白布缠头》主张破除用白布缠头的传统陋习，帮助当地民众养成良好的社会风气。复杂之处在于，王余杞并不认为所有的迷信习俗都必须被废除，在抗战的统一旗帜之下，某些迷信习

① 王余杞：《我的故乡》，《王余杞文集》下卷，花山文艺出版社2017年版，第31页。
② 同上书，第15页。
③ 同上书，第24页。

俗可以被利用起来，成为抗战的一种助力。例如《祭祀》提出祭祀在内的传统制度可以被用于团结民众力量、助推抗战建国，并不一定都要被即刻废除："现代我们是处于非常时期，只可团结，不能分离；没有个人，只要集体，无论一家、一族、一县、一省，以至于全国全民族，莫不皆然，凡有可供利用的机会就不能放弃；凡有利于抗战建国的一切，都该举办！如其应该废除的，不必忙，新的时代自然会来废除它，然而我们这时还不是致力于此的时候。"① 《我的故乡》对于迷信习俗的态度，无论是主张废除还是提议保留，都着眼于是否有利于抗战，只要能够为抗战做出更多的贡献，作者认为无论采取何种态度都是值得肯定的。

除了迷信习俗以外，《我的故乡》还从自贡社会的其他多个方面切入，讨论当地民众应该如何为抗战建国献力。此类文章多从战时生活的某一方面切入，而不是尝试着表现自贡社会全景，着重通过揭示现状之不足来指明改进之方向，从而为抗战提供更多的援助。例如《征丁》分析征丁形势不佳的原因，认为"壮丁不了解抗战意义""壮丁家庭的生活没保障"严重损害了广大人民群众的参军热情。《本地与外边》从地域沟通的角度，指出地域隔膜严重影响了抗战建国的进展，为此必须加强地区与地区之间的沟通和协作。诸如此类的文章还有许多，它们从不同方面勾勒出战时自贡社会图景，在故乡书写与抗战宣传的统一叙述中践行民众动员口号，帮助自贡民众了解抗战的伟大意义和丰富内涵。

需要注意的是，在《我的故乡》中，即便是反映抗战图景的文章，也不尽数都跟故乡书写存在关系；事实上，我们也几乎不可能用一种主题统摄《我的故乡》里的所有文章。例如《八度九一八》只是追忆在"九一八"事变发生以后，作者是何等的震惊和忧愤，并没有特别提到他的故乡。《克广州》叙述广州被日本侵略者占领、中国军队进行反攻的战局，跟自贡之间没有直接联系。《小弟儿周年忌》回忆儿子夭折的过程，斥责日本侵略者犯下的罪行，没有谈及家乡的情形。虽然如此，我们并

① 王余杞：《我的故乡》，《王余杞文集》下卷，花山文艺出版社2017年版，第59页。

不能否认故乡书写与抗战宣传相结合是《我的故乡》的主要特征之一。故乡书写与抗战宣传的结合帮助《我的故乡》实现了“此时此地”的最初设想，让《我的故乡》以当地民众熟悉可感、切身相关的题材内容和言说方式宣传抗战理念和战时政策，为四川自贡抗战做出了一定的历史贡献。

四 《我的故乡》的影响与处境

王余杞在《新运日报》上连载《我的故乡》并不是于去疾的主意，却在客观上契合了他的心意。“吹进来一股抗战的新风”是当初于去疾对王余杞的期望，而《我的故乡》恰恰以之为创作宗旨，在故乡书写与抗战宣传的结合中努力为四川自贡抗战增添助力。《我的故乡》对于作者、研究者、读者、举荐者（于去疾）、《新运日报》的主管部门（盐务局）、地方官员、井灶盐商等而言有着不一样的意义，因而引发了他们的不同反应。

从作者自评和学者研究的角度来看，《我的故乡》的文学性明显不如其时代性那样受到重视。受制于战时环境的动荡不安，王余杞习惯于随写随发、不存文稿、不做记录，所以他自己没有完整保存《我的故乡》，及至晚年更是遗忘了其中的大部分篇目，“只好听其消亡”①。当有人打算搜罗《我的故乡》的时候，王余杞非常高兴，但他更注重《我的故乡》在自贡抗战里起到过的历史作用，并不执着于它在当下的现实境况。他的这种态度给陈青生造成了一些影响，令他在评价《我的故乡》的时候格外注意当时四川自贡的抗战局势，认定“《我的故乡》堪称抗战前期川南地区抗战文艺散文创作的主要成绩和代表”②。

得益于王余杞最初制定的表现“此时此地”的创作策略，把故乡书

① 陈裕容：《王余杞致陈青生书信选》，《现代中国文化与文学》2006 年第 1 期，第 121 页。

② 陈青生：《王余杞和〈我的故乡〉》，《王余杞文集》下卷，花山文艺出版社 2017 年版，第 646 页。

写与抗战宣传相结合的《我的故乡》在当时当地确实产生了一定的影响，引起了一些读者的注意，“文章发表出来，随即引起了读者的兴趣。内容写的本地风光，读来有时感到亲切”①。于去疾十分欣赏《我的故乡》，并且因举荐王余杞而颇感得意。

与之不同的是，盐务局一开始漠不关心，在《我的故乡》没有损害其切身利益时不予理会，后因《我的故乡》愈发深入地暴露自贡当地的落后腐败现象，才对王余杞心生不快。不仅如此，由于《我的故乡》揭露了盐业的某些阴暗面，井灶盐商怀恨在心，遂通过创办《自贡民报》来抨击《新运日报》，又由于《我的故乡》揭露了地方官员的贪污腐败现象，抨击了他们大发国难财的做法，地方官员又视王余杞为“危险分子”。于是，王余杞被“地方上的国民党党部、市政机关、井灶盐商”“看成了对头冤家”，市党部不断对他“施加压力”②，而他则“忙于应付四面的围攻”③。因《我的故乡》遭受愈发严格的出版审查而被迫做出适当调整，则是迫不得已之举。“由于当时发表文章受到当局严格检查监视，不少文章经过检查修改，一些文字也表达不尽作者全意。”④ 不仅如此，时在新闻检查所的张怒潮经常扣押王余杞的文章，最终使后者不得不考虑离开自贡另谋出路。王余杞在《洪流回旋——记抗战时期在自贡的斗争》里对此有过详细记载：“这时候，国民党的所谓‘共党问题处置办法’已经决定，特务组织的‘新闻检查所’已经成立，军统特务张怒潮当上了所长，扬言《自贡市丛书》的稿子不予通过。他连我每天写出的随笔也横加删削，甚至盖上‘免登’的戳子。”⑤

王余杞因为在《新运日报》上连载《我的故乡》而触犯了多方人士

---

① 王余杞：《洪流回旋——记抗战时期在自贡的斗争》，《王余杞文集》下卷，花山文艺出版社 2017 年版，第 555 页。

② 同上书，第 556 页。

③ 王余杞：《〈全民抗战〉长诗题记》，《笔阵》1942 年新 4 期。

④ 《文章说明》，《王余杞文集》下卷，花山文艺出版社 2017 年版，第 13 页。

⑤ 王余杞：《洪流回旋——记抗战时期在自贡的斗争》，《王余杞文集》下卷，花山文艺出版社 2017 年版，第 557 页。

的利益，再加上他率领自贡市歌咏话剧团积极开展抗战宣传活动，导致他最终身陷囹圄："1940 年 3 月，情况越来越紧张，自贡市那个小地方，我也感到了不小的压力：我被约参加了自贡市抗敌歌咏话剧团，谣言因此更象长上了翅膀，有人告知我，我就去到了成都，在成都终于遭到逮捕，押在'行辕'。"[①] 等到王余杞被关押在"军事委员长成都行辕"禁闭室里以后，审讯人员连夜对他进行审问，《我的故乡》是重点审问事项之一，《新运日报》反倒没有被提及。[②] 在王余杞被捕以后，他的爱人彭光林向冶秋求救，恰逢冶秋担任冯玉祥秘书，冶秋委托冯玉祥给"行辕"主任贺国光写了一封保释信，王余杞得以被保释，前提条件是他不能离开成都，并且保证随传随到。1940 年 4—7 月，王余杞被囚禁了 102 天，这段坐监经历并没有令他放弃抗战宣传事业，反而让他更加坚定地投身其中，通过中华文艺界抗敌协会成都分会开展了多种多样的抗战动员活动。

直言之，《我的故乡》通过融合故乡书写与抗战宣传的方式来实现民众动员目标，吸引了一些读者的关注，同时也触碰了自贡社会的某些黑暗现象和部分权贵利益，令王余杞遭到多方势力的阻挠和排挤，《我的故乡》的公开发表也受到了一定程度的影响。

结　语

作为一名"抗战文艺战士"，王余杞在 20 世纪三四十年代的文学活动跟抗战救亡紧密地联系在一起，《我的故乡》在《新运日报》上的连载，是这种关联的重要体现。虽然《我的故乡》的部分篇章存在着文笔不够精细、观点过于偏激、内容多有重复等缺憾，但是，它把故乡书写与抗战宣传统一起来的写作方法，实现了作者表现"此时此地"的设想，吸引了一些当地读者的关注，助推了四川自贡抗战的发展，点亮了中国

① 王余杞：《冶秋和我》，《新文学史料》1988 年第 3 期。

② 王余杞：《洪流回旋——记抗战时期在自贡的斗争》，《王余杞文集》下卷，花山文艺出版社 2017 年版，第 558 页。

大后方的一隅，为推动抗战的历史进程做出了该有的贡献。因此，研究《我的故乡》，既是细致探究王余杞抗战时期创作特质的重要内容，也是深入论析四川自贡抗战史的题中应有之义。需要特别指出的是，《我的故乡》本身的丰富性和复杂性，为反复言说提供了广阔空间，本文的研究，仅仅是切入该作的视角之一。

刘大杰：四川新文学教育的先行者

范利荣*

内容提要：1935 年 7 月至 1937 年夏，刘大杰受聘成为国立四川大学（以下简称四川大学）教授、中文系主任。在此期间，他坚持实行教育改革，开设了现代文学课程、组建了四川大学戏剧社、主办了进步刊物《前进》。现代文学课程的开设，为地处西南、较为封闭的四川注入了新文化和新文学的活力，也为四川大学现代文学学科的建立打下了坚实基础；四川大学戏剧社的公演，促进了话剧在四川的进一步传播；《前进》的印行，提倡了统一战线，反抗了国民政府的文化专制主义，扩大了现代文学的影响力。在这个意义上，刘大杰就是四川新文学教育的先行者。

关键词：刘大杰；四川大学；新文学教育；先行者

1904 年 12 月，刘大杰出生于湖南岳阳南乡。其曾祖做过高官，待到刘大杰出生之时，家道已经中落；随着父母的相继去世，刘大杰不得不跟随外婆一同生活。15 岁时即 1919 年考入旅鄂中学，1922 年顺利考入武昌高等师范，初进数学系，后来改读文学系，著名学者黄侃、胡小石都对他产生过积极影响，主讲《文学概论》《小说创作》的郁达夫更是他的伯乐与益友。求学期间，刘大杰开始进行文学创作，在《晨报副刊》《艺

* ［作者简介］范利荣（1993—　），女，河南开封人，文学硕士，主要从事中国现当代文学研究。

林旬刊》《现代评论》《语丝》《妇女杂志》《京报副刊》等刊物上发表大约40篇文章①，又与胡云翼等人在郁达夫的指导下组织了文学社团艺林社②，还曾主编《晨报副刊》的第二份专刊《艺林旬刊》。1926年刘大杰赴日本留学，1927年考入日本早稻田大学研究科文学部，师从日本“研究德国文学和英国文学见长”③ 的小玲寅二，努力吸收欧美文学与日本文学的养分。1930年他回到国内，最初任上海大东书局编辑，负责审核《现代学生》杂志的外国文学和翻译作品；后来，他相继担任复旦大学、安徽大学、暨南大学等校的教授，撰写了许多短篇小说、学术论文和研究著作，由北新、中华、启智书局等出版发行。1935年7月，刘大杰被聘为四川大学教授、中文系主任。1937年夏，刘大杰回沪探亲，恰遇抗日战争全面爆发，交通断绝，此后长居上海，转向中国文学史研究。刘大杰在四川大学任教时间并不长，然而他在此期间的系列实践，对四川的新文学教育具有重要意义。

一 坚持教育改革

偏居西南一隅的四川，四周山峦高原环绕，气候适宜，物产丰富，历来都被誉为“天府之国”。经济上的自给自足、黩武主义的盛行一时是四川军阀林立的重要原因。“四川军阀长期以来利用独居一方的地理环境，千方百计要保住四川省这个独立王国，以对付鞭长莫及的国民政府”④，这导致四川从1917年至1933年一直处于军阀混战之中，政治、经济和文化都处于相对落后状态，教育更是如此。四川大学正是在这样的环境下建立起来并且缓慢发展的。

① 参见周语《现代报刊与早期古典文学研究——以〈晨报副刊〉为中心》，硕士学位论文，复旦大学，2014年，第41—42页。

② 周玲扉：《〈晨报副刊〉与中国现代小说》，硕士学位论文，辽宁师范大学，2007年，第27—28页。

③ 俞仪方：《二十世纪前期中国学者对德国文学与德国国民性关系的探究——以刘大杰〈德国文学概论〉为中心》，《德国研究》2000年第2期。

④ 孙晓芬：《抗日战争时期的四川话剧运动》，四川大学出版社1989年版，第1页。

1931年11月9日，教育部定名的“国立四川大学”正式成立，由国立成都大学、国立成都师范大学、公立四川大学合并而来。在四川军阀混战、教育没有保障的情形下，四川大学经过第一任校长王兆荣的艰难整顿和初步革新，虽然发展得较为缓慢，但各方面都取得了一定进展。1934年8月，刘湘带领部队兵分六路围攻红军，却遭到痛击，随即以“川中剿匪军事困难”为由辞职，向蒋介石政府施加压力。再加上中央红军长征西进，刘湘和蒋介石都感受到巨大压力，于是达成合作：蒋介石任命刘湘兼任四川省政府主席，四川军费由南京政府拨给，而刘湘开放四川的门户，允许蒋系中央军入川。[①] 在这样的政治环境下，军阀防区制被打破，教育经费变得较为独立，四川教育迎来发展良机。1935年8月6日，教育部呈请国民政府任命任鸿隽为四川大学校长；同年9月2日，任鸿隽到学校就职。相对于王兆荣而言，任鸿隽更倾向于革新，主张“任人唯贤，广纳名师”。在此种契机之下，刘大杰从暨南大学调入四川大学，担任中文系教授兼主任。此后的一段时间里，刘大杰在任鸿隽的支持下开展了一系列改革，对现代文学在四川大学的推广起到了至关重要的作用。

稍微回顾现代文学课程的设置历史就会发现，那是“一条相当曲折的道路”[②]。早在20世纪20年代初，北京大学就拟开设新文学课程，“据1921年10月13日《北京大学日刊》第4版上的‘中共文学系课程指导书’记载，该系所列9种‘本学年若有机会，拟即随时增设’的科目中，就已经有‘新诗歌之研究’、‘新戏剧之研究’、‘新小说之研究’等课程”[③]。但当时出现的新文学课程仅仅停留在讨论新文学创作的阶段，尚未有人进行系统梳理或理论建构。最早在大学开设新文学课程的，是清华大学文学院院长兼中文系主任杨振声，与此同时，得到杨振声支持的

---

① 四川大学校史编写组编：《四川大学史稿》，四川大学出版社1985年版，第177页。

② 朱寿桐：《中国现代文学：作为学科的“短板”效应》，《现代中国文化与文学》第12辑，巴蜀书社2015年版，第80页。

③ 张传敏：《半蠹集》，巴蜀书社2011年版，第166页。

朱自清，也在清华大学开设了中国新文学研究课程。不仅如此，朱自清、杨振声“还应邀到北平的其他大学如燕京大学、北平师范大学等校讲课”，“此后各大学开设的新文学课程逐渐多了起来”①，诸如“新文学”的字眼出现在了辅仁大学、南国艺术学院的课程或讲座里。到了20世纪20年代末30年代初，新文学课程逐渐走进大学课堂，沈从文、苏雪林都是重要的任教者。但是，该课程并没有像新文学的创作、思潮和流派一样发展迅猛，依然处于边缘化地位，到了抗战时期，现代文学课程的开设更是举步维艰。更何况，四川大学的前身国立成都大学、国立成都师范大学、公立四川大学，在教学方法和课程设置上面均陈旧不堪②，公立四川大学的中文系甚至可被称为“封建堡垒”③。因而，在当时的四川大学开设现代文学课程，就的确是在艰难处境中的破冰之举，具有特别重要的意义。

基于当时四川大学的状况，刘大杰首先在教学方法上进行改革。他对于中文系学生不读外国文学作品的现状深感不满，认为“一个学文学的人，至低对历代文学流变思潮，应备一有系统的概念；其外对于西洋文学，亦颇应有相当认识”④。由此，刘大杰将“过去只注重训诂、讲经、说文的一套教学方法引导到注重当代中国和世界文学的思潮的变迁上来；突破传统的教学方法，引导学生注重中外文学的横向交流，倡导对文学流变作历史的、动态的研究和总结，发现其内在的联系和相互差异，找

---

① 张传敏：《半蠹集》，巴蜀书社2011年版，第167页。

② 当时任教于成都大学中文系的教师如熊晓岩、吴芳吉、吴虞、龚道耕、林山腴、蒙文通、刘复、卢冀野等，皆是“蜀学宿儒”，而其所讲授课程如古今诗歌、先秦诸子、经学、文字学、音韵学、中国文学史、宋词元曲等，多是传统旧学（参见四川大学校史编写组编《四川大学史稿》，四川大学出版社1985年版，第103页）。在成都师范大学，吴玉章担任校长（1922年8月16日—1924年3月）后曾任命物理学家郭鸿銮为教务主任，对中文系课程进行了革新，但我们仍可以从1923年第一学期的文史部课程中看到“经学通论、诸子、讲经、古籍校读法、国故概要、诗词赋曲选讲等重要的必修课程”（四川大学秘书处编：《国立四川大学一览》，国立四川大学秘书处出版课1936年版，第49页）。

③ 公立四川大学本由五大专门学校于1927年合并而成，其中之一的四川公立国学专门学校由存古学堂发展而来，传统特色最为鲜明。

④ 《成都快报》1935年10月7日。

出文学发展的客观规律”[①]。为此，他依据循序渐进、注重基础的原则，调整了一、二年级的课程，将在开学初期讲授的“音韵学”等课程移至高年级，而将“国文”“文字学”“中国文学史”“文学概论”等课程移至低年级。此外，刘大杰为文学组（中文系分为语言文字学组、文学组）三年级学生开设现代文学这门必修课，每周上3个小时，总共6个学分，主讲内容是“中国最近五十年来的文学，包括戊戌改变与文坛之新倾向、晚清诗词之流派、晚清之翻译与小说、五四时代之新文化运动、欧美文学之输入、新文学概论”[②]。这门课程是“针对厚古薄今的倾向初次开设，这对于中文系学生系统了解中国近代新文化运动的性质、内容及社会意义有很大的帮助”[③]。这种改革对蜀学氛围浓郁的川大中文系来说是一个不小的冲击，以至于受到了“中文系甚至社会上一些教授的责难”[④]。但因了校长任鸿隽的鼓励，四川大学的现代化进程得以陆续推进，现代文学课程受重视程度日益提高，学生们能够接触到有关新文学的知识，思想和生活上都被注入了新活力。

二 创办四川大学戏剧社

在四川大学任教期间，刘大杰不仅改革教学方法、调整课程设置，而且创办了四川大学戏剧社。该社团的成立，与四川戏剧在此前几十年的发展密切相关，也与刘大杰自身曾有过丰富的戏剧创作实践密切相连。

1907年在东京成立的春柳社中，曾孝谷是重要成员。辛亥革命后，曾孝谷返回成都创办了春柳剧社，演出新剧，这是“四川话剧运动的萌芽，但在封建宗法思想严重、封闭的四川受到禁锢”[⑤]。五四运动之后，西方文学尤其是欧洲戏剧的传入给了四川一个发展话剧的契机。以成都

① 四川大学校史编写组编：《四川大学史稿》，四川大学出版社1985年版，第186页。

② 国立四川大学秘书处编：《国立四川大学一览》，国立四川大学秘书处出版课1936年版，第51页。

③ 四川大学校史编写组编：《四川大学史稿》，四川大学出版社1985年版，第187页。

④ 同上书，第186页。

⑤ 孙晓芬：《抗日战争时期的四川话剧运动》，四川大学出版社1989年版，第2页。

为例，此时影响较大的是四川戏剧剧社，它由王怡庵在1926年创立，主要演出《少奶奶的扇子》《傀儡家庭》等源自欧洲的名剧，改变了演员即兴演出的“幕表戏”[①] 的创作方法。由唐明中（上海摩登剧社成员）创立的成都摩登剧社举行了多次公演，改变了没有女角的旧习，演出过《苏州夜话》《湖上的悲剧》《寄生草》等进步话剧。1934年，大同电影戏剧学校[②]在成都创办，培养了大批话剧骨干。在“一二·九”学生爱国运动爆发以后，抗日救亡浪潮席卷了全国，四川的抗日救亡运动也逐渐兴起。因为话剧具有显著的宣传功用，所以话剧活动在四川大专院校蓬勃开展起来，而四川大学成为话剧运动的中坚力量。成都话剧的迅猛发展进一步促使话剧运动在高校里的发展，为四川大学戏剧社的成立奠定了基础。

另外，刘大杰在被聘为四川大学教授之前，既是教师又是作家，在他的文学作品中，原创话剧、翻译话剧、话剧理论占有重要位置，而话剧的创作、翻译和理论的形成与刘大杰的日本留学之旅有着很大的关系。

日本近代文学深受西欧文学影响。象征派学者、比较文学研究家日夏耿之介将日本文学史视为西欧文学影响史；二叶亭四迷指出日本近代文学的他动性；夏目漱石认为日本近代文学是受容西欧文学来确定自身，以“现代性”为中心性格和基调方向；日本文学翻译家、研究家叶渭渠认为，“从明治维新开始，日本文学思想在传统的社会文化框架内，与西方近现代文学思潮的接触、冲突、融合就是全部日本近现代文学思潮史的内容”[③]。以上论述无论是从文学史角度还是从文学思潮角度，都揭示了西欧文学对于日本近现代文学的深远影响。然而，西欧文学虽在日本盛行却并没有完全取代日本的传统文学，日本人对传统的坚守以及对外来文化包容的心态，使得日本近现代文学在吸收西方文学的过程中能坚

① 幕表戏又称提纲戏，多数民间戏班演出时并没有剧本或不需要完全按剧本演出，主要依据一个简单的提纲，民间称其为“路头戏”，大约是因为它可以在田间路头演出。

② 大同电影戏剧学校由中国舞台协会的黄俟创立，参见孙晓芬《抗日战争时期的四川话剧运动》，四川大学出版社1989年版，第3页。

③ 叶渭渠、唐月梅：《日本现代文学思潮史》，中国华侨出版公司1991年版，第8页。

守自我，并能生发出带有自身特色的文学，如日本自然主义接受法国的自然主义的影响，并在此基础上形成了日本独特的文学新形式——私小说。那么，相对于留学欧美的、直接接受西欧文学影响的中国留学生来说，留日的中国学生则是通过日本文学这个中介来认识和了解西欧文学。正如学者王向远所讲的，日本现代文学对于中国现代文学的影响和作用一是媒介，二是引发与启示。这种媒介作用以及引发与启示的作用在改变了中国留学生知识结构的同时，也使得中国留学生在接受西方文学的同时仍带有自身文学传统的烙印，实现了在自身先有体验的基础上的选择性借鉴。相较于留学英美的学生来说，留日学生大都有着坎坷的经历。当他们身处东西方文化碰撞、融合的日本社会文化中，再联想国家与自身的羸弱与贫穷，内心的愤懑、屈辱、激进会不自觉冲出胸膛，而文学就成为这些情绪的“输出口”，成为他们手中的“解剖刀”“传声筒”，刘大杰就是这样的留日学生中的一员。

留日期间，刘大杰师从以研究德国文学和英国文学见长的小玲寅二，这就为刘大杰学习德国文学提供了一定的便利。进入早稻田大学研究科文学部的第一年年末，刘大杰就写完了《德国文学概论》一书，后于1928年6月由北新书局出版。正如刘大杰发表在《海角江滨》一文中所讲述的：“一想到妈妈的遗言和外祖母的期盼，一定要奋发前程，走向探求的大道。”[①] 刘大杰在学校竭力地吸收欧美文学与日本文学的精华，在1928年又出版了《易卜生研究》《托尔斯泰研究》等著作。这些新的知识的获得，使得刘大杰的知识结构发生了变化，也为他回国后能够在各大高校进行教学奠定了基础。

刘大杰在北京于1928年5月16日定稿，并在1931年4月26日改稿的《易卜生研究》一书，对易卜生的生平、作品、思想概观、影响，以及影响易卜生的艺术家“般生”的生平和作品都做了详细论述。易卜生是作为一位戏剧家被中国文坛所接受的，相比较于文坛上对于易卜生戏

---

① 刘大杰：《海角江滨（续）》，《醒狮》1926年第90期。

剧的单篇或者是结集出版的作品翻译来说，刘大杰的这本《易卜生研究》是对于易卜生一生较为全面的概括总结，虽然在论述的时候难免有简单之处，但对于易卜生的家庭背景、如何走上创作道路，各个时期的作品等的论述也是较为详细的，从不同的角度填补了当时易卜生研究的空白。

对西欧文学，刘大杰主要注重著名人物与作品的全面、系统介绍，对日本文学，刘大杰则重视对其代表人物的作品的翻译。1927年，刘大杰翻译出版了日本著名剧作家菊池宽著的《恋爱病患者》（剧本集）①、《父归》。其中《恋爱病患者》“是中国翻译出版的第三部菊池宽的作品集”②。

除了翻译他人话剧作品之外，刘大杰自身还进行话剧创作。由于其自身独特的文学体验，其话剧创作的内容主要涵盖两个方面：一是以国家主义理论激发、唤醒民众拯救中国；二是展现自己对于爱情、婚姻的思考。

五卅惨案后的中国，国内民众生活在水深火热之中。如何唤醒民众，拯救中国？刘大杰在《德国文学概论》一书中通过论述德国文学与德国国民性之间的关系指出，要以文学的力量拯救祖国。随后，刘大杰逐渐形成了自己的国家主义理论，并在《醒狮》③ 上发表了带有此倾向的话剧作品。发表在该刊第112号的《头颅一掷轻》、第117号的独幕剧《侮辱》即是体现奋起反抗的“国民性”的作品。写于日本广岛的一幕剧《头颅一掷轻》的内容极具矛盾性，叙述主人公为了反抗进而摧毁社会的黑暗而“弑父”的故事，展现了一个要剔除掉爱国救亡路上的每一个障碍的爱国青年，在亲情和爱国之间所作出的选择，突出了“国民性”中的奋起反抗的精神。独幕剧《侮辱》叙述了因国内军阀的混战使得国内民不聊生，在海外的国人更是生活在水深火热之中，受尽外国人的欺凌、

① 刘大杰：《恋爱病患者》，北新书局1927年版。

② 王向远：《王向远著作集》第3卷，宁夏人民出版社2007年版，第139页。

③ 《醒狮》是中国青年党的重要刊物，堪称青年党的机关刊物或喉舌。载引自张武军《文学革命到革命文学的另一种叙述——中国青年党视野下的革命与文学》，《文学评论》2018年第2期。

压迫和侮辱。其创作目的就是呼吁中国的国民要清醒过来，不能再麻木，要全民革命，反抗军阀，拯救消亡的中国。

除了有关国家主义文学理论的阐述和文学实践之外，刘大杰也关注青年的爱情与婚姻描写。1928 年上海东南书店出版的话剧集《白蔷薇》（收《十年后》《白蔷薇》两个剧本），以及 1929 年上海启智书局出版的话剧《死的胜利》，是这一类型的典型代表。《十年后》是展现生活与艺术发生冲突矛盾的两幕剧。话剧仅有简短的两幕，分别将十年前和十年后的场景进行了对比，第一幕矛盾冲突激烈，第二幕中三人观念的转变既是意料之外，也在情理之中。《死的胜利》是刘大杰以雪容女士为笔名所写的故事，讲述爱国青年刘士奇被爱情所伤而参加革命，将自己奉献给了救中国的伟大事业，最后成为烈士，得到人民爱戴。

从日本归国之后，刘大杰辗转各地，但是话剧翻译与创作却从未停止，在暨南大学任教期间，刘大杰在《现代学生》第二卷第六期上也发表了话剧作品。《我需要爱情》（独幕剧）发表于 1933 年，是刘大杰转译的荷兰语短剧。其内容是一个出逃的渴望爱情的女儿，为了爱情放弃了自己的家人。《她病了》收录在 1933 年由上海青光书局出版的同名文集，主要描写君度、湘愚、碧云三人之间的爱情纠葛。这幕剧还在南通剧社进行了公演。

基于刘大杰丰富的话剧翻译、创作实践，再加以四川大学领导鼓励学生组织、学术社团和学术活动发展，戏剧研究会应运而生。学校为表示对学术社团的鼓励，在给予戏剧研究会经费支持之时，还在至公堂落成了一座戏台，以供师生们演出。刘大杰和匡直等教师为了进一步丰富学生知识，打破封建壁垒，在戏剧研究会的基础上成立了四川大学戏剧社。

1935—1936 年，四川大学戏剧社总共举行了四次公演，演出的时间和剧目依次为：1935 年 10 月 10 日于至公堂演出《父归》《名优之死》《丢了的礼帽》；1936 年元旦演出《红酒》《一对近视眼》《湖上的悲剧》《十年后》《受困的人》；1936 年 5 月 10 日演出《压迫》《街头人》《她病了》《讨渔税》；1936 年秋天演出《油漆未干》《回春之曲》。[1] 在第二次公演之后，演出剧目的政治倾向受到顽固守旧分子的批评和反对，然而刘大杰及其学生们仍然坚信“新剧的发展在将来的成都依然能够燃起熊熊的火焰”[2]。功夫不负有心人，经过充分准备和反复排练之后，第三次公演“盛况空前，对成都青年是一次极大的震动，产生了巨大的社会反响”[3]，《华西日报》在一个月以后还对此次公演进行了报道。四川大学戏剧社的四次公演在当地引起了强烈反响，受国立四川大学戏剧社的影响，其他成都学校也陆续成立戏剧社。1936 年春节，四川省艺术促进会、川大戏剧研究会、热风戏剧社、华西大学、艺专、东方美专业余学校艺术剧团等联合组织了话剧公演，吸引了广泛关注。

刘大杰创办的四川大学戏剧社并非战时四川高校的第一个戏剧社，也并非四川地区的第一个戏剧社。然而，中国舞台协会的黄侯在 1934 年创办的大同电影戏剧学校，因经费困难而被迫停办，且其宗旨在于培养专业的戏剧骨干人员。四川大学戏剧社跟大同电影戏剧学校有着显著差别，它不仅拥有校长任鸿隽和教育经费的支持，而且不是为了培养戏剧专业的人才，其主要目的在于教育学生，培养他们的思考能力和社会关怀。另外，四川大学戏剧社也与王怡庵在 1926 年创立的四川戏剧协社有着明显差异：它并不依靠专业演员，而是让学生们自己演出，这样可以让学生们更深入地理解作品，在互动式教育模式中激发学生们的学习热情。

综合来看，四川大学戏剧社突破了组建学术社团的初始目的，获得了传播新思想的政治意义，成为四川大学学生们反抗封建压迫、控诉黑暗社会的一大阵地，并且承接了四川话剧运动的传统，成为其中的一个组成部分，促进了现代话剧的发展。

---

① 四川大学校史编写组编：《四川大学史稿》，四川大学出版社 1985 年版，第 193 页。

② 《成都快报》1936 年 5 月 10 日。

③ 四川大学校史编写组编：《四川大学史稿》，四川大学出版社 1985 年版，第 193 页。

三 支持创办进步刊物

当时在成都如火如荼进行的抗日救亡运动促成了各种抗日救亡刊物的涌现。四川大学进步师生是此期刊物创办的重要力量，《前进》《文艺月刊》这两个得到了刘大杰大力支持和悉心指导的刊物，是其中的重要组成部分。由于《文艺月刊》最初是由外文系学生李伏伽、何白李等创办的，1936 年才由中文系的张宣、陈思苓接手，因此笔者在这里重点介绍由刘大杰等人创办的《前进》半月刊。

《前进》是刘大杰与谢文炳等人在 1936 年 11 月 1 日创办的一份半月刊，主要撰稿人是教师。目前能够找到的《前进》有第 1、2、4、6 期，总共 30 篇文章。这些文章包括诗歌、小说、散文、翻译等多种体裁，其中较为重要的作品包括：刘大杰的《日本民族的健康》《清代的文字狱》《中国新文化运动与浪漫主义》，石璞的《前进曲》，谢文炳的《前进作家与前进文化》《谈城墙》《谈尊严》等。石璞的《前进曲》讴歌前进，将前进视为“美丽的希望的化生……生长于黑暗的无畏的战士，勇敢的领港者”①，这首诗歌是《前进》的第一篇作品，可视为《前进》的办刊宣言。目前笔者所能找到的刘大杰发表在《前进》上的几篇文章大都是借古讽今，包含着对社会现实的影射与关切。

《日本民族的健康》发表在《前进》第 1 期上，其中心论点是，随着社会的发展、西方文化的进入，中华民族应该如日本民族那样广泛吸收和化用外来文化，为此必须要有强壮健康的“身体”。刘大杰从个人的堕落与衰败说起，逐步引申至一个民族，认为“野蛮人的前途比堕落人的前途好”②。刘大杰认为中华民族不能因循守旧、一味排外，应该积极学习和借鉴西方文化，以此来发展自己、强大自己。堕落与衰败是一个民族的致命弱点，面对当前中国社会状况，大家必须学会转变思想，使自己“健康起来”，这里所说的“健康”不仅指“身体健康”，而且指“精

① 石璞：《前进曲》，《前进》1936 年第 1 期。

② 刘大杰：《日本民族的健康》，《前进》1936 年第 1 期。

神健康”，即正视本土与外来的文化，并且汲取外来文化的养分。

《清代的文字狱》发表在《前进》第4期上，历数了古今中外的文化专制事件，包括苏格拉底和耶稣因思想特异而获咎死亡、秦始皇等帝王对思想的蛮横控制、汉代罢黜百家独尊儒术的粗鲁做法等。通过讲述这些文化专制事件的触目惊心，来阐述解放文化思想的艰难曲折。作者还以和清朝文字狱有关的几起事件为例，证明清朝文化专制对文人的迫害以及对文化的破坏。文章结尾引用了威尔斯说过的“历史是过去人类的账簿，现代人类的镜子”[①]。这句话与中国古代的“以史为镜可以明得失”有异曲同工之妙，从中可以看出此篇文章的写作目的是警示中华民族以史为镜、以史为鉴，反对文化专制，主张言论自由。作者在最后提出了这样一个问题：“那么，账簿与镜子于我们有什么用处呢?”[②] 这个问题既是对当时中国社会现状的发问，也是对有志之士奋起反抗文化专制的呼吁。

此外，刘大杰在《前进》上发表的文章还评介了新文化运动与新文学作家。《中国新文化运动与浪漫主义》发表在《前进》第1期，从一个全新角度对中国新文化运动和浪漫主义进行了解读。不同于以往的看法，刘大杰认为新文化运动是浪漫主义运动，这里所说的浪漫主义跟欧洲浪漫主义是不同的，其基本特征是针对社会黑暗的反抗精神。该文的主旨是介绍新文化、新思想，提倡反抗精神，从而抵制国内的文化专制，具有一定的现实启发意义。《鲁迅与写实主义》发表在《前进》第2期上，该文指出鲁迅是一个敢于面对现实罪恶的战士，认为“杂感文是鲁迅作战的武器，是一把锋利无比的钢刀”[③]。

通过上述梳理可知，不同于学生们创办的刊物，教师们创办的《前进》多以谈古喻今的方式批判国民政府禁锢思想、戕害言论自由、实行“攘外必先安内”的反动政策[④]。《前进》杂志，与同样致力于宣传抗日

① 刘大杰：《清代的文字狱》，《前进》1936年第4期。

② 同上。

③ 刘大杰：《鲁迅与写实主义》，《前进》1936年第2期。

④ 《四川大学史稿》编审委员会编：《四川大学史稿》第1卷，四川大学出版社2006年版，第196页。

救亡思想的《文艺月刊》《活路》《成都新闻》《大声》《救亡》《星芒》《金箭》等一起，促进了救亡运动的进一步发展。

结　语

四川大学成立前后，新文化运动的浪潮已冲破了四川地区的天然屏障，新思想、新理念不断冲击着“蜀学宿儒”赖以存在的根基。而在统一战线、抗日救亡的呼声日渐高涨的20世纪30年代，刘大杰在任鸿隽支持下的教育改革和文学活动，在一定程度上促进了现代文学的发展：他在蜀学环绕的四川大学中文系开设现代文学必修课，冲破了守旧思想的樊篱，介绍了新文化运动的意义与价值，打开了学生们的视野，更新了学生们的知识结构，使得现代文学这个概念逐渐被接受；他主持成立的四川大学戏剧社，不仅承接了四川话剧运动的传统，而且促进了话剧在四川的进一步传播；他支持创办的刊物《前进》在当时发挥了强大的社会舆论作用，在提倡抗日战争统一战线、反抗国民政府文化专制主义的同时，也促进了现代文学的发展，进一步扩大了现代文学的影响力。在这个意义上，我们可以说，刘大杰就是四川新文学教育的先行者。

江南文化与江苏文学研究

主持人：张光芒教授

主持人语：

江苏是全国瞩目的文学大省，也是区域文化非常鲜明和发达的地区。不过，从行政区划的角度谈文学，与从地域文化的视野谈文学，有着比较复杂的区别。一般当我们谈江苏文学的时候，往往习惯性地把它等同于江苏省的文学。而且近些年各级政府都十分重视地方文化工程与文化建设，像某某地方的文学大系、文学史、文学史料汇编、文学蓝皮书、文学发展报告等，非常繁荣。这也更强化了人们从行政区域的角度研究某地文学的思维定式。

但是，严格说来，区域文化与文学的研究视域，真正面对的应该是与行政区域并不一定重合的地域文化与文学范畴。这是因为，一方面，行政区域总是处于不断调整的动态过程中，几乎每一个现有地区都有着复杂的区划沿革历史；另一方面，当我们从事区域文化与文学研究的时候，必然要注重源远流长的地方文化传统与审美传统，绕不开复杂的历史积淀与丰富的历史遗产。这样就更不宜将某某区域文学简单地与当下的有着明确边界的某某行政区域的文学等量齐观。

因此，现在研究界的区域文化与文学研究有时候不可避免地陷入一种两难之中，既不能不使用行政区域意义上的区域名称，又不能放弃历史沿革中的地域文化考量。以江苏文学来说，现在我正在参与的一项名为“江苏新文学史”的重大文学工程，就遇到这一问题。民国时期，现上海的许多区域都属于江苏，后来被划入上海；而新中国成立后的江苏划入了鲁南的一些区域。当然，具体的过程还要复杂得多。为了解决这一两难问题，采取时间与空间相对应、相结合的办法不失为有效的途径之一。

这就引出本栏目“江南文化与江苏文学”的话题。实际上，本栏目所谓江苏文学也并不等同于江苏省文学。现在的江苏省既包括苏南，也包括苏北。从地域文化传统来说，江苏文化并不完全等同于江南文化。

苏北地区，特别是从过去属于山东的徐州等地划入江苏的区域更是与江南文化差异甚大。不过，“江南文化与江苏文学”的话题在逻辑上依然是成立的，这基于两个理由。其一，在江苏区划历史沿革中，江南文化一直处于主流和重心地位；其二，由于隶属于江南文化的南京是江苏的政治、文化中心，从不属于江南文化范畴的区域走出来的作家有许多就是来到南京工作、生活、定居，自然受到江南文化的强烈影响。还有一些作家，是来到南京后才开始写作的，他们的写作本身就充满了江南文化的气质。

韩松刚近年非常关注江苏文学创作，他的《水乡的诗学——当代江南小说的一种审美倾向》创造性地使用了“水乡的诗学”这一概念，以此为基点探讨江南文化与当代江南小说的审美关联。他认为，在江南水乡生活、生存的当代江南小说家，他们的创作文本中总是洋溢着别样的水彩和诗学。不管是水景之美，还是水性之情，抑或水隐之思，都是被水滋养和孕育着的。而另外，水乡作为一方风物的天地，同时也成为人性世界的一面镜子，折射出在江南文化熏染中的江南人精神深处的善恶和迷惘。从这一意义上说，“水乡的诗学”培育的是一种无形的写作力量。

邓全明近些年在地域文化与江苏文学研究方面用力颇深，他对苏州文学的研究更是系统深刻，自成体系，他的论文《论新时期苏州小说创作的苏州/南方想象》即是这方面的最新成果。论文指出，新时期以来不同代际的苏州作家都不同程度地利用了苏州这一符号蕴含的文化资源，并赋予其新的意义。作者更为关注的是不同世代的作家，甚至同一作家在创作的不同时期，对“苏州”这一符号的审美认知既有相通之处，更有明显差异，而这既是作家个人审美情趣、思想认知在创作上的反映，也是区域作家间、作家与时代间互动的结果。

自从2019年年底南京被联合国教科文组织评为“世界文学之都”以来，“南京作家群”这一概念呼之欲出，蒋洪利的论文《当代“南京作家群”：概念、流变及意义》及时而有效地对此进行了考察与建构。新中国成立以来，由于众所周知的原因，文学群体、文学流派的把握与指认变得越发艰难。作者认为，“群落”作为一种生物学的方法为考察当代“南京作家群”提供了新的思路。一方面，他将地域文学空间、作家的精神气质、文学实践及其内在精神作为衡量某一作家是否属于该群体的依据；另一方面，通过梳理当代“南京作家群”的横向形态与纵向演变，进一步确立了“南京作家群”概念的内涵与外延。他的研究表明，“南京作家群”是一个自然形成的、基于文学地理与文学创作的、地域文化色彩鲜明的现象概念。

戏剧家陈白尘的文学活动与南京有着紧密联系，他人生的最后十六年（1978—1994）就是在南京大学度过的，晚年在南京进行了大量的文学创作，对戏剧以至整个文艺事业有着卓越的影响和贡献。研究界对他的戏剧创作有充分的研究，但对于他的小说创作关注不多。董卉川论文《爱情悲剧·浪漫抒情·心理分析——陈白尘20世纪20年代小说创作论》指出，陈白尘的文学生涯发轫于小说而非戏剧，在20年代，围绕青年男女的恋爱和婚姻问题，创作了多部小说。陈白尘以浪漫主义的笔调描绘了现实世界中青年男女的爱情悲剧，描写了青年女性的悲惨命运，揭示了纯美的爱情、柔弱的女性终将被污浊、黑暗的社会所吞噬的创作主旨。陈白尘除了注重暴露丑恶的人性与世相之外，尤其注重心理描写与梦境呈现。论文通过对陈白尘20年代小说创作特色的深入研究，让我们看到了有关江南文化与江苏文学的一个厚重、丰富而生动的个案。

拙文《生活史诗·原点审美·城乡叙事——近期江苏长篇小说创作观察》主要扫描了以2019年为主的江苏长篇小说创作。长篇小说历史积淀深，文化意蕴厚，是深刻了解一种区域文学与地方文化互动样态与内在精神特质的最重要的窗口。江苏长篇小说创作一度在2018年出现了名家名作井喷式爆发的现象，2019年则回归到它既雍容沉潜又力道十足的常态。不过这是一次“新常态”，在反映新的时代世相、探索新的人性状态、表达新的思想旨趣方面均不乏名篇佳作。其一，能够在审美世界中将综合的成长史、立体的奋斗史以“生活史诗”的形式展现出来，这反映了文学的自觉，也是作家对于生活的自觉。其二，20世纪末以来，随着改革开放进入深水区，草根与创业成为一代青年人生命中的关键词，小说写出了其中的创业与励志，成败得失与涉世之痛。其三，城乡叙事与“原点”审美，即以动作感与时空感突出的小说叙事书写城乡题材。其四，革命历史题材与红色叙事收获颇丰，小说在抒发革命历史主义情怀的同时，发掘峥嵘岁月的人性本真与风俗民情。其五，在知识分子写作与新科幻小说颇有创新，特别是知识分子题材创作为我们展现了改革开放以来，尤其是新世纪以来更加剧烈转变的一个时代的复杂的社会矛盾和社会心理。

水乡的诗学

——当代江南小说的一种审美倾向

韩松刚*

内容提要：本文借助于“水乡的诗学”这一概念，探讨江南文化与当代江南小说的审美关联。在江南水乡生活、生存的当代江南小说家，其小说中时刻洋溢着别样的水彩和诗学。不管是水景之美，还是水性之情，抑或水隐之思，都是被水滋养和孕育着的。水乡是一方风物的天地，也是人性世界的一面镜子，照映着在江南文化熏染中的江南人精神深处的善恶和迷惘。对于这些依傍于水之上的作家来说，水就像生命的骨血一样，滋养着他们的成长，也培育着一种无形的写作力量。

关键词：江南；江南文化；水乡；诗学

江南地处亚热带向暖温带过渡的地区，气候温暖湿润，降水连绵丰沛，为各类生物、作物提供了丰富的水源。除了降水丰富以外，江南地区还拥有长江和钱塘江两大水系，两者通过运河相互连通。江南地区河道棋布、湖泊众多，在长期的开发过程中，又兴修了大量的水利工程使之互相勾连，所以历来就享有“水乡泽国”的美誉。

“水乡的诗学”是当代学者胡晓明提出的理解江南文化的一个概念。

* ［作者简介］韩松刚（1985—　），男，博士，江苏省作协创研室副研究员，主要从事中国当代文学研究。

在他看来，江南最大的自然民俗特色即是“水乡”：“无论江苏、浙江、安徽，甚至中国其他地方，只要有‘水乡’特色的区域，即是‘江南’。因而，‘水乡’可以作为我们认识与把握‘江南’的一把钥匙。”① 在水乡中生活，并在水中浸泡着的当代江南小说家们，自然少不了这水的滋润，从而每每在他们的作品中洋溢着或隐逸或浓郁的别样“水彩”，并最终构造出一个色彩各异、鲜活生动的“水”世界。

一 水景之美

水是古希腊宇宙四大组成元素之一，是中国五行之一，是人类生存和生命得以延续的中心角色。水是万物的精魂，它养育着一方人，也影响着一个时代。“水与能源、食品、气候变化不可分割地联系在一起，共同影响着人类文明。”② 江南水乡和江南文化，都与水息息相关。

胡晓明说：“水乡的诗学的一个特色，即是水乡与城市的相互映衬，水乡的市镇化，以及市镇的水景化。”③ 比如我们熟悉的汪曾祺的小说，就是“水乡”滋养出来的。他小说中的不少篇章，单从题目来看，就知道和“水乡”息息相关，《鸡鸭名家》《大淖记事》自不必说，《河上》《看水》等，也都可以一目了然地察觉到“水乡”的痕迹。而关于“水乡”的描写，在他的小说中更是比比皆是，比如《大淖记事》：

> 淖，是一片大水。说是湖泊，似还不够，比一个池塘可要大得多，春夏水盛时，是颇为浩淼的。这是两条水道的河源。淖中央有一条狭长的沙洲。沙洲上长满茅草和芦荻。春初水暖，沙洲上冒出很多紫红色的芦芽和灰绿色的蒌蒿，很快就是一片翠绿了。夏天，

---

① 胡晓明：《江南诗学——中国文化想象之江南篇》，上海书店出版社 2017 年版，第 71 页。

② ［美］斯蒂芬·所罗门：《水——财富、权力和文明的史诗》，叶齐茂、倪晓晖译，商务印书馆 2018 年版，第 5 页。

③ 胡晓明：《江南诗学——中国文化想象之江南篇》，上海书店出版社 2017 年版，第 107 页。

茅草、芦荻都吐出雪白的丝穗，在微风中不住地点头。秋天，全都枯黄了，就被人割去，加到自己的屋顶上去了。冬天，下雪，这里总比别处先白。化雪的时候，也比别处化得慢。河水解冻了，发绿了，沙洲上的残雪还亮晶晶地堆积着。①

在汪曾祺的笔下，这些平素不起眼的俗事俗物，在“水”的烘托和映衬中一下子有了不一样的味道。这是一幅绝妙的水景风情画。这幅画不是静止的，在阅读的过程中，你能感觉到那水的清凉在神经末梢轻轻滑过，这是一种实体化的清凉，也是一种审美化的内心愉悦，它标志着一种诗意的氛围正在外部形成，一种美的轮廓正在内心世界构造，而这一切都建立在“水”的基础之上。

对于水景的青睐，几乎是江南作家的共识和符码。比如在谈到高晓声的小说创作时，有评论家就注意到：“至于说到《青天在上》中的江南水乡景物描写的细节，如河上晨雾、归舟夕照、捉鱼挖鳝、河边芦苇、水草翠鸟，把它们写得如此诱人。即使在天灾人祸的岁月，犹显出秀丽、妩媚的风韵，我以为高晓声是第一人。”② 而更有学者认为：“对水和鱼的痴迷不仅极大影响了高晓声的散文创作，也对其小说创作产生了明显的影响。”③ 我们且看高晓声小说中关于江南水景的描写：

这就是陈文清牵心挂肠的故乡吗？一点不错。仍旧是宽宽朗朗的田野，依旧是弯弯曲曲的河道。在这肃杀的冬天里，呈一片素净苍白。一眼看去，无遮无掩，大自然没有留下一角让恋春者躲闪的地方。陈文清站在路边朝南看：直径不到两里就是柳湾里，那儿住着一个庞大的陈氏家族；陈文清家的老屋，就坐落在村子的最北面，比别的建筑看得更清楚些，连屋面上的龙爪葱，也都历历在目。假

① 汪曾祺：《大淖记事》，《汪曾祺小说全编 · 中》，人民文学出版社2016年版，第468页。
② 钱中文：《〈青天在上〉与高晓声文体》，《文学评论》1989年第4期。
③ 王彬彬：《高晓声的鱼水情》，《南方文坛》2018年第4期。

使有一条船，划去就很近，如果要从陆路走，那倒要绕半个圈子，因为途中还有一条河浜隔着。

这儿是著名的江南水乡，平原上布满了七岔八弯的河道，犹如人体的血脉，全靠它才活跃。种田、刈草、上街、跑亲戚，都离不开船。陈文清记得，他童年时，村上十有九家都自备一只极轻便灵活的元宝底小船，能载五七担东西，一个人划着，就能哗啦啦航行。①

水对于江南，就如血对于人体，是根系所在。陈文清对于故乡的心心念念，就是这眼前的水上风物，水景的描写，是他无边的乡愁的审美转化。作为水乡世界的重要交通工具，船在小说中的描写也是不可缺少的。而提到船，不会想不到鲁迅的短篇小说《社戏》。在这篇小说中，那典型的江南风物叙写，以及令人印象深刻的乌篷船和小桥流水，读过一遍便不会遗忘。而关于船的故事，在古代小说叙事中，已经十分普遍。据检索，"'三言'、'二拍'以'船'为场景的故事几达110篇"②。张岱的《夜航船》，更是直接来源于南方水乡苦途长旅中，各色人等在夜行的船上聊以闲谈消遣的讲述和记录。汪曾祺的小说中，写到船的就更多了。比如《受戒》中，小说结尾最耐人寻味的段落就发生在船上。苏童的小说《河岸》，其故事也在船上展开，而其小说《西瓜船》就干脆以船来命名了。船，不仅是水乡世界不可或缺的重要存在，而且是小说世界中重要的叙事空间和象征载体。沈从文虽然不是江南作家，但是他的小说《边城》《长河》都有着十分突出的水乡风格。他在谈及自己的写作时曾说："故事中我所最满意的文章，常用船上水上作为背影，我故事中的人物的性格，全为我在水边船上所见到的人物性格。我文字中一点忧郁气氛，便因为被过去十五年前南方的阴雨天气影响而来，我文字风格，假

① 高晓声：《青天在上》，《高晓声文集·长篇小说卷》，作家出版社2001年版，第40页。

② 胡晓明：《江南诗学——中国文化想象之江南篇》，上海书店出版社2017年版，第115页。

若还有些值得注意出，那只是因为我记得水上人的言语太多了。”①

船作为江南水乡的重要意向，体现出鲜明的江南物质文化特性。关于船的叙事，其实最终是文化的推动力。伊格尔顿在《论文化》一书中写道：“文化关乎主体能动性，但又在一定程度上包含了对客体的接受，这种接受引导着你赋予客体以价值的努力。”② 说到底，水上景观的呈现，最终是要与人发生关系的。人的形象、性格、命运与水息息相关。水塑造了诗意的水景，但更深刻地改变着人的特殊的宿命。

> 大淖指的是这片水，也指水边的陆地。这里是城区和乡下的交界处。从轮船公司往南，穿过一条深巷，就是北门外东大街了。坐在大淖的水边，可以听到远远地一阵一阵朦朦胧胧的市声，但是这里的一切和街里不一样。这里没有一家店铺。这里的颜色、声音、气味和街里不一样。这里的人也不一样。他们的生活，他们的风俗，他们的是非标准、伦理道德观念和街里的穿长衣念过“子曰”的人完全不同。③

汪曾祺到底还是不一样的，他深刻地觉察到了这一方水土之下那异样的生命，因了一片水的缘由，这里的人似乎都生活在与嘈杂的现实隔绝的世界中，这里有其他地方所没有的独一无二的美。江南水乡，水乡江南，与美丽的水景相互融合、相互映衬的，必将是生于斯长于斯的一代代江南之子的生死、情感与道德。

胡晓明说：“水乡在中国文学与艺术中，添加了一种轻盈、宛妙、灵动、情趣、妩丽的美。”④ 如果说在汪曾祺的笔下，江南的水景之美体现

---

① 沈从文：《我的写作与水的关系》，《沈从文别集·抽象的抒情》，中信出版社 2017 年版，第 254—255 页。

② ［英］特里·伊格尔顿：《论文化》，张舒语译，中信出版集团 2018 年版，第 28 页。

③ 汪曾祺：《大淖记事》，《汪曾祺小说全编·中》，人民文学出版社 2016 年版，第 469 页。

④ 胡晓明：《江南诗学——中国文化想象之江南篇》，上海书店出版社 2017 年版，第 87 页。

为一种诗性的优美，那么在李杭育的笔下，江南的水景之美则体现为一种粗犷的壮美。且看李杭育小说中的“葛川江”：

> 洪水冲撞着江岸石堤，蹿起一片水墙，眨眼间又倒塌下来，砸开浪峰和漩涡，汇起一股股纵横交错的回流，向江心斜涌而去。整条江都在搅动，翻腾，冲撞，滚着一连串漩涡，泛起泥浆般的黄水。江面比平日宽出几倍，却还容不下这浩荡浊流。①

与汪曾祺笔下的水之静美相比，李杭育笔下的水景是动态的，它是暴烈而多变的，是惊心动魄的。但是，这种动态的水景，同样具有一种永恒之美。李杭育同样以自己的深爱来写葛川江，写葛川江上一个个不屈的灵魂的命运。“这条江的命运与人的命运纠结在一起，葛川江的性格培育了她的孩子们——居住在她的江面上与两岸的人们的性格。”② 作为江南人一种生活方式的日常风情和诗意考量，水景之美是以江南文化的名义丰富着江南世界。水乡是一方风物的天地，也是人性世界的一面镜子，照映着在江南文化熏染中的江南人精神深处的善恶和迷惘。

二 水性之情

水往往与忧愁有关，是一种情感的有效载体。不管是《诗经》，还是《离骚》，都和水发生着密切的关联。水性意味着情感上的饱满和丰富。当然，水之于江南文化的重要性，不仅是其物质样态，而是精神意义上的洗涤心灵、获取自由平和的思想属性。水，亦柔亦刚，既可化人郁结，也可游目骋怀，当水的意涵填满了一个作家的生命之时，一切的失意和存在，都能在其写作中得到意义的装饰和艺术的提升。因此，在我看来，江南文化凸显下的水乡的诗学，其最为重要的本质就是水性之情——与水相系的抒情特质。以此来看，汪曾祺的新时期小说被称作中国新时期

① 李杭育：《葛川江上人家》，《最后一个渔佬儿》，人民文学出版社1985年版，第2页。
② 王蒙：《葛川江的魅力》，《最后一个渔佬儿》，人民文学出版社1985年版，第1页。

抒情文学的滥觞便也是再自然不过了。

水，味道平淡，观之平常，是一种十分普通的物质。但这种平淡、平凡，就是它最为重要的特性。江南文化中温文尔雅的凡人品格，可能就与江南水世界的一方天地有着一种神秘的关系。因此，在当代江南作家群的笔下，你很难发现那种惊天地泣鬼神的英雄人物，多的是普通的人、普通人的悲欢离合和生死离别。比如在谈到叶兆言的小说时，就有评论者分析说："叶兆言小说的氛围，很少激情的爆发，这并非他对笔下人物缺少足够的热情，因为他的绝大多数小说，那些普通的人物故事，在叙述过程中总能给人一种温暖的感觉，具有一种特殊的亲和力。鲁汉明、马文、小磁人、楼兰，发生在他们身上的故事和他们的命运，都让人有一种特别的亲近感。叶兆言骨子里的平民意识，使他的小说在氛围营造上也有如此特征。"①

不独叶兆言如此，从更早的汪曾祺、林斤澜、陆文夫、高晓声，到后来的余华、苏童、范小青、毕飞宇，再到当下更为年轻的江南作家，几乎都是以写小人物见长，写他们像水一样平淡的日常，写他们似水一样流动的年华，也写他们如水一般不可捉摸的命运。比如毕飞宇的小说《上海往事》，就是在关于水的叙述中结束。"我梦一阵咳嗽，血往头上涌，我的头疼得厉害，快裂开来了。我的眼眨了几下，昏过去了，银亮雪白的水面夜一样黑了。"② 而苏童的小说《米》中，主人公五龙就是在水中走完了自己苍凉的一生。"五龙最后看见了那片浩瀚的苍茫大水，他看见他漂浮在水波之上，渐渐远去，就像一株稻穗，或者就像一朵棉花。"③

老子云："上善若水。水善利万物而不争，处众人之所恶，故几于道。"老子用我们常见的"水"来比喻"上善"，最好的善就像水一样。善体现了水的包容、利生、调和。万物因水的存在而汇聚融合。但善又

---

① 阎晶明：《耐得住叙述的寂寞——我看叶兆言小说》，《南方文坛》2003年第2期。

② 毕飞宇：《毕飞宇文集·上海往事》，人民文学出版社2015年版，第211页。

③ 苏童：《米》，上海文艺出版社2005年版，第228页。

总是脆弱的，在人性之中，高尚与深渊往往差之毫厘。江南作家善于写凡人小事，也善于在凡人小事中品味生活的欢乐忧伤、思考生命的悲欢离合。他们写的是凡人之善、凡人之爱和凡人之思，但透过这些凡人小事，能够抵达一种开阔广大的思想境界。伟大的作家都是上善之人，他们不是生活在别处，而是“盯住生活的底层和深处”，在现实的世界里写人的灵魂和情感深处，同时，通过人的内心的冲突来烛照和反映现实。

上善之人往往多情。江南文化的一个重要特性就是抒情性，而这种抒情的特质与水是不可分割的。水文化也可以看作一种情文化。“问君能有几多愁，恰似一江春水向东流”；“水乡的文字与画面，就是本然的抒情符号”。[①] “无论水乡是观照的，还是寄托的，都是无言而殊胜，可以兴，可以观，具有浓郁抒情气质。”[②] 在水乡世界中踟蹰的江南作家，首先是感性的、感伤的。这种感伤的情绪从古至今，似乎未曾有半点的消减。吴义勤就称毕飞宇是一位“感性的形而上主义者”，他评价毕飞宇的写作说：“毕飞宇有着两副不同的笔墨：一副笔墨致力于呈现感性的小说形态；一副笔墨营构的是文本的哲学形态。他成功的艺术经验在于把自己对于‘抽象美的追求’外化在‘意向阶段’，以‘意向’为媒介把两种笔墨艺术地整合在一起，以作家的想象与经验的形而上遇合来完成对于感性和理性相和谐艺术境界的抵达。”[③] 而这种感性和感伤在同时期的另一位作家苏童的写作中，同样体现得十分明显：“而且从作品的美感风格的角度而言，苏童的历史小说所表现的明显的是接近了一个‘旧式文人’的情调：怀旧的，唯美的，颓废的和感伤主义的，春花秋月，红颜离愁，人面桃花，豪门落英。它们在神韵上同南朝作家以及江南文人常有的纤巧、精致、抒情和华美气质有着一脉相承的关系，宛如杜牧的诗、李煜的词，充满着哀歌一样的感人魅力。”[④] 这种感性和感伤在苏童的小

---

① 胡晓明：《江南诗学——中国文化想象之江南篇》，上海书店出版社 2017 年版，第 85 页。

② 同上书，第 86 页。

③ 吴义勤：《感性的形而上主义者——毕飞宇论》，《当代作家评论》2000 年第 6 期。

④ 张清华：《天堂的哀歌——苏童论》，《钟山》2001 年第 1 期。

说中几乎是随处可见的，比如《河岸》中："我弓着背走到我家的船上，看见一盏孤灯在船篷里摇晃，父亲已经在舱里整理床铺。船上一片凄清，似乎没有人烟，那是第一次，我打量着舷板上一条薄薄的哀伤的影子，发现了自己内心的孤独，还有爱意，它比夜色中的河水更加深不可测。"①

水，遇方则方，遇圆则圆，方圆之中，尽显水的无常。但无论如何，水却不会变成其他的物质存在，水就是水。江南文化如同水一样，具有一种融合、溶解的超强能力，但无论怎样交互交融，水的本质绝不会被改变，这种恒常的性格，同样在当代江南小说中有着明显的体现，具体则表现为人的性情的果敢和透明。汪曾祺《受戒》中的明海、英子，苏童笔下那些棱角分明、性情至真的女性形象，叶兆言"夜泊秦淮"系列小说中那些风流名士等，从不同的角度和侧面，为我们勾勒出了一代代江南人不同的生命群像。

《吕氏春秋·尽数》中说："流水不腐，户枢不蠹，动也。"水的另一个重要特性就是流动性，这种流动性如果反映到文学表达上，往往表现为一种自由的冲动和不安的情绪。"江南多水，水是前现代物资与人力流动最为重要的条件，江南社会因流动而聚人气，因流动而活跃趋新，因流动而多元，因流动而自由。"②"水乡与城市的亲近，也暗示着中国文人的一个性格特点，动静不二，寂而常照。一方面卜居求静，闲爱水云；一方面水路求便，交往自由，既可以在独居的日子里涵养身心，又可以在城市的交流中享受人生，表明城市与乡村，并非二元，更是植根于人生命情调的自由转换。"③ 高晓声笔下的陈奂生，虽然是一个农民，但作者通过这个人物形象实现了一种喜剧的自觉，他的荒诞是他的不安，同时，也是他的自由。毕飞宇的小说，不是传统意义上的现实主义，而是在现代主义精神的彰显中，秉持着浓郁的自由意志。《青衣》如此，《玉

① 苏童：《河岸》，人民文学出版社2010年版，第107页。

② 胡晓明：《江南诗学——中国文化想象之江南篇》，上海书店出版社2017年版，第37页。

③ 同上书，第109页。

米》如此，《平原》亦如此。

“中国文化的理想性，具有‘水乡溯洄’式的特点：主体与客体的关系，是可欲与不可欲的结合；表明了阻隔、召唤、凝聚、孤独的非二元化，即张弛有道的空间美学。”① 这种水乡式的空间美学，表现在具体的小说创作中，则表现为一种综合性和混合性，一种复杂而难言的暧昧诗学。比如在苏童的小说空间中，“雨”的意向就充满着一种蛊惑的激情，不管是《米》中反复出现的雨，还是《城北地带》中迷离的雨巷，都带有一种敏感、恐怖、无名的恐怖力量，但这力量并不让人窒息致死，而是持续地进行压迫、压迫，最终形成一种情感的另类反弹。

关于水的特性，我们能够谈论的还有很多，比如它的温柔，柔情似水，江南作家擅长书写女性，想必和水的这一特性有关，因为“女人是水做的”。比如它的毅力，水滴石穿，日子就像泡在水里，平淡而悠长但却散发着一种生命的热烈，等等，这在当代江南小说的写作中，都有着不同程度的表现。中国人的多愁善感、坚韧精神、果敢之气，在江南文化中有着淋漓尽致的体现，这些都是江南小说家无法克制也无法隐匿的艺术冲动和创作灵感。

三　水隐之思

赫尔德说：“每种文化都会拥有自己的重心。”② 我们往往把江南文化的重心放在其显性的诗性特质上，而忽视了其另一脉络的精神延续，那就是一种由来已久的隐逸思想。

我们比较熟知的隐者，当推陶渊明。陶渊明可称为“千古隐逸诗人”，他写的隐逸诗可谓流传千古，而和“隐逸诗”同时流行起来的，还有山水诗，这也是“隐逸文化”的一个表现，徜徉于山水之间，纵情于

① 胡晓明：《江南诗学——中国文化想象之江南篇》，上海书店出版社 2017 年版，第 111 页。

② 转引自［英］以赛亚·柏林《浪漫主义的根源》，吕梁等译，译林出版社 2011 年版，第 67 页。

山水之乐。尤其是六朝时期的山水诗，更多了一份超然物外的意境和逍遥自适的心情，以至于达到了一种“玄学”的境界。而玄学正是强调超越自然和宇宙本体之上的“道”，是追求和神往一种对于“无”的无限肯定和精神价值。而这些几乎构成了江南文化的重要内涵。而在研究者看来，江南的水乡生态对于隐逸思想的催生起到了重要的作用。

唐宋转型是中国传统社会的一个重要转型，吴淞江流域内的景观变化与其人文感觉的转变对这种转型起到了很大的推动作用。长期以来，学术界似乎夸大了这种转型的经济动力。其实，经济推动力可能只会改变部分市场行为，感情因素的变化才真正地推动了文化的转型，改变了的生态环境与人文气氛更有能力改变人的内在世界。多种多样的野生景观无疑有益于心胸开阔，产生豪放的诗风。随着野生景观的减少，小环境的封闭，再加上汉民族与北方少数民族在战争中的被动，士大夫心态消沉，心态变化也推动了文化改变。[①]

士大夫心态消沉的表现之一种，就是隐逸思想的萌发。当然，从具体的历史来看，其中有以“隐”求显并成功取得富贵者，也有显贵过甚不得已隐姓埋名的隐者。江南文化成熟于魏晋时期，而“隐逸文化”生成于魏晋，因此，它自然地被纳入江南文化的内涵之中也就并不奇怪，它对这一时期乃至以后的世俗文化都有深远影响。当然，如果细细来看，隐逸本身也面貌万千，胡晓明注意到了这种不同：

> 在中国文化的象征系统中，“水乡”最大的特征，即昭示一种隐逸的美学，区别于其他隐逸之美，姑且可称之为“水隐”。然而，此种隐逸的美学，不仅区别于“市隐”与“朝隐”，而且也不尽同于“山隐”。其特点正是有更多的感性与音乐、更多的清莹与明朗、更多的缥缈之思，高洁与自由、感性与德性、出世与入世，往往并存

① 王建革：《水乡生态与江南社会（9—20世纪）》，北京大学出版社2013年版，第191—192页。

其中。而且，往往产生最多的诗画结合作品，以歌颂隐逸。①

这种水隐之思在当代江南小说中，也十分明显，尤其在先锋作家苏童、余华、格非等人的笔下，这种缥缈和玄思更是无处不在。比如苏童《河岸》中的这段描写：

> 别人都生活在土地上，生活在房屋里，我和我父亲却生活在船上，这是我父亲十三年前做出的选择，他选择河流，我就只好离开土地，没什么可抱怨的。向阳船队一年四季来往于金雀河上，所以，我和父亲的生活方式更加接近鱼类，时而顺流而下，时而逆流而上，我们的世界是一条奔涌的河流，狭窄而绵长，一滴水机械地孕育另一滴水，一秒钟沉闷地复制另一秒钟。河上十三年，我经常在船队泊岸的时候回到岸上，去做陆地的客人，可是众所周知，我父亲从河岸上消失很久了，他以一种草率而固执的姿态，一步一步地逃离岸上的世界。他的逃逸相当成功，河流隐匿了父亲，也改变了父亲，十三年以后，我从父亲未老先衰的身体上发现了鱼类的某些特征。②

像鱼一样生活在水中，但同时渴望像鱼一样逃离一种既定的命运。因此，对于水上世界的渴望，其实是对岸上世界的拒绝和逃逸。但，生命的悖论同样在于，假如没有了岸的依靠，河流又会奔向何方、又会存于何处呢？张清华在评价苏童时说："他是一个逝水上的游子，一个漫游在历史与想象之水上的精灵，他那悠远而透着暗淡、迷离、忧愁和古旧气息的叙事风格，他的弥漫和绵延式的想象的动力，似乎都来源于这一点，即使是书写并不很遥远的童年记忆的'香椿树街'系列也是如

① 胡晓明：《江南诗学——中国文化想象之江南篇》，上海书店出版社 2017 年版，第 89—90 页。

② 苏童：《河岸》，人民文学出版社 2010 年版，第 3 页。

此。”[1] 南方水雾弥漫的季节，为江南的小说家们提供了隐逸和玄想的诗意氛围。在他们的笔下，这些神秘出入的人物、不可思议的传说，经过想象和自由的梳理，演变成为一种内在的生命激情和显在的隐逸美学。

父亲为什么要选择逃到水上世界，可以分析出很多原因，但如果仅仅从水的意象层面来考虑，我想可能源于水的净化特性。“水可以来使我们的形象自然化，可使我们自傲的心灵深处的静观得以返璞归真。”[2] 一切隐逸的终极目的，我想，不过是以简单朴素及内心平和为目标，不寻求认同为“隐”，自得其乐为“逸”。而水乡的包容、宁静，无疑为这样一种心态提供了最为美妙的栖息之地。不独先锋小说如此，即便是在传统作家的笔下，因了江南文化中浓郁的道家思想的熏染，这种隐逸的表达也几乎是水到而渠成。例如叶文玲小说《青灯》中对长塘镇的描写，就十分突出地表现了作者的这一思想：

和所有的水乡小镇一样，长塘镇除了那条绕镇而流的小河外，还有许多小港河汊。

镇北边，那银练似的小河分出两股弯弯曲曲的河汊，切割出一片孤岛似的土地，那片地百亩方圆，不种稻，不种麦，盖了一座砖墙瓦舍的高庭大院，那房舍虽不是雕栋画梁，却也是重檐飞甍，构筑地颇为讲究；黑漆大门上嵌着狮头铜环，门楣上方的水磨石板，镌刻着三个隶书大字：清水庵。

比起镇南小青山山腰的那座文昌庙，清水庵显然堂皇多了，围“岛”而栽的几十棵一抱粗的柏树，虬根盘节，苍枝葱郁，一圈儿地遮盖了庵堂，颇有古木参天隔绝云山的气势；庵院内，一片茂茂密密的箭竹，绿盖如伞，笼烟拖雾，使庵堂更多了一种幽深神秘的氛围。

---

① 张清华：《天堂的哀歌——苏童论》，《钟山》2001 年第 1 期。

② ［法］加斯东·巴什拉：《水与梦——论物质的想象》，顾嘉琛译，河南大学出版社 2017 年版，第 38 页。

> 因为庵堂建筑在这样一个四面临水的“岛”上，小镇人凡要到庵里烧香叩头做佛事，必须摇了小船或撑着木排才能摆渡过来，这过河涉水的一摆一渡，使虔诚的善男信女们未曾进庵，就有一种洗心濯面似的感觉，于是，小小的清水庵俨然成了小镇人心目中超凡脱俗的圣地。①

这段美丽的文字，绝不比汪曾祺、林斤澜的风俗画逊色多少，甚至因为其独有的女性的细腻、细致、细微，而生出了绵绵不尽的幽深和神秘。这在汪曾祺、林斤澜的小说中并不多见。那种画面感、空间感、缥缈感，实在是在中国当代小说写作中为数太少的精彩所在，那种错落有致、节奏韵致的叙事，在经过了河汉的洗涤之后，格外地透出令人心醉的美来。更令人称奇的是，在作者毫无说教的叙事口吻下，一种曼妙的宗教气息竟也十分自然地弥漫开来，渗透进了人们日常生活的呼吸所及处，这一点，我在其他作家包括江南作家的写作中也未曾读到过。叶文玲把江南文化的诗性、自由以及淡淡的宗教气息，十分巧妙地融合到了长塘镇的事和人中，以此抵抗心灵的磨难、抵挡物质的来袭、抵制人性的沉沦。这不正是当代江南小说的独特魅力吗?

生于江南、长于江南的这些江南作家，每个人的内心深处想必都怀藏着一个可以“隐匿”自我的理想国，并将这种隐逸幻化为一种潜在的美学人格。比如格非《人面桃花》中父亲陆侃对桃花源的迷恋及其“江南三部曲”的写作，精神的源头就在于作者记忆的枢纽和栖息地——江南——“生长在这里的人念兹在兹，就是因为他们是水做的骨肉，没有生长在这里的人念兹在兹，也是因为他们是水做的心性，所以经过长年流水文化的淘洗和冲刷，集体无意识作为一种不自觉的记忆，便将流水的灵性积淀在大脑的组织结构之中，江南文化的最终成果，也因此变成了江南的集体人格，江南人的音容笑貌、言谈举止、思想情感、为人处

① 叶文玲:《青灯》,《长塘镇风情》，浙江人民出版社1983年版，第5—6页。

世灯独特风格也就瓜熟蒂落。”[①]

沈从文说：“从汤汤流水上，我明白了多少人事，学会了多少知识，见过了多少世界！我的想象是在这条河水上扩大的。我把过去生活加以温习，或对未来生活有何安排时，必依赖这一条河水。这条河水有多少次差一点把我攫去，又幸亏它的流动，帮助我做着那种横海扬帆的远梦，方使我能够依然好好地在人世中过着日子。”[②] 对于这些依傍于水之上的作家来说，水就像生命的骨血一样，滋养着他们的成长，也培育着一种无形的写作力量。

① 张永祎：《水做的江南》，江苏人民出版社 2019 年版，第 10 页。

② 沈从文：《我的写作与水的关系》，《沈从文别集 · 抽象的抒情》，中信出版社 2017 年版，第 254 页。

论新时期苏州小说创作的苏州/南方想象

邓全明*

内容提要： 新时期以来，不同世代的苏州小说作家都不同程度地利用了苏州这一符号蕴含的文化资源并赋予了其新的意义，而不同世代的作家，甚至同一作家在创作的不同时期，对这一符号的解读均存在明显差异，这既是作家个人审美情趣、思想认知在创作上的反映，也是区域作家间、作家与时代间互动的结果。

关键词： 当代小说；新时期；地域文学；苏州；南方想象

如果说江苏文学是新时期中国文学的一支劲旅，那么，苏州文学就是江苏文学的一支劲旅：改革开放以来，苏州各个时期都产生了拥有全国影响的作家，如陆文夫、范小青、苏童、荆歌、叶弥、朱文颖、戴来、凌鼎年、小海、杨守松、房伟、王一梅等。这些不同时期、不同世代作家的创作，既有某些共同的时代特征和作为区域作家的某些共同点，也有各自独特的文学年轮。享有天堂美誉的苏州蕴含丰富的历史、文化资源和象征资本，不言而喻，新时期苏州小说作家不管是有意还是无意，都从不同的角度利用这一文化符号蕴含的价值，在为这一符号增值同时，也促成自身创作的成功。值得注意的是，新时期苏州作家小说世界中的苏州，以不同面目出现：从地域空间从小到大排列分别是苏州、江南、

* ［作者简介］邓全明（1969—　），男，江西萍乡人，文学硕士，苏州健雄职业技术学院副教授，主要从事20世纪中国文学研究。

南方，但在某些情况下三者的符号意义等同。从地理学上说，苏州是江南的一部分，江南是南方的一部分，但从苏州作为富庶、幸福、美好的“好江南”的典范角度上说，苏州、江南、南方的符号学意义是相同的。在另外一些情况下，苏州小说中的苏州、江南、南方的关系就不是这样，这将在下文中论及。

小巷风情与时代洪流：陆文夫小说中的苏州

陆文夫是新时期苏州第一位重要的小说作家，也是新时期苏州文学第一世代的作家。作为一位出生在20世纪30年代、经历了中国现代历史巨变、亲历了中国特色社会主义奠基时期政治运动的作家，他的小说创作致力于表现大时代，苏州只是“宏大叙事”中的一个环节。改革开放初期的中国文坛，不同时期的作家同堂竞技，热闹非凡，“归来者”是其中重要一支，陆文夫就是其中一员。作为“归来者”，陆文夫小说具有强烈的“革命认同”感和意识形态色彩。范伯群指出陆文夫小说创作的一个突出特点是“‘宏观’着眼，‘微观’落笔”[①]，这可以说是宏大叙述的一种典型路径，通过对一个地方、一些人物具体生活的描写，反映大时代发展的历史趋势是其共同特点。对于陆文夫来说，所谓“宏观”就是新中国建立以来以政治运动为表征的时代巨变，而“微观”则是苏州的风土人情、历史文化以及生活在苏州的小说人物。改革开放初期的中国文坛依次出现了“伤痕文学”“反思文学”“改革文学”等文学流派，这些流派的作家有共同的价值倾向、艺术追求、审美情趣，而且这种立场和追求与官方意识形态保持着良好的共谋关系。综观陆文夫的小说，可以说基本没有溢出上述三种小说的价值、审美边界。《围墙》《门铃》反映改革中的种种问题，《井》反映封建思想的毒害，《清高》反映改革引起的思想变化，都是对主流意识形态“规训”的回应，属于宏伟叙述，即便那些有浓郁的苏州风情的小说也是如此。如《小贩世家》的主题是

① 范伯群：《再论陆文夫》，《苏州大学学报》1984年第3期。

为小贩——说大了就是私营经济——作合法性辩护：小贩在为个人生存时也给社会、民众带来便利。《美食家》是陆文夫最有代表性的苏州地域文化小说，也是着力表现苏州美食文化的小说，但就其主题而言，仍未超出反思小说的基本框架。尽管作品将朱自冶塑造成一个寄生虫式的人物，带着厌恶的情绪描写他，但作品又以餐馆命运说明一个道理：物质生活是人生活的重要内容，无论什么社会，如果要成为一个好的社会，就应该满足人的物质生活需求。换句“高大上”的话说，就是发展生产力是社会主义社会本质之一。显然，这样的主题属于主流意识“话语激励”的对象，陆文夫唯一的长篇小说《人之窝》的主题也大体如此。

虽然一开始陆文夫没有将苏州作为他小说风格的标识刻意经营，但由于读者心中对苏州固有的知识结构和文化记忆，苏州元素成为陆文夫小说的标志性特征。包括评论界在内的读者的期待视野显然影响了陆文夫的小说创作，加大了苏州元素在他小说中的分量，“小巷人物志”系列小说则是这一转变的结果。范培松在总结新时期以来30年苏州文学发展历史时写道：“以朱自冶为主人公的《美食家》成了小巷文学的标志性作品。陆文夫成了国内文坛上的小巷文学的开创者与表现者”①，可以看出范培松认为陆文夫最重要的文学贡献在于他是“小巷文学的开创者”，而“小巷文学”的重要意义在于它是当时风靡中国的地域文化小说中重要的一支。不过，总的说来，陆文夫小说中的苏州，地理学意义大于文化学意义：苏州是中国大地上的一个城市，是作者用来演绎中国从“中国特色社会主义奠基时期”过渡到“开创时期”② 伟大变革历史必然中的“这一个”，苏州风貌、小巷风情是文学特殊性的体现，符号学意义相对薄弱。

南方的“堕落”和重构：苏童和范小青的南方/苏州想象

作为苏州第二世代作家，范小青继承、光大了陆文夫开辟的小巷文

① 范培松：《苏州文学三十年》，《扬子江评论》2008年第6期。

② 王伟光：《当代中国马克思主义的最新理论成果——时代中国特色社会主义思想学习体会》，《中国社会科学》2017年第12期。

学。“常常被人介绍说，这是陆文夫的学生。心下暗自得意，想，为作家的陆文夫老师最正宗的学生大概应该算我一个吧，尽管陆老师再三地否认自己收过学生”[①]，这不是谦辞，也不是“攀高枝”，在“小巷文学”上，范小青确实是陆文夫最直接的继承人。谈及过去的创作时，范小青写道：“过去的三十年我一直在苏州写作，给人印象就是苏州作家的特色，小桥、流水、人家，以这种风格为主的小说好像早已经定位了。”何平在《范小青文学年谱》中也写道：“本年度及此后的两年，是范小青旧苏州故事的最后光焰。”[②] 这表明2000年前后，是范小青小说的一个重要节点：在此之前，大体以旧苏州为小说的生活空间，“苏味”是其重要风格因子；其后，人物生活的空间开始虚化，文化苏州不再是小说人物的舞台。作为范小青前期小说代表作，《裤裆巷风流记》两个主题——呈现文化苏州的历史记忆和历史变革中苏州的发展——在她前期小说中一直在延续。《裤裆巷风流记》是一部小巷风情小说，也是一部改革小说。作为小巷文学，苏州园林、吴侬软语、古镇风情、水乡风光，在《裤裆巷风流记》中应有尽有。《裤裆巷风流记》也继承了“‘宏观’着眼，‘微观’落笔”的叙述策略，通过裤裆巷的去留、三子和阿惠在经济改革大潮中的命运以及在小巷中引发的波动回应了改革开放主旋律。稍后的《锦帆桥人家》《采莲浜苦情录》等作品，也大体如此。此后的小说创作，大体在文化与现实两极之间摇摆。被称为新写实小说的《顾氏传人》《瑞云》偏向文化一端，在颇有苏州风味的遗迹中还原历史本相。作为“中年变法”结果的《百日阳光》《城市表情》则偏向现实一端，前者是对“苏南发展模式”危机及其重生的揭示和思考，后者则是放大版的《裤裆巷风流记》：随着邓小平南方谈话的发表，苏州成为第二轮改革的中心地带，无论是改革的力度还是规模都远远超过改革初期，表现历史变革中的苏州/江南也成为《城市表情》的重要主题。

2007年《赤脚医生万泉和》的出版，标志着范小青小说的再次“变

---

① 范小青：《带城桥弄36号——追忆陆文夫老师》，《上海文学》2005年第9期。

② 何平：《范小青文学年谱》，《东吴学术》2012年第3期。

法”，其后的《香火》《我的名字叫王村》都可以说是这一“变法”的结果。这三部作品，各有特色，从人物形象的独创性上看，《赤脚医生万泉和》最为突出；从主题的深刻性上看，《香火》稍胜一筹；从表现手法的创新性上看，《我的名字叫王村》走得最远。从表面上看，这三部作品离开了城市，离开了苏州，好像与前期小说差异很大，事实上，小说的主题仍存在内在关联性。前面说到，范小青小说成名于文化小说——小巷文学，不过，值得注意的是小巷文学时期的“文化”主要是物质形态的文化，而不是保持较强延续性的民族精神深层次的文化。再度“变法”时期的三部作品则将笔触深入文化之民族精神层面，这无疑提升了小说的思想高度，使其进入一个新的境界。十五岁时范小青随父母下放到苏州吴江，这一段生活成为她小说农村书写重要的灵感来源。无独有偶，中国社会学创始人之一的费孝通也出生于吴江，而他的《乡土中国》是中国社会学典范之作，也是揭示中国古代社会治理模式和组织结构特点的经典之作。如果说费孝通以社会科学的方式揭示了“乡土中国”的本质特征，范小青则以艺术的方式展示了“乡土中国”的当代命运。费孝通认为与乡土中国礼俗社会相一致的是“长老统治”，“长老统治”与其他统治的最大不同在于其权力属于“教化权力”。所谓教化权力是与“横暴权力”“同意权力”不一样的权力，它是集道德教化、惩戒、同意权力与横暴权力于一体的权力。《香火》的孔家村大体就是这样的“乡土社会”，不过随着新中国的建立，新的社会组织形式的出现，传统的长老统治面临严重危机。《香火》中出现了三个象征意义非常强的符号：太平寺、阴阳岗和烈士陵园。太平寺供养的是和尚，阴阳岗埋藏着孔家村的先人，烈士陵园供人瞻仰的是革命烈士。对于孔家村的村民来说，太平寺和阴阳岗是他们的保护神和精神家园：不仅保佑他们一生平安，而且为其生命、生活提供意义。“文革”时期，太平寺的菩萨被造反派推倒，寺庙被查封、毁坏，阴阳岗被改造成农田，这不仅摧毁了孔家村的精神家园，而且让他们看到精神偶像的虚幻性。烈士陵园是新政权的神龛，它不是没有为村民提供精神支撑的可能，但它这种可能并没有成为现实。

改革开放后，太平寺和阴阳岗再度热闹，但这只是一种虚幻、没有意义的热闹。太平寺、阴阳岗发挥作用的礼俗社会不复存在，它们也无法为现实中的村民提供生活的意义。很显然，孔家村的现实告诉我们费孝通所说的“乡土中国”已然崩溃，而传统文化是否还可以成为现在中国人的精神家园、是否还可以提供生命意义，这正是《香火》思考的东西。《我的名字叫王村》向读者呈现了一个光怪陆离的荒诞世界，虽然这种荒诞具有某种本体性，但范小青并没有将其作为终点：她希望在荒诞中找到意义，而传统似乎暗示着某种可能——这应该是“王村”“王道”的寓意所在。从文化苏州出发，最终超越地理学和文化学的苏州、江南、南方，反思中国文化传统的未来，这大致勾勒出范小青苏州书写的轨迹。

虽然苏童毕业后一直在南京工作，不过，他的小说基本没有离开苏州，故此他仍可被称为苏州作家。从世代上看，苏童属于新时期苏州第二世代的作家——和范小青一样都在当代文学的黄金时代和“艺术体制”授权单一化时代进入文坛。不过其小说创作道路与范小青迥然有别：开辟了与小巷文学意趣甚殊的“南方”文学。苏童小说有两个地名如影相随：枫杨树乡和香椿树街，甚至可以将其小说分为枫杨树乡和香椿树街两个系列。枫杨树乡和香椿树街都属于南方，前者是南方的乡村，更多属于历史，后者是南方的城市，更多属于现在。在苏童的文学想象里，无论是作为历史的、乡村的枫杨树乡，还是作为城市的现实的香椿树街，都不属于诗意栖居的南方。

枫杨树乡系列包括《罂粟之家》《一九三四年的逃亡》《飞越我的故乡枫杨树乡》等，这一系列小说有一个共同的情感基调：身处城市的叙述人追忆、讲述遥远的故乡。不过，除了在《米》里外，枫杨树乡已不是作为淳朴、悠闲的农村生活的符号出现，也无法承载乡愁。就像《一九三四年的逃亡》写的那样：“我的枫杨树老家沉没多年/我们逃亡到此/便是流浪的黑鱼/回归的路途永远迷失。”事实上，虽然在城市只能是迷失，但枫杨树老家也早已蜕变、腐朽、衰败以至湮没，留下的只能是惋惜、无奈。如果说枫杨树乡是记忆的南方、想象的南方，香椿树街则是现在的、现实的南方。《城北地带》《南方的堕落》《舒家兄弟》《黄雀记》可以说是“香椿树街系列”小说的代表作品，如果我们细细品味的话，会发现两种意味不同的南方：作为“城北地带”的南方和作为“堕落的南方”的南方。“我厌恶南方的生活由来已久，这是香椿树街留给我的永恒的印记”，“南方是一种腐败而充满魅力的存在”，在《堕落的南方》中南方已成为腐败、丑陋、乖离、残暴、庸俗、无聊的象征，是“恶之花”。如果我们要溯源的话，会发现“堕落的南方”是众多因素合力促成的结果。一是远在美国的福克纳“南方”的影响，二是20世纪80年代中后期先锋小说/新潮小说价值取向的影响，三是20世纪30年代以来乡土小说对城市文明、现代文明质疑的影响，四是张爱玲对旧式家族衰微的哀婉以及对人性幽暗的揭示的影响。值得注意的是，除了上述四个方面外，苏童的南方叙述中，还有一个不在场的“北方”。“北方”虽然不在场，它却以一种“缺席”的方式彰显其存在。缺席的“北方”也有其传统，这大体就是从艾青的《北方》到郭小川《青纱帐·甘蔗林》再到张承志《北方的河》的“北方”所蕴含的东西，坚忍、顽强、刚毅、粗犷、野性则是这一符号携带的意义。

“城北地带”的南方虽然也充斥着丑陋、乖戾、庸俗，但其意义与“堕落的南方”并不完全相同。张清华写道：“‘香椿树街’上的故事再现了那些典型的景致和印象，这个破败的、黯淡的、穷困的、松散的、混乱的、自在的‘香街野史’的年代，从60年代到70年代中期，文化的废墟和权力的真空却造就了一代人的欢乐童年”①，他甚至用天堂来形容那段自由自在的时光。那是不是真正的天堂暂且不论，但香椿树街“像沈从文的‘湘西’、莫言‘高密东北乡’一样成了一个寓言的世界，一个空间和年代的标记”则是毋庸置疑的。事实上，“城北地带”的“香椿野史”充满悲哀与痛苦，也包含作者沉痛的反思——这一倾向越到后面越清晰。《刺青时代》中粗暴、野蛮、愚昧无知的白狼帮头领天平，还

① 张清华：《天堂的哀歌——苏童论》，《钟山》2001年第1期。

有和他一样无知、幻想重振白狼帮的弟弟小拐，《城北地带》中含苞待放、美丽、纯洁的美琪，因为男性生殖器有点小而感到自卑却无时不想成为香椿树街的英雄的达生，和父亲同搞一个女人、貌似强大实则无知、粗鲁的叙德，拖着一条残腿、装着一肚子坏水的小拐，撑起家里的半边天、最终被父亲关在门外而被人强暴至死的锦红，他们或已被毁灭，或将走向毁灭，这一幕幕的惨剧显然表明这不是天堂，是令人警醒的悲剧之所。不过，这一时期的苏童对“唯美色彩的如烟如梦般的记忆方式”更感兴趣，理性的反思往往为唯美和神秘冲淡。《黄雀记》是苏童新近创作的一部“香椿树街”小说，小说中的主人公宝润、仙女、柳生与“城北地带”中的那群少年类似，但它不是对过往简单重复，而是总结、超越。在以前香椿树系列小说中若隐若现的理性力量，在《黄雀记》中成为主角。宝润、仙女、柳生的悲剧是个人的，也是时代的：他们成长的最大的问题在于精神世界的荒芜，而造成这一现象的则是特定时代的精神生产和精神生活。一方面，建立在儒家思想上的传统的精神家园被新的意识形态所拆解，另一方面，新的意识形态的价值原则并没有融入他们的日常生活之中，成为其精神世界的支柱，最终导致价值的失范和精神家园的荒芜。《黄雀记》的结尾耐人寻味：那些死人的骨殖和“失散多年的鬼魂们”齐声呼喊“捞上来！捞上来捞上来！捞上来捞上来捞上来！”需要打捞的显然是破碎、破败的精神世界。而从骨殖、招魂等情节暗示看，重新思考传统的价值应该是《黄雀记》重建民族精神家园的方向之一。从这个角度上看，《黄雀记》不失为一部民族心灵史的寓言，“香椿树街”的意义超越了苏州，也超越了江南和南方。虽然“枫杨树乡”和“香椿树街”都不是作为苏州的一部分出现的，而只是作为南方的象征出现，但由于苏州是苏童的出生地，且行文之中不无苏州的影子——如“城北地带”与苏州北站的关联，人们还是容易将其和苏州联系在一起。可以说，苏童的南方/苏州书写，起步于“南方的堕落”，终结于民族精神的重建，而这一变化既是苏童个人的精神生活发展的结果，也是国家、民族精神生产与重构的结果。

从上面的论述不难发现，作为第二世代作家的苏童和范小青，虽然创作道路、创作风格差异很大，但多年后，他们的心灵终于相遇——思考传统在价值重建中的意义。

再出发：第三世代苏州小说作家的南方书写

虽然荆歌、叶弥、朱文颖、戴来的出生年代并不相同，但从他们进入文坛的时间看，都可归于新时期苏州文学第三世代作家：在文学落潮的20世纪90年代末期到21世纪初成为文坛新秀，并于政府在“艺术体制”话语权弱化、文化资本授权多元化时代逐渐成长。

荆歌是新时期苏州第三世代作家中年龄较大的一位，出生于1960年的他以“晚生代”作家的身份登上文坛。虽然荆歌不少小说的故事发生在苏州，如《鸟巢》《漂移》，但其小说并不是小巷文学的延续——很少写到苏州的园林、美食、昆曲、评弹等具有浓郁地方特色的具体文化形态和风土人情。荆歌的重要作品，如《漂移》《粉尘》《我们的爱情》《爱你有多深》《鸟巢》等，都表现了生命的无常，流露出颓废、遁世、无奈等悲观情绪。张清华指出，表现“生命的感伤、世事的无常、命运的轮转”是“文学中国的南方”[①] 的传统，曾一果则将南方的传统概括为“诗性的、颓废的和浪漫”[②]，依此而论，荆歌对“身世飘零”的偏好延续的正是南方的传统。荆歌的创作高潮在世纪之交前后，那正是文学的“无名”时代特征最突出的时期，荆歌以个人化写作，咀嚼生命的“幽情单绪”，与传统的“南方”精神不谋而合，在无意中成了文学“南方”的继承者。

叶弥是一位有着较强苏州意识的作家，不过，她对苏州这一符号意义的“揭蔽”经过了一个变化过程。《市民们》是叶弥早期以苏州为写作对象的一部作品，从表面上看，叶弥的南北街与苏童的“香椿树街”差异颇大，充斥南北街的是无所事事、满足于现实、不思进取的、平庸的

① 张清华：《南方的细小、漫长与悲伤》，《当代作家评论》2011年第3期。
② 曾一果：《“南方”的复活——读〈莉莉姨妈的细小南方〉》，《野草》2012年第1期。

小市民，而在“香椿树街”的则是一群无知无畏、血气方刚、不知生命为何物的不良少年。不过，不管他们差异甚大，彰显的都是负面意义的苏州，从这一角度而言，叶弥是对苏童苏州书写的延续。有一段时期，叶弥致力于白菊湾的打造，创作了《花码头一夜风雪》《草上的竹筷》《晚风轻拂落霞湖》等“苏味”小说。《晚风轻拂落霞湖》是这一时期颇具代表性的一篇小说：落霞湖曾是一个诞生了美好神话的迷人的渔村，而现在的落霞湖则是一个充斥不公与丑恶的伤心地。美好是过去的，现实则是残酷的，这大体是白菊湾系列小说总体的价值取向。从故事发生的空间看，《香炉山》也属于白菊湾系列小说，不过其价值取向有明显变化。正如鲁迅文学奖授奖词说的那样：“《香炉山》充满诗意而又直指人心……其中蕴含着作者对人性温暖又美好的期待”[1]，这与《花码头一夜风雪》中对社会的批判、甚至对人性失望迥然有别。事实上，这种“温暖又美好”的东西在叶弥小说一直存在，如早期小说《水晶球》《美哉少年》表现动荡之中人性的美好与善良。特别值得一提的是2014年创作的《风流图卷》，它将叶弥早期小说中时隐时现的浪漫情怀发展到了极致，其放荡不羁的自由精神将叶弥小说推向了高峰，也从另一个角度展现了“浪漫南方”的神韵。

无独有偶，“70后”作家朱文颖也表现出与叶弥相似的浪漫情怀。出生于上海后移居苏州的朱文颖也是致力建构“文学的南方”的一位作家，不过，她的“文学的南方”与苏童的迥然不同。朱文颖《莉莉姨妈的细小南方》打造的是浪漫、自由、生命飞翔的南方：一方面承袭古老中国自庄子、屈原以来的“南方的传统”的精神，另一方面也是更重要的方面，朱文颖的“文学的南方”承载了她在当下社会的价值建构。和朱文颖同为“70后”作家的戴来，是新苏州小说作家中名副其实的“新生代”，虽然两人风格不同，但价值取向比较相似：都回应了中华民族伟大复兴时期的主导价值取向。戴来小说与荆歌小说类似，虽然也出现了一

① “鲁迅文学奖”评委会，《北京文学》2014年第14期。

些苏州符号，但她的小说并没有多少苏州风情；相反，她笔下那些“文学苏州”的景观是现代城市的流行元素，如流行音乐、酒吧，而不是园林、评弹、吴侬软语。作为“70后”和“无名”时代进入文坛的作家，戴来身上承载的传统相对要少得多。她的爱情、婚姻、家庭题材小说基本以新新人类的爱情“裸奔”者出场，却以理性的回归收场。也就是说，戴来小说从对伦理不屑一顾入手，反映的却是对理性、传统伦理的某种回归。

从上面的分析可以看出，新时期以来不同世代的苏州小说作家，都不同程度地利用了苏州这一符号蕴含的文化资本，并成功为其增值；而不同世代的作家，甚至同一作家在创作的不同时期，对这一符号的解读也存在明显差异，但也存在某些共同点：如包括人的主体性、理性在内的建构性价值取向逐渐增强，如对传统现代性转换的反思。这种变化显然与“中国特色社会主义”从“开创期”到“新时代”中国社会现实和世界格局的巨大变化，以及这种变化引发的意识形态和观念变革有关，因而，新时期苏州小说创作在苏州/南方想象上的变化，可谓是时代社会发展、审美风尚和个人精神追求互动的结果。

当代“南京作家群”：概念、流变及意义*

蒋洪利**

内容提要：1949 年以来，对文学群体的把握与指认变得越发艰难。“群落”作为一种生物学的方法，为考察当代“南京作家群”提供了新的思路。在运用这一新方法进行考察时，地域文学空间、作家的气质和精神与文学的实践及其内在精神仍是衡量某一作家是否属于该群体的准则。当代“南京作家群”概念的确立为筛选提供了统计口径，据此可梳理出当代“南京作家群”的横向形态与纵向演变，而在这一梳理过程中，当代南京作家群体与文学地理、文学创作之间的互动关系以及指认该群体的意义也得以显现。

关键词：南京作家群；南京文学；文学精神

2008 年，李徽昭发表了一篇题为《当代“南京作家群”：命名及意义》① 的文章，最早明确提出当代“南京作家群”这一概念，此后又有

* ［基金项目］南京大学博士创新创意项目“‘南京作家群与南京‘文学之都’建设”（CX-CY19－10）；江苏省社科基金后期资助项目“南京百年文学史研究”（19HQ018）。

** ［作者简介］蒋洪利（1994—　），男，南京大学中国新文学研究中心博士研究生，主要从事中国现当代文学思潮、中国现当代文化与文学研究。

① 李徽昭：《当代“南京作家群”：命名及意义》，《淮阴师范学院学报》2008 年第 3 期。

几篇文章涉及这一问题。① 然而从他们的研究来看，皆因其论题涉及南京作家的某一群体才有所阐述，并没有对当代“南京作家群”展开深入、具体的研究，因而我们只能从中窥得“一斑”，而不能视其全貌。从当代文坛创作生态来看，南京的文学创作不仅内容丰富、形式多样，而且名家辈出，南京作家群体也成为中国文坛上不容忽视的一支劲旅。从南京文学自身发展状况来说，南京不仅有着源远流长的区域文化传统与审美精神，而且气质鲜明、内蕴完整、自成体系。每个受金陵文化浸染的作家都洗不掉自身的南京印记。然而随着经济与文化的全球化，地域文学变得复杂与不稳定，文化的多样性开始被重新提及并给予肯定。在此背景下，研究如何定义、怎样指认当代“南京作家群”就有着极为重要的现实意义，而这也是本文拟要解决的主要问题。

一 当代“南京作家群”的概念

在中国现代文学史上，一个作家群体的形成有着包括社会文化在内的多方面的因素，有的因共同地域形成作家群体，有的因共同的旨趣、风格形成作家群体，有的因开办同人刊物形成作家群体，因而从总体来说，作家群以及作家群的概念本身就显得较为松散而随意。时值当代，我们也很难再通过一定的文学社团、文学刊物去指认某一文学团体或流派，因此，关于作家群的概念就需要一个更符合当下社会环境的界定方式。在笔者看来，“作家群”这一概念本身的特性决定了它的非封闭性/开放性，命名本身便带有共时与历时的属性，这也使得在使用这一概念时需要根据实际情况加以限定。为求力避这一含混性，笔者更愿意用“群落”这一概念来指认某一作家群体。“群落”最初是个生物学的概念，指的是在一定时间内居住在一定空间内的生物种群的集合。1955 年美国

---

① 这几篇文章分别是：李小杰的《九十年代南京青年作家群》（博士学位论文，复旦大学，2010 年）、袁桃桃的《南京女作家群落研究（1990 年代至今）》（硕士学位论文，南京大学，2014 年）、朱君秋的《从“夜泊秦淮”系列谈开去——浅析南京文化对叶兆言等南京作家群创作的影响》（《文教资料》2014 年第 24 期），以及王华、周根红的《文学场域与 20 世纪 80—90 年代南京青年作家群的形成——以“他们”为中心的考察》（《江苏社会科学》2019 年第 5 期）。

文化人类学家 J. H. 斯图尔德首次将这一概念引入“文化生态学”的研究当中。在他看来，“文化群落”指的是在一起生存的不同层次的文化所形成的，具有相对独立的特征的文化群体。它们是与一定的文化环境相适应的，且在特定的文化群落中具有特定的文化生态气候。在各个文化群落中，不同层次上的文化具有某种相似的特征，而且它们的文化意义主要在于为其所处的文化群落的特殊文化功能服务。[①] “文学群落”作为“文化群落”的一个子系统，具有与“文化群落”相类似的特征，即是在一定的文化环境中形成的具有相对独立性的文学群体。但在具体指认哪些作家属于南京作家群落的时候，还需要考虑以下几点因素。

一，南京的地域文学空间。从文学地理学的角度看，这里所说的地域文学空间又可称为文学区。所谓的文学区，就是根据不同地区呈现的文学特征的差异而划分的一种空间单位。[②] 就其类型而言，主要分为形式文学区、功能文学区和乡土文学区。[③] 由于功能文学区常常是按照行政职能划分出来的，人为操作的痕迹明显，文学区内部的文学特征也是异质的，因而很难反映该地区文学的地域特征，而感觉文学区只是人们对于地域文学的一种感性认识或心理认同，其内部的含混性比功能文学区更强，所以当我们指认某一地域为文学区时，是从形式文学区的层面上来说的。就南京而言，它貌似是以行政职能划分出来的单位，实则是一文学区的缩影。关于这一文学区，曾大兴将其称为吴越文学区，然而吴越文学区指的是江苏、安徽两省的淮河以南地区以及上海市和浙江省的文学，范围相对较大，不足以概括南京文学传统的精髓和实质。相对而言，金陵文学区这一概念更具有针对性和有效性，它是指以今南京为中心，辐射周边地区所形成的文学地域。

① 袁桃桃：《南京女作家群落研究（1990 年代至今）》，硕士学位论文，南京大学，2014 年，第 8 页。

② 曾大兴：《文学地理学概论》，商务印书馆 2017 年版，第 257 页。

③ 形式文学区，是以特定的自然人文环境为背景，在长期的历史演变和文学发展过程中自然形成的。功能文学区，是按照行政职能划分出来的。感觉文学区，或者称为乡土文学区，是人们的一种感性认识。（参见曾大兴《文学地理学概论》，商务印书馆 2017 年版，第 258—262 页）

南京地处长江下游，连接太湖流域和钱塘江流域，属于三面环山、一面临江的丘陵地带，集山、水、城、林于一体，具有得天独厚的地理优势。南京也因其南北交界的战略位置和优越的地理、经济条件，颇受历代统治者的重视，更有不少统治者选择建都于此。南京据此形成的政治中心、经济中心、文化中心的地位对各地文人形成了强大的吸引力，无数文人墨客于此逗留或长期居住于此。魏晋南北朝以来，随着北方世族的大规模南迁，南京原先拥有的吴越文化的民风、民俗不断与从北方迁移过来的中原文化相互碰撞、彼此激荡，使得厚重、质朴的伦理文化与灵动、自然的诗性文化交融一体，形成了南京开放的文化格局与兼容并包的城市性格。多中心的城市特点也使得这座城市的士大夫阶层与市民阶层长期并存，上层贵族的金陵怀古、秦淮情结与下层市民的风月想象、里巷心理相互连接，形成了南京雅俗并存的文化特点，而这一文化特点也随着历代文士的文学建构不断延伸，深深嵌入金陵文化之中，成为难以磨灭的印记，并伴随着时代的变迁与历史的风云，增添进新旧杂糅的特质。

二，作家的气质和精神。俗话说，一方水土养一方人。这里的水土既包括自然地理环境也包括人文环境。关于地理环境对作家气质的影响，历来论者众多，近代学者刘师培就曾在其《南北文学不同论》中言："大抵北方之地，土厚水深，民生其间，多尚实际；南方之地，水势浩洋，民生其间，多尚虚无。民尚实际，故所著之文不外记事、析理二端；民尚虚无，故所作之文或为言志、抒情二体。"① 地处南北交界之地的南京，既有"厚土"也有"深水"，因而生于此间的南京作家大都能文能武，刚柔并济，既具有关切现实的士人气又具有赏花弄月的文人气。然而我们在推重自然地理对于文学家气质塑造的意义的同时，也不能忽略"人文气候"在其中所起到的作用。所谓"人文气候"，指的是某一国家或某一地域的文化状况及其特点，是一种可以感知的精神氛围。它一方面由人

① 劳舒编：《刘师培学术论著》，浙江人民出版社 1998 年版，第 162 页。

们的文化事件与文化观念长期积淀而形成，另一方面又能对人们的生活和思想构成持久而深刻的影响。① 受南京特殊地理位置的影响，无论在古代还是在近现代，南京历来是兵家必争之地，南京城也屡遭战火的洗礼。历代文人在见到金陵的繁华易逝与物是人非之后，多有感于南京循环不已的悲剧性命运与文化断裂，常发思古之幽情，叹沧桑之巨变，感伤之余，这些作家也关切现实人生的坎坷，久而久之，南京就形成了许多诸如“六朝烟雨”“南朝旧事”“金陵春梦”等悲情意象，并进而形成了南京独有的“悲情文化”。与这种怀古伤今的悲剧美学相伴随的则是南京文人的隐逸心态，这是因为南京作家与其他地域的作家相比往往更容易感到历史与命运的无常，因而多有脱离政治漩涡的隐逸心态，“古往今来生于斯的骚人墨客大多以审美诗性作为自己的生命色调与毕生追求”②。现代以来的作家，大多接续了这种怀古伤今的创作路数和隐逸悲情的精神取向，在对南京地理、景观、文化、风物的描摹中建立起与历史、现实之间的联系，值得注意的是，此种联系的建立意在以边缘的姿态、非主流的心态为出发点构建新的文学图景。可以说，这一文学脉动业已成为南京作家所特有的精神印记。

三，文学的实践及其内在精神。不得不说，对一个文学社群而言，“最本质的内核还是其文学的共同目的及其创作实践”③。就文学创作来说，其内部地理空间的构成要素包括隐性要素和显性要素两个部分，④ 两者通过富有个性的语言和相应的结构方式形成不同的文学空间并指向不同的审美场域。许多作家在深受南京自然、人文地理以及文化传统的浸染下，经过多年的积累和不断的探索，逐渐形成了自身独特的艺术世界

① 曾大兴：《文学地理学概论》，商务印书馆 2017 年版，第 65 页。

② 张光芒：《文化认同与江苏小说的审美选择》，《小说评论》2007 年第 3 期。

③ 杨洪承：《文学社群文化形态论》，安徽文艺出版社 1998 年版，第 23 页。

④ 隐性要素主要包括情感、思想等，显性要素主要包括景观、实物、人物、事件等。生于不同文学地域的作家在选择显性要素时各不相同（这种选择主要受文化传统与在地经验的影响），在运用语言与结构展现某种思想时，也因作家自身经验结构的差异而显示出差别。然而对于同一文学地域的作家来说，这些经验结构大多相同或相近，因而即便其文学创作形式多样，其内在审美品质与价值指向也趋于相近。

和文学系列，而这些或新或旧、或长或短的文学作品也汇入南京文学的整体场域中，持续丰富着南京文学的精神与内涵。

综上所述，唯有地域文学空间相同，作家的气质和精神相通，文学的实践及其内在精神相近的作家才能将其纳入一个作家群落之中。据此，我们可以将当代“南京作家群落”（以下简称“南京作家群”）定义为：1949 年以来在南京地界生活与写作的写作者，包括出生在南京本土的作家和长期生活在南京的作家，此外还涉及一些出生（或在很长一段时间内工作）在南京，后来在南京以外的地方生活和写作，但题材风格、精神气质又有着浓重的南京印记，南京作家身份鲜明的写作者。

二　当代“南京作家群”的流变

当我们明确了当代“南京作家群”的概念，阐明了这一群体的统计口径，就可以对此进行断代统计。就当代“南京作家群”的生成与演变来说，大致可以将其分为三个阶段，即生成发展期（1949 年到 1976 年）、深化发展期（1976 年到 1990 年）和多元发展期（1990 年至今）。

1949 年第一次文代会召开之后，南京就于 11 月 20—21 日召开了南京市第一次文学艺术工作者代表大会，成立了中华全国文学艺术界联合会南京分会。1951 年 6 月，南京召开第二次文学艺术工作者代表大会，将“中华全国文学艺术界联合会南京分会”更名为“南京市文学艺术者联合会”。1962 年，南京市第三次文学艺术工作者代表大会召开。大会期间，文学工作者代表召开会议，“南京市文学工作者协会”正式成立。就此，南京有了居于核心的文艺领导机构，这为作家的生活和创作提供了有力的保障，同时也引领了南京文学的发展方向。作家们开始以真挚的情怀描写社会主义的建设图景，关注以工人、农民、士兵等为主体的革命群众的生活与情感。歌颂党的领导、新社会的建设成就、人民的精神面貌和社会主义美好未来成为此一时期南京文学创作的主题。以艾煊、曾华、季冠武、啸平、胡石言等为代表的小说家，以赵瑞蕻、丁汉稼、鲍明路为代表的诗人，以曾如清、夏阳、袁飞、魏毓庆等为代表的散文家，以沈西蒙、白文、所云平、刘川、王啸平、顾宝璋、石汉等为代表的剧作家，怀着饱满的热情和真挚的情怀书写共产党所领导的革命斗争。以王德安、朱光第、渠天流、张正、仇相彬为代表的工农诗人也开始走向文坛，正面描写勤劳勇敢的劳动人民的现实生活。与此同时，南京文坛还出现了许多描写现实生活和劳动、斗争场面的散文作家，如锦路、陆九如、陆文夫、黎汝倩、沈亚威等。除此之外，十七年时期还出现了希求在表达政治意识形态主题之外，关注社会人生、干预生活、揭露社会弊病的“探求者”群体。这一群体包括陆文夫、方之、高晓声、叶志诚、陈椿年、黄清江等小说创作者，王染野、肖亦五、高加索、孙席珍、曾宪洛、陆续、孙望等诗歌创作者，吴盛、刘金、以铮等杂文创作者和以沈西蒙为代表的剧作者。他们以更加敏锐的眼光、更加犀利的批判精神发现现实社会中潜在的官僚主义、形式主义及诸种社会陋习，大胆揭露，意欲“引起疗救的注意”。

1962 年 2 月，整个文坛形势骤变，“文艺黑线专政论”的极“左”文艺路线统治着南京文坛。南京各高校的红卫兵组织、《新华日报》等报刊开始了大规模的文艺路线斗争的批评活动。1967 年 6 月，南京市文联及作协等机构停止工作，大批文艺界的领导与文学工作者被扣上“反革命修正主义分子”“资产阶级反动文人”的帽子，南京文坛自此进入一个黑暗期。1971 年，林彪反革命集团覆灭，文艺界的气氛稍显宽松。同年 6 月，《新华日报》开辟《工农兵文艺》专栏。1975 年，《江苏文艺》先后开辟“农业学大寨、普及大寨县”小说专号以及“歌颂无产阶级文化大革命”专号。但此一口号下的文艺创作主要服务于极“左”路线，作品结构简单、内容空洞、人物形象苍白。仅有黎汝倩的《海岛女民兵》《万山红遍》、海笑的《春潮》等少数作品可读。

1976 年，随着“四人帮”的倒台以及思想界的“拨乱反正”，文艺空气渐渐摆脱沉滞凝重。一方面，国家新的文艺方向极大地促进了文学的多元发展。经过两年的犹豫徘徊，1979 年，全国文学艺术工作者第四次代表大会召开，批判了文艺工具论，重新确立文艺的“双百方针”和

“两为”方向，在很大程度上解除了政治枷锁给作家的束缚，作家也重新获得了较大的文学创作空间。与全国的形势同步，1980 年 11 月，南京市第四次文代会召开，落实全国文代会的精神。1985 年 5 月，南京市作家协会召开成立大会，各种文学机构、组织、协会相继成立，《钟山》《雨花》《青春》《译林》《扬子江诗刊》等杂志也相继恢复或创刊。另一方面，相对于北京，南京处于相对边缘化的地位。相对于上海，南京又多了些保守、少了些先锋。南京这种既有江南文化的典雅、温润，又有中原文化古朴、厚重的杂交型文化特质，形成了 20 世纪 80 年代南京先锋与保守并存、精致与世俗相交织的文化风格以及多元的文化气质。新的文学环境也催生了一大批文学创作者，他们如雨后春笋一般，在经历了长久的沉潜之后爆发出新的生机与活力。此一时期的作家往往能够敏锐地感知文艺的新潮并积极开拓自身的文学世界，从而在短时间内于文坛中找到属于自己的位置。

就小说创作而言，20 世纪 80 年代以来的南京小说经历了恢复发展与探索创新两个阶段。其中，1976—1985 年为第一个阶段，这一阶段的小说写作者大多追随全国伤痕、反思、改革文学的潮流，在诉说伤痛、寻求改革的同时，力图塑造性格丰富的典型人物，借以展现历史的重大变迁以及此一过程中对国民文化性格的塑造。1985—1990 年是第二个阶段，作家开始积极探寻多样的文学表现形式以及言说历史与现实的方式，试图展现对历史与现实的个人化理解，作品更加注重对日常生活与普通人的悲欢离合的描写，艺术创造力和感染力更趋于富足与完善。高晓声这一时期的突出贡献是塑造了极具时代内涵和文化价值的“陈奂生”形象，延续了鲁迅式的国民性问题的探究。方之的《阁楼上》《内奸》等作品则体现了作者对“文革”所导致的扭曲的人性以及国民政治文化心理的深入剖析。艾煊、胡石言、海笑、梅汝恺等其他几位老作家则更多地驻足于现实和历史题材，延续着前一时期的创作方向。相较于老作家的创作，20 世纪五六十年代出生的作家显示出更多的可能性。赵本夫创作的初期就尝试摆脱时代与政治的限制，创作出了以《涸辙》《绝药》为代表的展现传统文化机制和价值观念渗透下的乡民生活图景的小说。苏童早期的创作多追随时代潮流，后采取回望的姿态，创作了许多以苏州街为载体展现少年青春际遇的作品。叶兆言一登文坛，便以先锋作家的身份发表了一系列极具实验性的小说。除此之外，叶兆言还是当代少有的持续书写南京地域生活与地域文化的作家，他在作品中往往以回望的姿态，写南京往昔的繁华与今日的颓败，始终凝聚着一种浪漫主义的悲伤感。朱苏进的作品往往以和平年代的军营为核心，将军人置于军营与社会、战争与生活、现实与梦想的多重坐标中，挖掘当代军人的复杂人性。范小青初期致力于知青和大学生的生活描写，20 世纪 80 年代中期后将目光投向外面的世界，致力于民间生活与地域文化的开掘。黄蓓佳初期的作品多关注儿童，进入 80 年代中期后将目光转向成人世界，创作了一批表现青年群体追求爱情、理想以及在此过程中遭受挫折的作品。周梅森在这一时期创作了许多反映煤矿生活的作品，薛冰也将作品的视角对准城市、工厂和农村生活，创作了诸如《天长地久》《青铜梦》等一批关注现实人生的力作。储福金在此一时期也创作了大量的作品，文笔质朴，形式多变，追求一种哲理趣味。

与小说创作的境况相似，南京此一时期的诗歌创作也是名家辈出，异彩纷呈。诗歌创作的第一阶段主要是高加索、丁芒、化铁、赵瑞蕻、唐圭璋、贺东久、沙白、文丙、孙友田、臧云远、邓海南、杨苡、叶庆瑞等“归来诗人”的诗歌写作。他们在经过短暂的控诉“文革”、揭露伤痛后，逐渐摆脱集体化的写作潮流，开始寻找自我的诗意栖居地，创作出了许多出色的山水诗、田园诗、儿童诗、军旅诗、工矿诗，极大地丰富了南京诗坛。1984 年以后，老一辈作家继续贡献自己的文学力量的同时，第三代诗潮蓬勃而起，掀起了一股诗歌写作的浪潮。除了以韩东、于坚、朱文、小海、丁当、刘立杆、小君、于小玮、吕德安、王寅为代表的“他们”诗群，南京还出现了以海波、叶辉、祝龙、林中立、亦兵、海涛、马亦军为代表的“日常主义”诗群，以常征、王一民、樊迅、陈飙、马巧令、姚永宁、张启龙为代表的“超感觉诗”团体，以糜志强、邢国富、王玉炳、祁冠宇、杨云宁为代表的“阐释主义”诗群，以赵刚、朱春鹤为代表的“新口语”诗群，以程军为代表的“新自然主义”诗群，以盲人、贝贝、月斧、岸海、南岛为代表的“呼吸诗”团体，以王彬彬、张晓梅、王全红、蔡飞、静静为代表的“色彩诗”团体，以柯江、闲梦、也耕、林林、晓阳为代表的“东方人”诗群。[①] 这群青年诗人眼光向下，以抵抗的姿态坚守民间立场，以平实、质朴、纯情的语言书写生活的本来面目，坚持“诗到语言为止”，坚持回到诗歌本身，极大地突破了朦胧诗以来的英雄主义、启蒙主义的诗歌走向，形成了日常化、口语化、民间化、个人化、反英雄、反崇高的独特审美指向。

此一时期的南京散文延续了此前直面现实、关注人生、展示个性、抒发性灵的传统，散文作者在审视历史与现实时，心态较为平和舒缓，因而文章的火气不太盛，多为结合自身经验的内向型写作。这是与南京平和中庸的文化氛围相一致的。就文章创作而言，回忆散文、乡土田园散文昂首阔步之时，报告文学和杂文也取得了不俗的成绩。蒋元椿、魏玉翠、陈白尘、艾煊、海笑、丁芒、姜滇、高峰、章品镇等老作家创作了许多控诉“文革”、回顾个人心酸经历的作品，与此同时，陈白尘、叶志诚、魏毓庆、忆明珠等人还写作了许多悼念、追怀之作，表达对“文革”中逝去的亲友的痛惜与怀念。追怀往昔、诉说伤痛之余，赵瑞蕻、丁家桐、黄蓓佳、薛冰、冯亦同、黄裳、王德安、凤章、赵翼如等人还将南京的自然景物与个人情怀相结合创作了许多表现山水田园、乡土风物的游记散文。江广生、姜莉敏、任斌武、杨旭、凤章、李克因、庞根瑞等人的报告文学展现了改革开放以来的社会新面貌以及在革命建设期间涌现的英雄人物与模范事迹，揭露了政治与社会生活领域的阴暗面。就后一方面来说，陶白、乐秀良、姚北桦、赵力田、李克因的杂文创作更显功力，文章对社会阴暗面的揭露、对人性的剖析更加敏锐而深刻。

相对于小说、诗歌、散文的创作图景，戏剧的创作稍显薄弱，但此

---

① 参见徐敬亚等编《中国现代主义诗群大观（1986—1988）》，同济大学出版社 1988 年版。

一时期的剧作家也深切感受着时代的脉搏，真诚地直面社会人生，挖掘不同的题材，尝试不同的戏剧创作方法，陈白尘、姚远、李龙云、赵耀民、赵家捷、刘川、冠潮、李培健、王承钢、邹安和、方洪友等新老作家共同发力，在南京剧坛形成了政治剧、历史剧、社会剧、生活剧、军旅剧等不同类型的戏剧并存的局面。

20世纪90年代以来，随着市场化经济体制改革的不断深入以及经济全球化的持续推进，文学生产机制产生了巨大的变化，其中最显著的便是大众文学的兴起，使文坛呈现“三足鼎立”的态势。在此背景下，南京文坛一方面迎接市场化的冲击，积极融入大众文化体系之中；另一方面，南京作家又始终坚守自身的文学传统，与文学的商业化保持一定的距离，从而在文坛上树起了一面醒目的旗帜。不得不说，时代与文化环境的变更，使得作家有了更多创作的自由与寻找新的话语资源的空间，南京作家在此一时期消化传统文脉的同时，锐意探索，从而形成了一种个人化、多元化的文学创作图景。

从文学类型上来说，此一时期的南京小说成就最大，产生了一批有巨大影响力的作品。从总体上看，这些作家群作品关注人和人的生活本身，注重人性的审思、灵魂的剖析与自我生存意义的象征性呈现，注重心理描写与氛围铺陈，注重意象的营造与细节的把握，从而形成了内向性呈现与个人化表达的特点。就作家而言，每个作家都找到了属于自己的小说世界。苏童执着于展示残酷青春和人性阴暗。赵本夫持续关注着黄河故道土地上的生命变迁。叶兆言仍以南京为叙事载体，写人的命运与历史的多重面向。鲁敏继续探索人生与人性的复杂。黄蓓佳的写作聚焦于知识群体与儿童两个对象上，将个人生命体验融入叙事之中。范小青在20世纪90年代后期从地域文化的开掘转向对现实生活的热情叙述。毕飞宇以其敏锐的眼光和充满韵味的文字，书写人性的幽微、个体的命运。韩东也在此时将笔触伸向小说世界，以民间立场和日常化叙事铺陈人与人、人与历史的纠葛。此外，鲁羊、庞根瑞、储福金、黄孝羊、汪明明、黄梵等人的作品也独具特色，丰富着南京小说的创作。

进入90年代，除“他们”诗群外，其他诗群大都解散，大规模的诗群组织不复存在，个人化写作成为南京诗歌的基本存在状态。然而南京诗人仍坚持此前的民间立场与日常化叙事传统，关注普通人的生存状态，诗歌偏向暗示和修辞性的隐喻，讲求结构的完整性。这一特征在韩东、叶辉、鲁羊、育邦、代薇等诗人的作品中较为鲜明。吴其盛、雪丰谷、雷默、胡弦、黄梵、愚木、江雪、蔡宁、古筝、洪烛等诗人多从外部视角出发，创作了许多景物诗、历史讽喻诗。在形式上，南京诗人也积极开拓，较有代表性的包括马玉波、朱朱、沙白、车前子、古筝、半岛、胡弦，此外，方政、屠海燕、王青海、季川、屏子、俞可森等诗人的作品也各有特色，成为南京诗坛不可缺少的亮色。

这一时期的南京散文也异彩纷呈。首先，傅宁军、范小青、梁晴、储福金、冯亦同、陈健、王德安、魏微、田琳、张群、傅长胜、朱金梅、毕飞宇、曹寇、郑敏、姚永福、杨一星、季洪波等人创作了大量的山水游记性散文。其次，叶兆言、王彬彬、诸荣会、薛冰、丁帆等学者、批评家创作了许多文化散文。最后，乐朋、金陵客、邵建、景凯旋、施京吾、柳再义等人创作了许多直面社会问题、揭露或批判社会现状的杂文和报告文学。戏剧因受到电影、电视等新媒体的挤压，生存日益艰难，仅有姚远、王承刚、蔡伟、邵钧林、嵇道青、王立信、赵家捷、杨智、沙叶新等实力派作家坚持创作，新生代剧作家较少，略显后劲不足。

三 当代“南京作家群”的意义

不得不说，传统生物学的“样方”法给我们提供了一个从空间（地方）或者说从文学地理学的角度观察某一时段“生物多样性”的极佳视角。这种视角得以让我们在横向上观察某一时段内的作家在数量、创作领域、创作特点等方面的形态，而当我们将这些大小不一、形态各异的“样方”纵向联结起来时，又可以借此窥探在一个较长时段里发生在这一空间中的作家创作生态。

从文学地理学的角度来说，当代“南京作家群”的出现既是南京文化催生的结果，也是南京文化的鲜明表征，通过对这一群体的指认，将有助于理解南京的文化传统，理解南京文学发展与变化的整个过程，也有助于保持和维护南京文化的独特性。在经济与文化全球化的今天，地域文学不断遭受侵蚀与冲击而变得越发复杂与不稳定。“文学地域主义”与文化多样性重新被提及并被赋予积极意义，这主要是因为，“地域决定着人的存在，地域给人们一种身份认同感、集体归宿感、时空确定感以及内心宁静感。文学地域主义从地域出发，但又超越了地域。它从地域中获得素材和启示，将其沉淀成思想，传达的是终极的人文关怀。它虽然是时代的产物，但它超越时代，它在全球化时代的复兴见证了其永久的意义”①。这也就是说，通过对当代“南京作家群”的指认，不仅可以使我们更好地理解南京文学创作整体面貌，还可以在更深层次上理解南京的在地性文化，并进而从“当地人”的认知结构中寻求社会现象的有关解释，追寻更高意义上的普适价值。

从作家自身的创作来看，当代“南京作家群”的命名与指认有助于作家形成价值认同，推动作家在创作过程中自觉吸收南京文化资源，高扬南京文学精神的内涵，深化当下的文学创作。正如格尔茨所说，“人不是一个本身拥有明确界限的、被单独命名的精神实体，他不能脱逸于其背景之外浮游于人间”②。当代南京作家亦很难脱离南京文化的精神轨迹成为一个自足的个体，而它所要求的效果类似于中东地区长存的所谓“马赛克式的社会组织体系”，即不同形状与色彩的瓷砖不规则地挤成一堆，形成了一个极其复杂的整体图像，但无论如何各单位仍能在其中保持特殊性。③ 即是说，当代南京作家既可以以南京文学传统为底色，又可在此基础上自由寻找各自的创作路径，进而形成一种多元而又统一的创作格局。

---

① 刘英：《文学地域主义》，《外国文学》2010 年第 4 期。

② ［美］克利福德·格尔茨：《地方知识——阐释人类学论文集》 杨德睿译，商务印书馆 2014 年版，第 81 页。

③ 同上。

在以上的论述中，我们似乎过分夸大了“地方知识”对作家的作用而忽视了作家的本体价值，然而我们必须清楚的是，作家在某一地域文学的形成与形塑过程中起着不可替代的作用，这种作用主要体现在作家对文学景观①的塑造上。正如迈克·克朗在讲文学地理景观时所谈到的那样，“文学作品不能简单地视为是对某些地区和地点的描述，许多时候是文学作品帮助创造了这些地方”②。事实上，文学的形象性很容易唤起一个人对某个地方的向往，而文学的思想性或内蕴其中的文化内涵，也会唤起人们对于历史、现实、自然和人生的感悟与思考，甚至是追寻。

其实，当跳出某一装置所带来的视野局限时，我们可以发现文学地理、文学家与文学作品之间形成了一个前后勾连的环状结构。在这里，“优良的人文环境可以产生优秀的文学家和文学作品，优秀的文学家和文学作品又可以对人文环境构成重要影响，进而成为优良的人文环境的一部分”③。2019 年，南京入选世界文学之都，这既是南京文化繁荣的见证，也是当代南京作家不断用自身实践助力南京文学创作的结果。法国学者帕斯卡尔·卡萨瓦诺在谈到巴黎这一世界“文学之都”时曾指出：“文学之都，也就是同时汇集文学的最高威望和最高信仰的地方，它在全球的建立与认可，是产生和带来这一信仰的具体效果的反映。”④ 据此，我们有理由相信，南京“文学之都”的建立将重新整合南京的文学资源，从而开启南京文学创作的新态势。

① 这里的文学景观既有像苏童笔下的“香椿树街”一类的虚拟景观，也有像叶兆言笔下的“秦淮河”“夫子庙”等实体景观。

② ［英］迈克·克朗：《文化地理学》，杨淑华等译，南京大学出版社 2005 年版，第40 页。

③ 曾大兴：《文学地理学概论》，商务印书馆 2017 年版，第 33 页。

④ ［法］帕斯卡尔·卡萨诺瓦：《文学世界共和国》，罗国祥等译，北京大学出版社 2015 年版，第 20—21 页。

爱情悲剧·浪漫抒情·心理分析*

——陈白尘20世纪20年代小说创作论

董卉川**

内容提要：江苏籍戏剧家陈白尘的文学生涯发轫于小说而非戏剧。在20世纪20年代，围绕青年男女的恋爱、婚姻问题，陈白尘创作了多部小说。陈白尘以浪漫主义的笔调描绘了现实世界中青年男女的爱情悲剧，描写了青年女性的悲惨命运，揭示了纯美的爱情、柔弱的女性终将被污浊、黑暗的社会所吞噬的创作主旨。陈白尘除了注重暴露丑恶的人性与世相之外，尤其注重心理描写与梦境呈现。通过对陈白尘20年代小说创作的深入研究，可回溯陈白尘对中国现代小说发展的重要贡献，继而钩沉陈白尘完整的创作生涯。

关键词：陈白尘；20世纪20年代小说；爱情悲剧；浪漫抒情；心理分析

引　言

陈白尘（1908—1994），原名陈征鸿，又名陈斐，江苏淮阴人，著名戏剧家，一生创作了五十余部戏剧。他的文学活动与文学之都南京有着紧密联系：他人生的最后十六年（1978—1994）均在南京大学度过，晚

* ［基金项目］江苏省社科基金后期资助项目“南京百年文学史研究”（19HQ018）。

** ［作者简介］董卉川（1986—　），男，博士，南京大学中国新文学研究中心博士后，青岛大学国际教育学院讲师，主要从事中国现代诗剧、散文诗研究。

年在南京进行了大量的文学创作，对戏剧以至于整个文艺事业有着卓越的影响和贡献。陈白尘以戏剧创作和戏剧理论研究驰名学界，但其实，他“在小说、散文和电影文学等方面都奉献出了一批佳作”[①]，其文学生涯以撰写小说而滥觞。不过，研究界对陈白尘的小说创作罕有关注[②]。陈白尘的小说创作主要分为两个阶段——20 世纪 20 年代与 30 年代，两个阶段呈现出完全相异的艺术特质与审美风格。陈白尘 20 年代的短篇小说包括以陈增鸿之名发表于 1925 年 3 月《小说世界》第 9 卷第 12 期的《另一世界》、以陈征鸿之名发表于 1927 年 9 月《小说世界》第 16 卷第 13 期的《林间》、以黄叶之名发表于 1928 年 6 月《小说世界》第 17 卷第 2 期的《微笑》。1929 年 4 月在大东书局以陈白尘之名出版了短篇小说集《风雨之夜》，内收《默》《报仇》《援救》《一夜》《真的自杀》《风雨之夜》《孤寂的楼上》七篇作品。中篇小说有 1929 年 5 月在芳草书店出版的《歧路》，长篇小说包括 1928 年 10 月在金屋书店出版的《漩涡》、1929 年 1 月在芳草书店出版的《一个狂浪的女子》、1929 年 4 月在芳草书店出版的《罪恶的花》、1929 年 11 月在泰东书局出版的《归来》。

第一部小说《另一世界》是模仿《镜花缘》创作而成，“我在 1924 年写的第一篇习作《另一世界》明明白白是模仿的《镜花缘》……其中确实既无鸳鸯，也无蝴蝶的”[③]。陈白尘通过描写主人公凌云生来到“另一世界”——“双言国”“别署国”“奇冤国”“立而国”“君子国”的奇遇，以讽刺、反语的技法，对现实社会中的种种问题、世相进行了讽喻和批判。陈白尘 20 年代的其他小说，均是围绕青年男女的恋爱、婚姻问题展开叙述，以浪漫主义的笔调描绘了现实世界中青年男女的一幕幕爱情悲剧和青年女性的种种悲惨命运，从而揭示了纯美的爱情、柔弱的

---

① 胡文谦：《陈白尘及其文学创作新论》，《江苏社会科学》2016 年第 1 期。

② 参见高国藩《陈白尘二十年代长篇小说创作》，《信阳师范学院学报》1982 年第 2 期；陆炜、董健《论陈白尘的小说创作》，胡星亮、胡文谦编《陈白尘研究资料》，人民文学出版社 2016 年版，第 208—228 页。

③ 陈白尘：《〈陈白尘选集·小说选〉编后记》，胡星亮、胡文谦编《陈白尘研究资料》，人民文学出版社 2016 年版，第 434—435 页。

女性终将被污浊、黑暗的社会所吞噬的创作主旨。通过描写青年男女的爱情悲剧、青年女性的悲惨命运，呈现与暴露了丑恶的人性与黑暗的世相。在创作过程中，陈白尘尤为注重心理描写与梦境呈现，深入人物的内心世界，挖掘现代人痛苦、矛盾、悲哀的精神状态。陈白尘20年代的小说，既具有问题小说的风范，又富有浪漫抒情的气质，还表现出心理小说的特性。

一 爱情悲剧的谱写

陈白尘20年代的小说围绕青年男女的恋爱、婚姻问题展开叙述。《林间》是陈白尘恋爱、婚姻小说的起步，彼时的陈白尘还在探索其爱情小说的写作方向。《林间》以“由最纯洁最真挚的爱情所结合，是澈底了解爱情真谛而结合”[①] 的青年男女程紫波和董眠柳的离婚开篇，逐步揭示男女主人公只是不愿受世俗无形牢笼的枷锁，希冀追求“自然的真爱”[②] 的真相，呈现出陈白尘对青年男女恋爱、婚姻问题的深刻哲理思考。在《林间》后，陈白尘20年代的小说就确立了以“悲剧”为内核建构文本的写作模式，谱写了青年男女的一幕幕爱情悲剧。在谱写爱情悲剧的过程中，呈现了青年女性的种种悲惨命运、暴露了丑恶的人性、批判了黑暗的社会世相。

《漩涡》描写了男女主人公黎梦梅与龚梅村的爱情悲剧，展现了龚梅村悲惨的一生。龚梅村的初恋柳永筹是一个有妇之夫，父母竭力反对二人相恋，梅村却被他骗去了贞操，只能委身于他。婚后，柳永筹的妻子对梅村百般刁难、非打即骂，梅村打算逃回家乡。在返乡途中，却被军阀唐遵孝强掳为姨太太。逃离唐的魔掌后来到上海，在胡芝瑛的帮助下进了大学，与黎梦梅相恋，引起了胡芝瑛的嫉妒。胡芝瑛与梦梅发生冲突，梦梅与梅村只得退学，艰难度日。胡芝瑛为了得到梅村，勾结唐遵孝，心狠手辣的唐遵孝则要置二人于死地。最终，梦梅与梅村在逃亡中

① 陈征鸿：《林间》，《小说世界》1927年第16卷第13期。

② 同上。

坠海而亡。短篇小说《风雨之夜》则是长篇小说《漩涡》的一部分，截取了梅村和梦梅退学后的一个片段——在某个风雨之夜的窘迫生活展开叙述。陈白尘十分注重展现青年男女在相恋或结合后窘迫的生活状态，《孤寂的楼上》描写了男主人公雪结识失足女子素霞后，将她救出魔窟，却因此与父母断绝了关系。二人只能靠典当、变卖素霞的衣物、首饰度日。素霞为了不再连累雪，在雪外出变卖衣物时，悄然离去，上演了一出凄惨的爱情悲剧。在黑暗的社会中，即使梦梅和梅村摆脱掉了胡芝瑛、唐遵孝的追杀，他们最终的命运也极有可能同雪和素霞那样，窘迫压抑的生活状态，或分离或死亡的结局成为青年男女的命运写照。雪和素霞、梦梅与梅村的爱情悲剧是一种典型的社会悲剧，青年男女被强大的黑恶势力——军阀与金钱所迫，尤其是金钱，成为爱情悲剧的根源。

在《一个狂浪的女子》《罪恶的花》两部作品中，女主人公淑贞与洁如的悲惨命运极其相似。女学生淑贞被学长志清欺骗占有，怀孕生子后惨遭抛弃。孩子夭折后，淑贞为了谋生，做起了交际花，变换各种姓名，成了一个狂浪的女子。淑贞的好友露莎与雨珍真心相爱，家人却竭力反对她与穷困的雨珍来往，逼迫她嫁给一个富商。露莎为了爱情逃婚，淑贞也深爱着雨珍，但为了成全二人，也为了彻底摆脱这种放荡的生活，最终自杀身亡。另一篇小说中，洁如嫁给泽民前怀了他人的孩子，生下明儿后，终日被泽民和泽民的家人欺侮、虐待。洁如带着明儿回到家乡，父母早已去世，洁如便将明儿托付给弟弟清如。她像淑贞一样，变换姓名，在大城市做起了高级妓女。在被官僚黄世侯包养后，又结识了青年学生吴虹，与他产生了真挚的情感，被黄发现后，吴虹被黄派来的流氓殴打驱逐。洁如万念俱灰，逃回家乡接回明儿，偶遇吴虹。但悲惨的命运和黑暗的社会却不会让他们过上幸福的生活。饱受婶婶虐待的明儿早早夭折，泽民又寻来逼迫洁如做回自己的妻子。最终，心力交瘁、痛失爱儿的洁如逝去了。金钱逼迫淑贞和露莎向现实低头，造成了二人悲惨的命运，造成了露莎与雨珍、洁如与吴虹的爱情悲剧。

《默》《报仇》描写了封建大家庭中季森与二嫂、“他”与庶母之间朦胧纯洁又注定是悲剧结局的不伦之恋。二嫂和庶母有着悲惨的命运，季森的二哥终日花天酒地，二嫂独守空房，最后抑郁患病而死。庶母是一个青年学生，被“他”做军阀的父亲霸占，想要报仇却无能为力。他们之间产生了纯洁的爱情，但这朵爱情之花注定还未开放就要衰败，黑暗、强大的封建势力注定要将其扼杀摧毁，这又是典型的社会悲剧。在描写青年男女的爱情悲剧、青年女性的悲惨命运的同时，陈白尘或直接或间接地暴露了人性的丑恶、批判了黑暗的世相。《漩涡》《罪恶的花》暴露了金钱对人性的腐蚀，亲情荡然无存。梅村被唐遵孝强占后，屡次试图逃脱，一次偶遇远房姊妹吕竞民，便求助于她。吕竞民的人性却早已被金钱腐蚀，她无情地出卖了梅村，让梅村从希望陷入绝望。清如的妻子有着一副伪善的面孔，洁如将明儿托付给清如夫妻后，她便暴露了丑恶的人性，苛虐明儿，她是造成明儿早逝的凶手之一。陈白尘 20 年代的小说多次涉及军阀强掳女学生的黑暗世相，如《漩涡》中，唐遵孝霸占梅村；《报仇》中，“他”的庶母便是做军阀的父亲强掳来的女学生；《归来》中，军阀姜谷岩妄图掳夺沈雪莎。陈白尘还着重描写了失足女性这一沉重的社会问题。《援救》中，富有正义感的沧鸥试图援救他所偶遇的一个高级妓女和一个暗娼。《一夜》中，荷妹先是在家乡被吸食鸦片的父母强迫出卖肉体来养家，后来到城市又做了高级妓女。《真的自杀》中，曾是妓女的新太太，被志伟买回家后，不堪冷落而自杀。《孤寂的楼上》中，妓女素霞从良后，窘迫的现实逼迫她忍痛离开雪，虽未正面描写她离开后的生活，但为了生计很有可能重操旧业。《一个狂浪的女子》《罪恶的花》中的淑贞与洁如为了生计都无奈地做了高级妓女。

《微笑》《归来》则是新文学伊始少有的描写青年男性在恋爱、婚姻中悲惨经历的小说。《微笑》的主人公“他”因所爱之人秦家二小姐嫁给了自己的好友裴君而心性大变，终日陷入睡眠的状态。在睡眠中，才能感到甜适，一旦苏醒，则烦躁无比。最终，“他”为了能够永远地逃避现实，选择服食安神水自杀，死亡使他进入了永久的睡眠之中，得到了解脱，在死后露出了“很沉静的很优美的微笑”①。《归来》的主人公蒲又筠虽然冲破重重阻力与爱人沈雪莎结合，但婚后平淡、琐碎的生活使不安现状的雪莎背叛了又筠，与表哥江淑偷情。又筠发现后，选择投江自尽，后被一渔夫所救，却不敢再与雪莎相见，最终漂泊异乡。“他”与蒲又筠的爱情悲剧并非社会悲剧，而是一种典型的性格悲剧。“他”和蒲又筠对无法掌控的爱情的执着追求，分别形成了“他”与秦家二小姐、又筠与雪莎的戏剧冲突，冲突与悲剧的根源在于二人懦弱的性格。“他”以睡眠逃避现实，以死亡摆脱痛苦。又筠面对婚后日益冷淡的雪莎，终日以泪洗面，在发现雪莎与江淑的奸情后，先是买了短刀准备割腕，后决定投江。《归来》是陈白尘20年代的最后一部小说，在作品中，陈白尘对青年男女的恋爱、婚姻问题有了更深层次的思索。《归来》中，虽涉及军阀对女学生的觊觎、封建家庭包办婚姻等社会问题，又筠和雪莎冲破了社会阻力结合，但他们的爱情依然以悲剧收场，悲剧产生的原因与社会、时代无关，而是自身性格——又筠的软弱、雪莎的滥情所致。

陈白尘20年代的最后两部小说《歧路》和《归来》，均描写的是性格悲剧，与《微笑》相呼应。在陈白尘20年代的小说中，社会时代因素是导致青年男女爱情悲剧的主要原因，而青年男女自身的性格问题也是造成爱情悲剧的重要因素。陈白尘对青年男女的恋爱、婚姻问题进行了深刻的理性思索，以社会悲剧和性格悲剧交相表现。

二 感伤的浪漫抒情

陈白尘是在郁达夫的启蒙下开启了小说创作生涯的，“为了崇拜这位大作家，在1927年，曾多次跳上三路有轨电车在新闸路酱园弄那一站上等候他，以瞻仰风采，甚至向他请教。因为我知道他是每天必须去酱园弄会见王映霞女士的。因此，我那些描写恋爱的小说，其实是在模仿达

① 黄叶：《微笑》，《小说世界》1928年第17卷第2期。

夫先生的作品"[①]。陈白尘承继了"达夫那样的忧郁"[②] 气质，"他的作品是充满了感伤的情调。当别人在叫唤群众或笑骂世俗的时候，作者就开始了他的诉苦愁申不平的低调"[③]，其20年代的小说呈现出了一种典型的忧郁、感伤的浪漫抒情气质。

陈白尘20年代的每部作品，主人公们几乎均处于悲哀（"顿觉到一些空幻的悲哀"[④]）、疑惧（"心在疑惧里碎了"[⑤]）、痛苦（"她痛苦地望着杯里"[⑥]）之中。悲哀、痛苦、疑惧的情感充斥每个角落，使陈白尘20年代的小说弥漫着忧郁、感伤的气质。这一方面与内容、情节——青年男女的一幕幕爱情悲剧、青年女性的一出出悲惨命运的息息相关，另一方面则是对郁达夫小说浪漫抒情风格的继承，"抒情主义这是现在文坛的特色的一个最适切的名词。这个名词用来说明现在文坛的特色比浪漫主义一语更为的确而有内容……《寒灰集》的作者便是这最适当的代表的一个"[⑦]。在艺术技法上，陈白尘首先使用了大量的比喻、象征，如《归来》中，作者将女主人公沈雪莎比喻为男主人公蒲又筠的鸦片，"这个使他兴奋的雅片，就是他的新生命般的雪莎"[⑧]。"雅片"既是比喻，又是一种象征。现实中的鸦片会使人感到精神的愉悦与舒畅，却伴随着极大的伤害，让人成瘾并最终丧命，是毒药更是催命符。陈白尘将雪莎比喻为鸦片，意味着雪莎对于又筠来说，是一把双刃剑，既能使苦苦追寻爱情的男主人公收获梦寐以求的真爱，得到暂时的甜蜜与兴奋，又预示着又筠不幸的未来。婚后，雪莎对又筠的爱越来越淡，与寄宿自己家中的表哥江淑偷情。又筠美好的梦想被雪莎的背叛击得粉碎，最终跳江自尽，

① 陈白尘：《〈陈白尘选集·小说选〉编后记》，胡星亮、胡文谦编《陈白尘研究资料》，人民文学出版社2016年版，第435页。

② 郑伯奇：《〈中国新文学大系·小说三集〉导言》，上海良友图书印刷公司1935年版，第17页。

③ 郑伯奇：《〈寒灰集〉批评》，《洪水》1927年第3卷第33期。

④ 陈白尘：《漩涡》，金屋书店1928年版，第1页。

⑤ 同上书，第9页。

⑥ 陈白尘：《真的自杀》，《风雨之夜》，大东书局1929年版，第75页。

⑦ 郑伯奇：《〈寒灰集〉批评》，《洪水》1927年第3卷第33期。

⑧ 陈白尘：《归来》，泰东书局1929年版，第47页。

虽被救却远走他乡。鸦片又是一种现实社会中具体的物象——“象”，对应着文中陈白尘的思想、情感——“意”，从而升华为“意象”，具有了隐喻、象征的特质。鸦片—意象—沈雪莎，暗示、象征了蒲又筠的悲剧命运。

郁达夫的小说富有浪漫的诗意，“作者的主观的抒情的态度，当然使他的作品，带有多量的诗的情调来。我常对人讲，达夫的作品，差不多篇篇都是散文诗，每一翻读他的作品，我的这自信越发觉得确实”[①]。主要体现在言语表述和遣词造句方面，“句法都非常适宜于抒情的；他用流丽而纡徐的文字，追怀过去的青春，发抒现在的悲苦……他描写自然，描写情绪的才能，也是现代有数的”[②]。陈白尘20年代的小说，在语言上承继了此种特质，以近似于散文诗般的行文进行浪漫抒情。“秋风吻着静寂的窗棂，秋虫歌着哀宛地死曲，秋月浴着愁人的心脾。我们在这境中，谁也要滴些心底泪点，梅村索性熄了油灯，引那被灯光拒绝了的月色透进明窗，射到地上淡淡如霜，勾起人渺茫里悲哀的过去。”[③] 开头三句是典型的主谓宾结构的排比句，“静寂的窗棂”“哀婉地死曲”“愁人的心脾”则是典型的偏正结构短语。形式齐整、表述押韵、饱含诗意。“秋风”“秋虫”“秋月”这些客观物象，寄寓了陈白尘的思想情感，升华为意象，“意象是诗歌艺术最重要的组成部分之一”[④]。意象的应用使小说也具有了散文诗般暗示、幽婉的特性。在有限的字里行间，渗透着深刻的寓意，营造出浓郁的意境。隐喻了女主人公龚梅村悲哀、忧愁的心境，暗示着她漂泊无依、孤苦伶仃的命运。“可怜她的爱情，像湍急的瀑布，被断中流，洋溢的情呀，无处奔放！/她哭天，她诉地，她无计可求！她寻他，他如黄鹤悠悠；她要回家，有家难投！/悔不该呀，违背了老父的意志，漂流远走！/悔不该呀，放任了自己的爱情，不知束收！”[⑤] 洁如看

① 郑伯奇：《〈寒灰集〉批评》，《洪水》1927年第3卷第33期。

② 同上。

③ 陈白尘：《漩涡》，金屋书店1928年版，第17页。

④ 陈植锷：《诗歌意象论》，中国社会科学出版社1990年版，第13页。

⑤ 陈白尘：《罪恶的花》，芳草书店1929年版，第12页。

到明儿饱受虐待、感到泽民的冷酷无情后，对这地狱般的生活充满了悲哀、恐惧与绝望，陈白尘将洁如的内在情绪转化为具体可感的激情唱诗——外在节奏，用外在节奏传递内在情绪。借助长短句、空行、押韵以及复沓、排比、对称、反复、并列等手法，使外在节奏形式参差错落、跌宕起伏，“节奏之于诗是它的外形，也是它的生命，我们可以说没有诗是没有节奏的，没有节奏的便不是诗”①。在陈白尘20年代的小说中，幽婉含蓄的诗意表述、直抒胸臆的激情唱诗俯拾即是。

陈白尘忧郁、感伤的浪漫主义不是狭隘的个人言说，而是与社会、时代紧密相连，这也是对郁达夫小说浪漫抒情风格的承继，“我们也有可以注意的一点。作者的主观，既然由狭隘的自我，扩张到自己的身边，自己的周围，自己所处的社会和时代；因而，当然的结果，他的感伤的情绪，也由个人，逐渐扩大到社会人类。在‘沉沦’的时代，他的苦痛，是自己对于自己生活的不满和不安，在这部《寒灰集》中，每篇都可以寻出他对自己周围的同情”②。除《微笑》《归来》描写的是性格悲剧，男女主人公的爱情悲剧源于爱或不爱，感伤的根源在于个人心理世界的悲苦与生理世界的伤痛，与社会、时代无关，以个人情绪淡化了外部冲突，以纯个人的爱情悲剧代替了社会性的爱情悲剧。其他作品，陈白尘均是以社会悲剧为主旨建构文本，男女主人公的悲哀、痛苦、疑惧的情感并非源自个人的忧郁、感伤，而是受社会、时代的影响。《漩涡》《报仇》中梅村和庶母的悲哀，源自军阀对女学生的无耻强掳与霸占。《真的自杀》《罪恶的花》中，新太太和洁如的悲哀，源自权贵和官僚将妓女纳为妾侍后的极端冷落或变态控制。《一夜》《孤寂的楼上》《漩涡》中荷妹与鸥、素霞与雪、梦梅与梅村的悲哀，源自金钱与阶级的压迫。《漩涡》《罪恶的花》中，梅村、明儿的悲哀，源自人性的丑恶。每一部作品的悲哀均是相通相连的，由一个人物扩展到所有人物的身上，并延伸到

① 郭沫若：《论节奏》，《郭沫若全集·文学编》第15卷，人民文学出版社1990年版，第353页。

② 郑伯奇：《〈寒灰集〉批评》，《洪水》1927年第3卷第33期。

他们所处的社会和时代之中。

陈白尘20年代小说的创作深受郁达夫的影响，在艺术技法、审美风格、创作主旨方面，表现出了一种典型的感伤、忧郁的浪漫抒情气质。其感伤、忧郁的浪漫抒情气质与社会问题、时代潮流紧密相连，呈现出作者强烈的社会责任感与使命感。

三 精细的心理分析

陈白尘在创作小说时，注重深入探索人物的精神世界，刻画人物的心理状态，描写人物的梦境，从而使其20年代的小说具有了心理小说的特性。陈白尘20年代小说的主题是描写青年男女的爱情悲剧，分为社会悲剧与性格悲剧两类，在对人物的精神世界进行探索与挖掘之时，分别对应了社会心理分析与个人心灵探索。长篇小说《罪恶的花》《一个狂浪的女子》《漩涡》以及短篇小说集《风雨之夜》是典型的社会心理分析小说，人物的精神世界——心理状态、梦境与社会、时代紧密相连，从而书写、绘制了20年代青年女性的时代精神史。长篇小说《归来》、中篇小说《歧路》、短篇小说《微笑》则是典型的个人心灵探索小说，人物的精神世界——心理状态、梦境与社会、时代的联系不是十分紧密，或是毫无关系，从而书写、绘制了20年代青年男性的个人精神史。

陈白尘以人的“心理状态”为切入，“心理活动的那种在一定期间内能够表明各种心理过程的独特性的一般特征，这种特征既决定于所反映的现实的对象和现象，也决定于个性的过去的状态和个别的心理特性”①。在其20年代的小说中，呈现了青年男女的心理状态，描写了人物的心理活动。陈白尘笔下女主人公的心理状态均处于悲哀、痛苦、疑惧、矛盾之中，通过对女主人公心理活动的详细描写，可以发现上述的心理状态具有持久性、稳定性的特点。无论何时何地，她们均无法摆脱此种心理状态，这是由外部压力导致的。以《罪恶的花》的女主人公洁如为例，

① ［苏］列维托夫：《性格心理学问题》，佘增寿译，人民教育出版社1959年版，第94页。

她的人生大致可分为六个阶段，第一阶段：与一男子未婚先孕，同父亲断绝关系；第二阶段：怀有身孕走投无路，委身嫁给泽民做妾；第三阶段：无法忍受泽民正室对自己，特别是明儿的侮辱欺凌而离家出走；第四阶段：回到家乡寻求父亲庇护，发现父亲早已去世，将明儿托付给弟弟和弟媳，自己去上海谋生；第五阶段：在上海被官僚黄世侯包养控制的同时，与青年学生吴虹相恋；第六个阶段：逃离上海，返乡接回明儿后打算奔赴异地，明儿早逝，再遇泽民追捕。她的悲哀、痛苦持续和贯通于人生的每一个阶段。《一个狂浪的女子》的女主人公淑贞、《漩涡》的女主人公梅村、《默》的女主人公二嫂、《报仇》的女主人公庶母、《一夜》的女主人公荷妹、《真的自杀》的女主人公新太太、《孤寂的楼上》的女主人公素霞，她们的命运与洁如何其相似。悲哀、痛苦、疑惧的心理状态在人生的每个阶段也不曾改变，这是由女性所处的社会和时代所决定的。

在创作过程中，陈白尘除了注重描写青年女性的心理活动，呈现她们的心理状态之外，还着重描写了她们的梦境。《漩涡》中，唐遵孝霸占梅村后，将她带回自己家乡，陈白尘详细描写了梅村来到唐家后的梦境：唐遵孝在深夜回家数次让梅村倒茶，她兀自不动，惹得唐遵孝大骂，梅村旋即与之对骂，并且手举茶壶朝他掷去，唐遵孝大怒拔枪射击梅村，梅村遂从这个噩梦中惊醒。人类的梦的本质是“不加掩饰的欲望满足”①，梅村的梦境与现实中她的欲望息息相关。梦中的唐遵孝比现实中要凶恶百倍，“满面布着怒容，凶恶的目光，深刻的皱纹，浓黑的眉毛，阔大的鼻孔，都在不住的活动”②。面对如此凶恶的唐遵孝和他所提的“倒茶”之要求，梦中的梅村默然不动、回头冷笑、与之对骂、举起茶壶掷他，这是现实中的梅村所不敢且极度渴望的欲望。梅村痛恨与惧怕唐遵孝，想要反抗他的欲望被压抑，“它可以在白天产生但又被排斥，在这种情况

① ［奥］弗洛伊德：《释梦》，孙名之译，商务印书馆 1996 年版，第 120 页。
② 陈白尘：《漩涡》，金屋书店 1928 年版，第 14 页。

下，被留到夜晚的欲望是未被处理但也是被压抑的"[1]。在白天被压抑的欲望得以入梦，生成梦境，这也是为何梦中的梅村投掷茶壶时手"战栗着"、在梦中被枪杀的原因所在。《一个狂浪的女子》中，淑贞见到梦中情人——学长韩雨珍后，陈白尘详细描写了她回到家中的梦境：身处地狱的她再次来到学校，看见了露莎，看见了自己中学里礼堂上五排靠墙的那个暗恋之人韩雨珍，她与梦中情人同赴天堂，恍若一对神仙眷侣。淑贞的梦境与现实中她的欲望息息相关，她上学期间对学校礼堂中"坐在第五排靠墙的"[2] 那个男学生——韩雨珍一见钟情，却被另一学长志清骗得未婚先孕，从此沦落风尘，变得狂浪放荡。现实中的她再次见到梦中情人后，深感处在地狱之中的自己配不上雨珍，内心深处却又苦恋着对方。同时，对自己现在的生活充满羞耻的她，十分渴望、怀念原本纯洁的校园生活以及同好友露莎的友谊，这些极度压抑的欲望使她生成了此梦境。

通过对以洁如、梅村、淑贞为代表的青年女性的心理状态、心理活动与梦境的描写，作者揭示出她们试图改变自己悲惨命运的强烈愿望，但这愿望面对着强大、黑暗、凶恶的唐遵孝、黄世侯、泽民等军阀、权贵、官僚、封建势力的代表，只能以失败告终。身处时代洪流中的青年女性的灵魂必然是矛盾的，想要反抗却只能无力挣扎。陈白尘通过对青年女性心理世界的挖掘与剖析，试图思考造成这种苦痛、矛盾灵魂的时代根源所在，试图书写、绘制 20 年代青年女性的时代精神史。

《归来》《歧路》《微笑》三部作品的主人公均为青年男性，他们的心理状态也是疑惧、悲哀、痛苦，但他们的心理状态的形成与社会无关，而是由自身性格所决定的。在《归来》中，陈白尘深入男主人公蒲又筠的精神世界，对他心理活动进行了完整、详细的描写。他的人生大致可分为三个阶段，第一阶段：孤身一人的他极度渴望爱情，心灵状态十分悲哀与痛苦；第二阶段：与沈雪莎确立关系后，面对雪莎与表哥江淑的

① ［奥］弗洛伊德：《释梦》，孙名之译，商务印书馆 1996 年版，第 545 页。

② 陈白尘：《一个狂浪的女子》，芳草书店 1929 年版，第 23 页。

暧昧、面对军阀姜谷岩对雪莎的觊觎，尤其是面对雪莎不能时刻陪伴自己左右的相处模式，使又筠更加悲哀与疑惧；第三阶段：为了躲避姜谷岩的骚扰，他与雪莎完婚，但繁杂琐碎的婚姻生活消磨掉了雪莎对又筠的爱，她甚至与寄住在自己家中的表哥江淑偷情，这使又筠痛苦、悲哀到了极点。军阀姜谷岩对沈雪莎的骚扰、封建家庭对蒲又筠的逼婚，是陈白尘特意设置的情节符号——蒲又筠的悲哀、痛苦、疑惧的心理状态与外部环境没有任何关系，在陈白尘小说中常见的恐怖黑暗势力对又筠与雪莎的爱情没有造成任何的破坏，二人的相恋、结合十分顺利。因此，虽然蒲又筠的心理状态同身处时代漩涡中的青年女性一样的悲哀、痛苦与疑惧，但他苦痛的灵魂与社会、时代无关，而是由自身性格、个人心灵所导致的。《歧路》的男主人公朱良玉、《微笑》的男主人公“他”的精神世界亦是如此，上述男主人公的性格共性是懦弱——逃避现实，不敢正视自身或爱人的性格问题。

他们梦境的生成也是由自身性格和个人心境所决定的，这是一种内部的力而非外部的力。《歧路》中，朱良玉曾梦到自己来到一个园子中，园子里有三处宫殿似的房子，Miss 许则在里面哭泣，他喜出望外，想要上前安慰，却被室友惊醒。朱良玉中意的 Miss 许被男友邹有宾压迫、欺侮，逼迫她退学同去日本。一方面朱良玉虽然想要安慰与保护 Miss 许，却因懦弱的性格始终不敢在现实中付诸实践；另一方面，朱良玉有着强烈的性欲，但懦弱的性格使他每日流连于学校、住宅区、电车中，变态地盯着每一个女人，苦苦等候需要他“拯救”的女性，而不敢去主动追求心仪的女子。现实中想要保护、安慰、占有 Miss 许的欲望，现实中极端压抑的性欲——力比多，“除了性部位造成的性兴奋，全身各器官也都是性兴奋的源泉……我们可以建立起一种原欲量子的概念——‘自我原欲’（ego-libido）”①，转变为他的梦境。朱良玉的美梦假若不是被室友惊醒，梦中的朱良玉必然会去安慰意中人 Miss 许，甚至与意中人发生性关

① ［奥］西格蒙德·弗洛伊德：《性学三论》，贾宁译，译林出版社 2015 年版，第 91—92 页。

系，这是在现实生活中朱良玉极度渴望却又不敢实践的。《归来》伊始，单身时的蒲又筠曾梦到自己病入膏肓，学校中的几大美女周洁秋、黄曼华、沈雪莎、马静如齐聚病房安慰自己。与朱良玉类似，蒲又筠也十分渴望爱情的滋润，但现实中的他性格懦弱，能与沈雪莎恋爱、结合也是由于女方先表明的心意。现实中没有爱情滋润的他十分悲哀、痛苦，使他在梦境中变成了一个将死之人。现实中对美丽女性极度渴望的欲望，又使梦中的蒲又筠在将死之时得以群芳环绕。

陈白尘通过对蒲又筠、朱良玉以及“他”的心理状态、心理活动、梦境的详细剖析与描述、性心理的描写，展现了现代社会中的青年男性的精神面貌，反映其脆弱的心灵世界，呈现了时代青年男性的隐秘性心理。他们渴望女性、渴望爱情，却因自身性格的缺陷而怯于表白、追求，因此，他们的灵魂处于矛盾、苦痛之中。由此，书写、绘制了20年代青年男性的个人精神史。

结　语

陈白尘20年代的小说，以忧郁感伤的浪漫主义笔触细描现实世界中青年男女的爱情悲剧，揭示青年女性的悲惨命运，揭示了纯美的爱情、柔弱的女性终将被污浊、黑暗的社会所吞噬的社会悲剧与性格悲剧，以心理描写与梦境深入人物复杂幽暗的内心世界，呈现酷烈又清醒、疼痛又无奈的人生本相与人世百态。陈白尘的现代小说，特别是20年代的小说，创作上技法前卫、风格独特，紧跟时代、社会潮流，实属有待开掘的一座文学富矿。通过对陈白尘20年代小说创作的阐释与论述，一方面能够使陈白尘早期的小说作品重新回归学界与大众的视野，另一方面则能够建构陈白尘文学创作的完整风貌，从而使学界重新审视陈白尘小说创作的重要实绩，重新界定其在新文学中的历史地位。

生活史诗·原点审美·城乡叙事*

——近期江苏长篇小说创作观察

张光芒**

内容提要：江苏长篇小说创作一度在2018年出现了名家名作井喷式爆发的现象，2019年则回归到它既雍容沉潜又力道十足的常态。不过这是一次“新常态”，在反映新的时代世相、探索新的人性状态、表达新的思想旨趣方面均不乏名篇佳作。其一，能够在审美世界中将综合的成长史、立体的奋斗史以“生活史诗”的形式展现出来，这反映了文学的自觉，也是作家对于生活的自觉。其二，20世纪末以来，随着改革开放进入深水区，草根与创业成为一代青年人生命中的关键词，小说写出了其中的创业与励志，成败得失与涉世之痛。其三，城乡叙事与“原点”审美，即以动作感与时空感突出的小说叙事书写城乡题材。其四，革命历史题材与红色叙事收获颇丰，小说在抒发革命历史主义情怀的同时，发掘峥嵘岁月的人性本真与风俗民情。其五，在知识分子写作与新科幻小说颇有创新，特别是知识分子题材创作为我们展现了改革开放以来，尤其是21世纪以来更加剧烈转变的一个时代的复杂的社会矛盾和社会心理。

关键词：江苏长篇小说；生活史诗；原点审美；城乡叙事

---

* ［基金项目］江苏省社科基金后期资助项目“南京百年文学史研究”（19HQ018）。

** ［作者简介］张光芒（1966— ），男，博士，南京大学中国新文学研究中心教授、博士生导师，主要从事中国现当代文学思潮与文化研究。

江苏作为国内首屈一指的文学大省，其文学创作十分繁荣，其中长篇小说尤其发达。长篇小说历史积淀深，文化意蕴厚，是深刻了解一种区域文学与地方文化互动样态与内在精神特质的最重要的窗口。江苏长篇小说创作一度在2018年出现了名家名作井喷式爆发的现象，2019年则回归到它既雍容沉潜又力道十足的常态。不过这是一次“新常态”，在反映新的时代世相、探索新的人性状态、表达新的思想旨趣方面均不乏名篇佳作。

一 成长史、奋斗史与“生活史诗”

关于改革开放40年，无论是流行的乡土叙事，还是人们热衷于追捧的都市文学，都不能真正进入其中的肌理。这正是黄孝阳自觉意识到的重要思想。黄孝阳《人间值得》的封面上标有“先锋文学的扛鼎之作”的说法。在我看来，黄孝阳此前的诸多长篇，像《众生：迷宫》《众生：设计师》《旅人书》《乱世》等的确是先锋意味十足，但《人间值得》也许是他最不“先锋”的文本。这部长篇打破了两个“界限”，同时又重构了写作的两个“界碑”。打破的两个界限，一是城与乡的界限，乡土书写与城市书写的界限；二是精神与欲望的界限，或者说是灵魂与肉体的界限。他重构的个人写作史上的两个界碑，其一是“人间现实”，其二是“心理欲望”。《人间值得》的确是一个值得议论的话题，围绕着张三与七位女性几十年的故事，写出了主人公的贪婪、傲慢、淫欲、嫉妒、懒惰、猜疑、暴怒这“七宗罪”；而与此同时也与此相交织的是，小说同样展现了与“七宗罪”相对应的反相，即渴望、自信、性爱、进取、安静、好奇、力量等七种中性的或者带有正能量的人性质素。你可以说这是一部小人物的奋斗史，也可以说它为“一代人”立传，甚至还可以说它写了一个恶棍是怎样养成的。一言以蔽之，他们不可归类，这正是黄孝阳在勤奋写作多年并进入爆发期之后一次蓄谋已久的自我突破。正如作家在“创作谈”所说：“还有百个千个万个的‘他们’还活着，他们不是乡村秩序下的蛋，也不是都市文明的孩子，他们体内的基因片断是在一个被现代性浪潮重组的过程中，与中国改革开放四十年紧密勾连，有诸多崩毁残存，亦有突变进化。他们人至中年，现已多半在事实上成为县域政治经济文化各生态系统内的话事人，是权力的毛细血管，亦是各种潜规则与隐秘秩序的制定者，谙熟不同的话语体系，自如切换，能在一个时辰内分别扮演畜类与人类。”主人公不宜归类，因为在当代文学史上张三这类形象很少能够见到，只是没被充分地挖掘出来；在作家眼中，张三就是李四，就是王五，是一大批“他们”。“他们”不可归类，正是因为他们就是与四十年改革开放生活相伴随的一种深刻的典型。

而黄梵的《一寸师》既是小说主人公的一段成长史，也是作家本人的一次“原乡”之旅。小说故事起因于作家黄梵即“我”的老同学姜浩前来拜访，尽管二人有30多年没见面了，但仍然十分谈得来。“得知我在大学教书，他流露出了几分羡慕。他坦陈，除了打理自己的几处书店，他有个秘密爱好，尚无人知晓。在我这个老同学面前，他罕见地敞开了心扉。”关于登山这个秘密爱好，连姜浩的家人都不知。后来姜浩因登山失踪，“我”得到了他的手稿，并由此开始了对故乡黄州的寻访。在某种程度上，小说其实有两个主人公，即姜浩与“我”，同时小说也结合了虚构与非虚构两种叙事样态，即以“我”回故乡寻访之实写出了姜浩个人的成长史之虚。

黄孝阳与黄梵二位实力强劲的作家不约而同地在这一年度内推出了小人物的成长史，也不约而同地将审美目光聚集于县镇视域。正如黄孝阳意识到的，中国有2000多个小县城，这就是中国最基本的现实。写好了县城视域下的人，也就写出了“真实中的真实”。而在黄梵那里，他笔下的黄州小镇更具备“中国很多小镇的共性和影子”，它是中国历史和现实的立足点。围绕着姜浩发生在20世纪70年代的26个故事，便在黄州小镇串联了起来。但是“二黄”之间也有大异其趣的审美意旨，如果说黄孝阳的重心在于通过主人公的纤毫毕见的人性挖掘以证明“人间值得”这样过，也值得作家这样写；那么黄梵则将笔力的着重点落脚于今天人性表现的来源和根据。正如“封面语”所透露的：“那些生命里遇见过的人，都成了我们的‘一寸师’，他们教给的每‘一寸’道理，检验了我们活过、爱过、痛过的深度，也终将决定我们这一生要走的长度。”那小镇的宽广和包容，善与恶之间不乏人性之美的文化气息，这些都构成了作家“原乡”的根本价值与意义之所在。

能够在审美世界中将综合的成长史、立体的奋斗史以“生活史诗”的形式展现出来，这反映了文学的自觉，也是作家对于生活的自觉。高仲泰的《天堂鸟》也是这样的一部力作。这是一部将青春、婚恋、情感、家庭与事业完全纠结在一起进行生活化的叙事，而且作家有一个时间上的重点动机，即意图回到90年代的生活现场，这使该小说成为“90年代的生活史诗”。我很认可这样的说法，即所谓“生活史诗”。它强调的是小说叙事对于全部生活层面及人性复杂性的拥抱。像吴芳芳本是个如天堂鸟一般别致、纯净的女孩，热情大方，善良，富有同情心，勇敢地与比自己大十几岁的余鹏程相爱、结婚，但随着余鹏程忙于公务和应酬，家庭的复杂矛盾逐步展现，而吴芳芳的失落和世俗的一面也表现出来，终至出轨和离异。可贵的是，小说将这种复杂的过程写得符合生活的逻辑，也符合人性逻辑，虽有意外，偶然中寓含必然。更为重要的是，尽管有这些事情的发生，余鹏程却仍然在内心保持着对于美好的向往。书中有言：“生命是一场觉醒的旅程，所有的痛都将唤醒爱和宽容。”小说拥抱全部的生活，立体、多面地回到90年代，也可视为是一种新的怀旧意识在觉醒。

二 创业与励志，成败得失与涉世之痛

20世纪末，随着改革开放进入深水区，草根与创业成为一代青年人生命中的关键词。苏迅的长篇小说《逆袭成龙》就是这样一部小说，也可以说它是都市小说、励志故事、青春文学的结合体。这部小说带有浓厚的自叙传色彩，主人公易一天带有作家本人的影子。作家为追求梦想，只身一人徒步走过许许多多的地方，做过教师、旅行者、流浪人，卖过报、收过货、摆过摊，打过各种短工，像洗车工、服务员、推销员、收

货郎等。这种生活经历与生命体验，天生就是一个创新型作家的必备功课。开始的时候，易一天像很多愤青一样也是满口牢骚，但却不乏真知灼见："这是一个物欲横流的时代，许多人的心灵都已蒙上灰尘，甚至结了硬痂，文学济世的功能已经消退，只有金钱才能重新唤醒它们，令人疯狂。"他深感怀才不遇，但从未动摇和放弃自己的作家梦。小说题名中一个"逆"字道尽了奋斗人生中的激情和情爱路上的浪漫。

王履辉长篇新作《天道酬正》以较少见的风云变幻的建筑行业为题材，既猛烈地鞭挞了贪欲和腐败，也歌颂了人间的正直和良善。小说借人物之口总结出了一套似乎无往不胜的生存法则："权是金，钱是银，金贵银贱。色是魂，软金银，交换最灵。权钱色三欲是腐败的根，却又是交换中的一张通行证。"但在天道酬正的更高法则之下，这张"通行证"终至显露出它本质上的荒诞和可悲。王履辉本人是一名颇有建树的建筑工程师，素以建筑行业的书写见长。该作主题较为宏大，但在叙事艺术上并不落俗套，独到地融合了强烈的时代感与浓郁的地域特色，也精彩地实现了审美法则与艺术个性的统一。

与王履辉有些相仿，作家孙群也参与过高架施工等重大工程，作为企业宣传人员深入施工一线，对重大工程中技术攻关、创新发明等并不陌生。这样的职业经历与一般文人作家显然有很大的区别，他们对于历史上文人视为奇技淫巧的技术发明有着特殊的感情和敏感的嗅觉。孙群偶然接触到《三国志·裴松之注》中仅仅千余字的《马钧传》，便触发了大胆的想象与合理的虚构，以洋洋 56 万言的长篇历史小说《三国发明家·马钧》展现了古代发明家跌宕起伏的传奇人生。小说内容丰富多彩，连机械原理都被描述得头头是道，故事紧凑动人，情节环环相扣。在"工匠精神"备受推崇的当下，《三国发明家·马钧》虽然系为古代发明家立传，却依然充满着创新励志的现实主义精神，的确值得一读。

"80 后"作家朱苑清的《被太阳晒热》也属于创业、青春与情感题材的长篇创作，其艺术品位与揭示现实的思想深度不可低估。小说主人公以作家本人创业的经历为原型，既是海归，也是草根。在生活洪流紧紧裹挟之下，主人公在城市商场中的创业史，没有多少明亮的色彩，充满了小人物的生存焦虑与涉世痛感。这也正是该小说的独特之处。它告别了塑造人物的一种模式，即不以成功或失败来定义人生，而是更关注人的意义和精神价值本身。聚焦于过程，并在这一过程中寻找精神出口与心灵安放的灵魂诉求，非常深微地勾勒出复杂社会情状下人们祈望守护的精神家园。小说以励志见长，但极易引人共鸣，启人深思。

著名作家陈武的《水晶劫》以晶都东海县为“原点”，描写了史丽娟、江大海等一群热血青年艰苦创业的故事，也深刻地表现了他们丰富细腻的情感世界。这虽然是中国首部描写水晶行业沉浮的长篇小说，但作家的思想锋芒显然比“创业史”走得更远，真正建构的是“生活史诗”。作家的审美旨趣也比水晶之美还要更加炫目多彩。正如有评论家所指出的：“陈武先生是一位能写出引起人阅读兴味的小说的作家，他找到了很好的小说的入口，他也有着小说家内心的纯粹。作为小说家，陈武是心怀柔软的，他用自己的小说之笔，终让史丽娟和江大海合理合情地成了夫妇，他也为葛萍萍找了一个归宿——董小七。能为晶都这样一个除了水晶这一地域性特色的物产之外，与其他城市并无甚太多相异之处的城市，写成这样一个有着生活的本色和底色，同时又告诉我们，生活，情感，我们的周遭，其实是有着很多的可能性。”①

姜琍敏的长篇新作《心劫》是2019年江苏文坛上情感婚恋题材不可多得的重大收获。小说以1980年最后一天的那个如梦似幻的雪夜写起，刚借调到科技馆宣传科工作不久的年轻小伙林远飞，与那位叫郑小彗的笑吟吟而又带着几分羞涩的“穿着件紫红底黑隐条布质棉袄的女孩”因为心动而相亲相爱了。“此时他仍没有意识到今年的第一场雪会就此降临”，这句描写似乎在暗示，因为这一次激情，在此后长达近30年的时间里，他要经受怎样的始料未及的悲剧。林远飞并没有娶郑小彗为妻，而是娶了别人，但郑小彗始终不放手。郑小彗以感情受骗、怀上他的孩

① 刘艳：《找好小说的入口与小说家内心的纯粹》，《西湖》2019年第10期。

子、养他的孩子等为理由，一次次的声讨、要挟、恐吓甚至敲诈，让林远飞的日子过得痛苦不堪。甚至林远飞在一次病中立下遗嘱留给他们的非婚生子几十万遗产。直到故事结尾，才揭开真柜，原来私生子云云只是对方杜撰出来的。这部小说被出版媒介描述为“一部荒诞小说”“长篇情感悬疑小说”。其实它既不荒诞，也无所谓悬疑。虽然郑小彗像乌云一般笼罩着林远飞的一生，用谎言残忍地折磨着他，但她的爱，她的不能忘情，试图维持两人关系，这些都是真实的。林远飞似乎背负着不该背负的巨大心理负担，但他们一度拥有的激情，他因道德良知而充满忏悔的内心世界，这些也都是真实的。关于私生子的谎言，其主要的审美功能在于提供了探究扭曲的爱情与复杂的人性的渠道。林远飞的荒诞人生既导因于外来的心劫，同时也源于因良知而自造的心魔。小说由此充满了人性挖掘的坚硬力度。

三　城乡叙事与“原点”审美

刚看到王桂宏长篇新作《原点》这一题名时，我不由联想到“初心”。读完小说后深感这一联想未免颇有偏差。我们常说不忘初心，但“初心”相对来说抽象多了，也模糊多了；而“原点”就有动作感、时空感，更适合形象化思维的小说叙事加以使用。前者有时未免有宏大叙事之嫌，而后者则充满了新历史主义的小叙事、微叙事、地方叙事和野史、稗史的元素。小说叙事亦以改革开放几十年来的历史进程为背景，写了当年大山深处蟒潭中学陈心城与柳芳娟、曹爱军与曹珍芳两对恋人的故事。柳芳娟与陈心城考上大学走出山村，离开原点，奔向梦想。曹爱军与曹珍芳因落榜留在原点。但几十年之后，四人又重聚于山村。特别对于陈心城来说，从山村到城市再重返山村这一过程，既是复杂的，也带有某种必然性。其中有着受教于生活的被动性，比如他因所谓生活作风问题断送前程等；也有故乡淳美人性与人情的召唤，比如乡邻滴水之恩涌泉相报的朴素与赤诚，再比如未飞出大山的同学反而收获令人渴望的爱情和幸福的对比；更为重要的则来自其内心深处“初心”的苏醒，回到原点，重整身心，再度扬帆，成为他新的义无反顾的选择。这又使他的回归带有极大的主动性，是对人性原点的回归，也是自我救赎的出发点。可见小说的城乡叙事，充满了辩证意味的反思现代性的现代性之思。

符泽的《柳儒镇》也是以具有中国特色的乡镇为基点的叙事。这部小说由上海文艺出版社出版，封面上标注为“长篇悬疑小说”，因为小说的整体叙事结构是围绕一位地级市市长在柳儒镇离奇死亡的重大案件展开。故事情节跌宕起伏，悬念迭出，具有很强的可读性与趣味性，很容易让人误以为是一部纯以情节取胜的悬疑、公案类文本。但悬疑小说仅仅是该小说的表层结构，实际上小说在深层结构上主要反映了改革开放几十年以来的生活变化与心理变迁。柳儒镇是小说虚构的一个带有浓厚的江南地域文化特色的历史文化名镇。这里自古柳树多，儒生多，物阜民丰。但20世纪末以来，由于盲目开采和发展化工产业，带来了严重的环境污染；与此同时，文化传统日渐荒废，道德沉沦，人心不古。这构成了小说叙事的宏大背景。小说侦破案件的过程牵连出各色人物，有官员和商人，也有企业家和读书人，有憨厚山民和新型农民，也有酒鬼和疯子。他们的出场既纠结了人心层面上美丑善恶的搏斗，也涵纳了文明与野蛮、正义与邪恶、腐败与反腐败的重大社会主题。

这部小说仍然以40年的改革开放为背景，以基层为基点，主人公方旭明则是一位在充满坎坷的道路上摸爬滚打的乡镇企业家形象。作家本人集草根作家与企业家于一身，在小说创作领域颇有成绩。这使得小说在表现主人公可歌可泣的创业史的叙述中，不拘泥于事件本身，不迷恋于成功故事，发力于挖掘世道与人心的交织，刻画形象内心世界的丰富性与复杂性。主人公在激烈的竞争中，既有侠肝义胆的担当和气魄，也有犹豫彷徨的消沉和矛盾；在感情纠葛中，既有追求真情的执着和坚守，也有不被理解的失意和难以把握命运的无奈。同时，小说叙述和语言表现出浓厚的地域文化色彩，比如“西瓜的恩情”“干净的灵魂”“我的新娘”等几章细节非常丰满，充满了生活趣味，颇有引人入胜的审美力量。

水乡书写历来是里下河文学流派的特长领域。戴中明长篇小说《沉浮》以 20 世纪 40 年代里下河地区的一座水城为背景，描摹了兵荒马乱，水城几度易主的故事，将人的命运的沉浮与城市的沉浮纠结在一起。主人公蒲生以及与几位女性的爱恨情仇铺陈为命运沉浮的审美主线。蒲生在时势变幻中由一个城市商户的少爷沦为米行小伙计，其中有“安分守己、决不惹事”的谨言慎行，也有“做人难，做狗也难”的慨叹。命运的沉浮背后隐藏的是人性的沉浮和自尊的价值。作家特别擅长也非常热衷于挖掘这特定地脉与水域的独特风味和品格神韵。旖旎优美的水荡风光、质朴淳厚的民风乡情、鲜活浓郁的生活气息，使小说同时成为一卷水乡小城的市井风俗画，极大地提高了小说叙事的文化内涵和审美境界。周新天的长篇小说《桑园坡》也是里下河流派的重要收获，也充满着浓郁的区域文化色彩。它以乡村振兴为题材，以苏北平原为背景，围绕乡宣传科干事陆育松的故事展现这里人们的所思所想、喜怒哀乐与生活状态。小说使用了大量的地方方言、谚语俗语、民间笑谈，读来趣味横生，非常动人。

四　革命历史题材与红色叙事

革命历史题材小说收获颇丰。沧海桑田，真情永恒。张新科、沙黑、施向平、魏嘉陵、杨洪军、安宁等作家多以人物之于民族、故土、家国的热爱为切入点，在抒发革命历史主义情怀的同时，发掘峥嵘岁月的人性本真与风俗民情。

“钟山风雨起苍黄，百万雄师过大江”。1949 年 4 月 23 日，南京解放，地覆天翻，历史掀开了新的一页。70 年后的 2019 年，对南京怀有深厚情感的作家张新科，继《苍茫大地》《鏖战》之后，推出其“英雄传奇三部曲”的收官之作——长篇小说《渡江》，将中国人民解放军百万雄师横渡长江这一辉煌、庄严、重大的历史事件，用文学的特殊方式记录下来，为其树起一座纸上的丰碑。作家在南京、九江、芜湖、无锡、上海、江阴、金坛等与渡江战役相关的地点收集了大量的回忆录、档案等资料。这些珍贵的历史资料奠定了小说创作的基础，也进一步激发了作家的想象，在书写当时的中共中央军委运筹帷幄、高屋建瓴领导指挥渡江战役的同时，更细腻、形象地刻画了赵家祺、张铭宇、李诗蓝、老王等典型人物形象，将笔墨推进到历史大事件的肌理内核。作品情节跌宕起伏，细节丰满真实，地域文化特色鲜明，既宏阔宽广地反映了从策划渡江到解放南京的整个过程，又彰显了革命战士、人民群众排除万难、英雄无畏的高尚品格，革命历史、人物成长和风俗民情等多重因素在张新科笔下得到了审美的融合，呈现出深厚的现实主义人文主义情怀。

惊险曲折的故事情节、细腻真实的细节描写之外，2019 年度革命历史题材小说对人物内在精神世界和地域乡村风俗民情的刻画、书写也进一步提升了作品的文学性和审美价值。安宁的长篇纪实小说《丁香花开了》的主人公丁香 1910 年生于常熟，在东吴大学读书期间加入了中国共产党，遇到志同道合的爱人阿乐，美好真挚的爱情与炙热的革命理想让这个本是弃婴的女孩品尝到幸福的滋味，但是她后来却在执行任务时不幸遇害，年仅 22 岁。深受烈士影响的阿乐坚守革命理想，且独身 18 年，直到遇见一个酷似丁香的姑娘。丁香花谢了又再开，热烈感人的革命理想主义情怀与美好淳朴的爱情故事书写传奇，更书写心灵，其散发出的思想光辉也更打动人心。

十年磨一剑。魏嘉陵长篇小说《特别党产》将故事背景设置在抗日战争最困难的时期，新四军连长陈大龙与母亲——地下党支部书记陈三姑、未婚妻——游击队长罗亚男，奉命执行突破国民党经济封锁，自力更生继续抗战的艰巨任务，在经营党产、运送党产、保护党产的特殊战斗中，将亲情、爱情和革命激情巧妙相融，在贫富、生死等考验对比中凸显共产党人高尚无私的意志品格，显现出特别的思想艺术魅力。

同样取材于抗战题材的施向平的小说《烽火线上的月月红》，在掌握大量史实的基础上描绘了新四军交通员在运河烽火线开辟地下交通线的故事。作者施向平曾创作出版了抗战题材长篇小说《车桥战役》《淮宝支队》。新作《烽火线上的月月红》以四季常开、鲜红似血的“月月红”为象征，在亲情、爱情、战友情的绵长歌咏中，在战争背景、运河文化、民俗风情的细腻描摹中，批判侵略者的残暴无情，更凸显中华民族、运河波涛孕育下的战士、群众的英勇无畏的美好品德和对真善美的热烈向往。

杨洪军的长篇小说《疆场》则将笔墨从地下战线转向壮怀激烈、炮火连天的疆场，以16章篇幅生动再现了台儿庄战役中第60军官兵浴血奋战的画面，塑造了一批典型的英雄人物形象。文本架构博大，笔力雄浑，描写酣畅淋漓，充盈着当下文坛难得一见的悲壮美、崇高美，读来令人动容，感人至深。

新时期以来，苏北里下河的田园、溪流、小小村落，乡土、乡亲、浓浓乡音，孕育了影响日剧的“里下河”文学流派。泰州作家沙黑创作的20万字小说《旧庄遗事》，成为里下河文学流派的又一收获。小说将20世纪三四十年代的抗日战争生活与农事场景、婚丧嫁娶等“旧庄”水乡特有的风貌民俗相结合，在书写地下党率领群众砥砺前行、抵御外侮、保家卫国的同时，更深入剖析了年轻人思想灵魂的激荡及其追求进步的心路历程。

五　知识分子写作与新科幻小说

2019年度，叶炜以构思庞大的“转型时代三部曲”引起文坛的瞩目。2015年的时候，叶炜用了15年的时间创作完成了“乡土中国三部曲”《福地》《后土》《富矿》。在“乡土中国三部曲”中，他在绵延近百年的叙事中把中国从晚清到近现代的整个乡村中国的历史和现实的复杂性表现得非常彻底，体现出作家想在历史当中寻找、回答现实问题的宏大愿景。在“乡土中国三部曲”中，我们看到了叶炜一直在有意识地建构一种“大小说”，向着“人类学小说”的方向努力。2019年，叶炜又比较密集地推出了他的三个新长篇《裂变》《踟蹰》《天择》，合称为“转型时代三部曲”。我认为从百年乡土中国历史，到新世纪之交的转型期，从乡土题材到都市题材，从农民形象到知识分子和新人类群体，叶炜的三部长篇新作可以说是敏锐地触摸到了转型期中国知识群体的心理惶惑和精神裂变，以及都市生活的动荡不安和多面的交锋。

读“转型时代三部曲”不时让人想起茅盾在大革命时代写的“蚀三部曲”《幻灭》《动摇》《追求》。“蚀三部曲”反映了大革命前后小资产阶级知识分子和当时的社会环境之间独特的一个矛盾状态。“蚀三部曲”丝毫不回避历史教训，显示了茅盾对当时中国社会的深刻的认识和把握，还有清醒的现实主义批判精神。那个时候是大革命时代，现在是大变革时代，我感觉叶炜也像当年茅盾那样试图展现大变革时代的一系列矛盾。“转型时代三部曲”中的《裂变》写了主人公大学教授史真幻灭、追求的心路历程，特别是写了他的复杂矛盾的心理。小说中他如同进入了鲁迅所说的“无物之阵”，感觉到很难办，但是又找不到这个压抑的力量从何而来。叶炜把这个人物理想幻灭的过程写得非常细致、感人。这个人物最后很无奈，离开了他原来所在的实验室，也是他深深爱着的实验室。这样一个幻灭过程，我觉得叶炜写得非常惊心动魄。正如这部小说题记所说：“尘归尘，土归土。”叶炜把这样一个幻灭的过程、心路历程写活了。

《踟蹰》的主人公陈敌始终在两个女人之间犹豫，这两个女性一个叫李巧，一个叫郭聪。陈敌始终用身体上的狂欢来消解精神上的疼痛。这两个女性恰恰隐喻了一个犹豫矛盾的状态。小说的题记是“回不去进不来”，简单地说就是乡村的人进不来城市，这样一种踟蹰状态，正好是一种动摇的状态，这正可视为幻灭和动摇。

在第三部《天择》中，作家采取了一种非常独特的视角，它不是全知视角，也不是真正的第一人称视角，小说中的“我”有时候是课桌，有时候是主人公的那张床，能看到别人看不到的事情，有时候就是一个小动物。通过这些叙事视角，非常真实和独特地塑造了牛万象等人物。可贵的是，牛万象在经历了复杂的幻灭和动摇之后，最后依然呈现了重新选择和追求的姿态，这又呼应了茅盾的“追求”。这部小说的题记“来路即归路”，预示了小说最后“他再次选择了远方，但并不知道那是否又是一个虚无缥缈的乌托邦”。尽管是乌托邦，他仍然要选择走向远方，仍然有一个追求的意识。总起来说，“转型时代三部曲”为我们展现了整个改革开放以来40年，尤其是新世纪以来更加剧烈转变的一个时代的复杂的社会矛盾和社会心理。

新锐科幻作家吴楚迎来一个创作高潮期，近期推出的两部新科幻小说《无光之地》《记忆偏离》均引发读者关注。在吴楚笔下，古今穿越、平行世界、记忆偏离、精神病患等，这些因素成为人性的新型显影板，演绎揭示着人类无可超越的局限性。借由新的叙事平台和审美路径，我们得以重新审视个体与自身、他人、外界的关系。新世纪以来，不少作家想象力枯涩、思想力贫乏，艺术表现力欠缺，作品低于生活，文学艺术的呈现远不如现实精彩。而吴楚的新科幻小说开启了一个新的方向，其文本构思精巧又不为玄幻而玄幻，情节跌宕起伏又不单纯渲染悬念，气韵生动而不一味追求怪力乱神的外在功夫，在异态、偏离、阴谋、玄机等叙事技巧背后深蕴着现实主义的人文关怀。

《无光之地》写互不相识的三个人，考古学家钟离、媒体编辑赵启光、户外运动爱好者陈极，冥冥之中撞入数百光年外的“瑟拉”文明安排的“神迹”命运的故事，无论是见证历史的幻象，还是预言未来的灾祸，抑或是闯入未知的世界，无论他们的遭遇多么神奇，他们均无法超越文明的危机，无从更改或隐或显的本性，无从跳出人性阴影的笼罩。

2020年的春天，一场可怕的瘟疫笼罩全球，给人们带来巨大的身体和心灵的伤痛。而《记忆偏离》中，一种被诊断为“记忆偏离”的疾病也似瘟疫一般迅速蔓延。主人公精神病医生秦文追根溯源，突破重重障碍探查疾病真相。科幻、悬疑、侦查、阴谋，计中有计，幕后还有推手。故事高潮迭起，引人入胜。而从根本上而言，人类的记忆真的是忠实的吗？理想与现实，感情与理性之间又总是充满矛盾。我们善于回避真相，麻痹内心、渴望理想、追求美好，可是往往被现实灼伤，又总是戴着面具扮演着正常。善与恶，情与理，记忆、梦想与现实，在这多维时空、多重视角的建构中，小说对人性的思考和追问令人回味无穷。

无独有偶，莫一一的悬疑刑侦言情小说《明日记忆定格》也在记忆问题上做文章。不同于记忆的偏离，该小说写的是记忆的定格，人生时钟会因所涉案件悬而未决而定格于案发的一瞬间。小说叙事由此交织了不同个体的记忆的追问和碰撞。在记忆与真实，光明与黑暗、感性与理性的张力的建构中，小说别出心裁地探寻了人性的谷峰与生存的意义。

区域文化与比较文学研究

主持人：熊飞宇副研究员

主持人语：

笔者一直以为，区域文学的研究，倘以国别为单位，进而以此为津梁，为筏渡，当可通达世界文学的广阔天地。本辑所收五篇文章，即是这一构想的再次证实。现逐一介绍如下。

朱利安·巴恩斯（Julian Barnes）为时下引人瞩目的后现代主义作家，与马丁·艾米斯（Martin Amis）、伊恩·麦克尤恩（Ian McEwan）并称为英国当代文坛三杰。其创作，较偏嗜异域风情，多塑造异国形象，而尤以法国和俄苏为最。新近小说《时代的喧嚣》（*The Noise of Time*），或译作《时间的噪音》（严蓓雯译，译林出版社2018年版），是作家在德米特里·肖斯塔科维奇（Дмитрий Шостакович）诞生110周年之际，献给“那怯懦却从未真正屈服的音乐之魂”的作品，标题则取自奥西普·曼德尔施塔姆（Осип Мандельштам）的自传名。熊晓霜敏锐把捉文学热点，通过层层剥笋，展现出朱利安·巴恩斯对他国政治与文化的文学想象的多重维度，即历史想象、政治想象与文学想象。论者于俄苏文化浸淫已久，所作解读，自有洞见。

亨利·赖德·哈格德（Henry Rider Haggard）则是成名于19世纪的英国小说家，创作甚丰，其中最著名的是“艾伦·夸特梅因”和“艾莎”两个系列，而《所罗门的宝藏》和《她》首次将“湮没的古代文明”真正融入冒险小说的基本框架，被誉为“西方幻想冒险小说的开山之作”。后殖民理论勃兴之后，论者亦常将哈格德的小说作为例证加以阐发。不过，后殖民主义实际上是杂糅种种新奇的理论眼光，从新异的不同视角重新观照西方和东方，这对于宏观层面的区域文化与文学研究而言，无疑会别开生面。正是在此视域下，周子玉、谭心顺认为，哈格德的“艾莎”系列小说，在塑造殖民地母权空间的同时，又在其中塑造了对此空间进行抵抗的帝国男性形象；同时借助“观看”这一行为，实现了“男性/女性＝宗主国/殖民地”权力等级结构等式的不断颠覆和重新回归。

文学研究自空间转向以来，其有关面向不断拓展，内涵亦不断深化。单就“文学空间”而言，莫里斯·布朗肖（Maurice Blanchot）的《文学空间》，展现出对小说和评论新途径的寻觅与探求，其中也灌注着论者的极限体验；就“生成—动物与文学”而言，作为吉尔·德勒兹（Gilles Deleuze）“生成—他者”理论的重要议题，“生成—动物”不是文学的一种类型，而是一部特殊的机器，是通过文学不断地实验新的生命形式和样态，它所传达给我们的，往往是家园的撕裂感。至于将文学中的空间与动物结合起来进行讨论，则是不乏新意的理论尝试。李元乔之文，在此一论域中，具有引论性质，期待作者在今后的研究和论述中，能进一步具化和细化。

辰野隆（1888—1964），日本研究和介绍法国文学的先驱者之一、随笔作家，译有莫里哀（Molière）的《恨世者》、博马舍（P. de Beaumarchais）的《费加罗的婚姻》等。但其早年所学，却非法国文学，曾先后毕业于东京大学的德国法律系（1913 年）与德国文学系（1916 年）。后以东京大学研究员身份留学欧洲，并以《波特莱尔研究序说》获得文学博士学位。其门下弟子，出名者甚众，如中岛健藏、渡边一夫、小林秀雄、三好达治等，均各擅胜场，是日本学界译介法国文学的一支劲旅。“纯粹诗歌”（Pure Poetry）（简称“纯诗”）是法国象征主义诗歌运动的核心概念之一，一般认为，最早出现于波德莱尔（Charles Pierre Baudelaire）的《再论埃德加·爱伦·坡》（1857 年）。保尔·瓦雷里（Paul Valery）曾以之为题，专文予以阐发。他认为，一方面，诗是以语言为形式，表现人们所能感触的世界的幻象；另一方面，则又承认纯诗是“一个达不到的类型”，是“诗人的愿望、努力和力量”的“理想的边界”。《关于纯粹诗歌的论争》是辰野隆就当时法国文坛的有关动向，及时向日本读者所作的详尽介绍，现经刘静翻译，无疑会让这一重要的文学术语，及其背后曾经风起云涌的文学思潮，在法国、日本与中国学界之间，重现一段跨区域的回旋流转。

琉球（冲绳）是一个中国、日本、美国等多种力量（包括政治、文化、军事等）复杂交错的历史场域。在此构筑的文学空间，自是别具一格。素有“日本巴金”之称的大城立裕，是琉球近现代文学最具代表性的作家。其作品，如置于后殖民视域之下观照，常有难以言表的历史意识及身份问题；但其文学自律性的主张，则又显示出作家跳脱种种纠葛、超越种种局限、表达普世价值的愿望与努力。常芬的论文，以《琉大文学》与大城立裕的文学论争为中心，对大城立裕文学自律性的主张，从历史层面和理论层面加以剖析和探讨，具有较强的说服力。

以上五文，或作理论探讨，或是作品解析，或为作家专论，或是翻译介绍，但都呈现出跨区域、跨文化的特征。而文口的思辨之光，亦交相辉映，焕发出迷人的五彩斑斓。

《时代的喧嚣》中的他国政治与文化想象

熊晓霜*

内容提要：英国当代作家朱利安·巴恩斯的《时代的喧嚣》以苏联著名作曲家肖斯塔科维奇为主人公，小说全面审视了肖斯塔科维奇的个人生活和苏联斯大林时期的艺术与政治。作为一名英国作家，巴恩斯非常偏爱俄国历史和文学，这部小说一方面依据翔实的历史材料，另一方面通过作者个人的叙事与虚构才能，为我们展现了作者对他国政治与文化所展开的文学想象可以具有的多重维度。

关键词：朱利安·巴恩斯；《时代的喧嚣》；他国形象

作为土生土长的英国作家，朱利安·巴恩斯（Julian Barnes，1946— ）却一直很偏爱异国风情。他父母都是法语教师，他本人精通法语，钟情于法国文化。巴恩斯广受好评的代表作《福楼拜的鹦鹉》（*Flaubert's Parrot*）就通过一个英国人游历法国对法国和福楼拜本人展开了颇有意思的文学想象。2020 年，其最新出版的小说《穿红大衣的男人》（*The Man in the Red Coat*）再次把背景放在了法国 19 世纪末 20 世纪初那个艺术和文学繁荣昌盛的"美好年代"（Belle Époque），描写了法国医生波兹和他的朋友们眼中的英国，以及王尔德等英国文学家眼中的法国。除了法国以外，巴恩斯还比较偏爱俄国文化。在巴恩斯的短篇小说集《柠檬桌子》

* ［作者简介］熊晓霜（1982— ），女，博士，绵阳师范学院副教授，主要从事当代欧美文学研究。

(*The Lemon Table*) 中收录的《复活》(*The Revival*) 一文即以屠格涅夫为主人公。在他的其他作品里，也能感受到他对普希金、果戈理、契诃夫、左琴科等俄苏文学大师的熟悉与热爱。朱利安·巴恩斯早期的小说《豪猪》(*The Porcupine*) 也显示了巴恩斯对俄苏的兴趣不仅在于文学创作，还涉及了政治领域。

朱利安·巴恩斯 2016 年出版的小说《时代的喧嚣》(*The Noise of Time*) 是其近年来知名度最高的作品，虽然这部小说并非他第一次尝试对苏联社会和历史进行艺术想象，但由于西方社会对苏联历史的一贯好奇和政治偏见，这部作品一出版就引起了广泛的关注和讨论。再加上《时代的喧嚣》主人公苏联著名作曲家肖斯塔科维奇 (Dmitri Shostakovich) 本身所具有的争议性也给这部小说增添了不少谈资。目前看来，这部小说可以说获得了部分评论者极高的评价。《卫报》(*Guardian*) 评论认为："(巴恩斯) 给了我们一部具有强烈感染力的、简练精致的杰作，这部作品描绘了一个男人在难以忍受的极权主义残酷统治下长达一生的内心战争和他的艺术生涯。"[①]《伦敦书评》(*London Review of Books*) 认为："不论从小说的角度还是从真实的历史上的肖斯塔科维奇形象来说，《时代的喧嚣》都是一次非常精彩的模仿。"[②]

海登·怀特 (Hayden White) 认为，现实主义的小说家和历史学家在很多方面有着相似性，"它们都相信对可观察到的事实进行如实描写的可能"[③]。然而在巴恩斯这类后现代主义小说家那里，"真实"成了怀疑和重构的对象，琳达·哈钦 (Linda Hutcheon) 提道："后现代主义小说，比如《福楼拜的鹦鹉》、《临终遗言》(*Famous Last Words*)、《幻想》(*A Maggot*) 公开宣称从来就没有过单一的'真实'，仅仅只有'真实'的

---

① Alex Preston, "The Noise of Time Review-Julian Barnes's Masterpiece", *The Guardian*, No. 17, January 2016.

② Sheila Fitzpatrick, "Zanchevsky, Zakrevsky or Zakovsky?", *London Review*, No. 18, February 2016.

③ Hayden White, "The Fictions of Factual Representation", *The Literature of Fact*, Angus Fletcher ed., New York: Columbia University Press, 1976, p. 25.

复数，因此从本质上来说就不存在‘虚假’，只有另一种‘真实’。”① 当这种“真实”的对象是异国形象时，对其的重构变得更加复杂。形象学研究者认为，作家对异国形象的重构不仅有形象与幻想的差异，还有乌托邦与意识形态的对立。然而后现代小说中的异国形象，因为支离破碎的情节、模糊抽象的主题往往很难纳入此种二元对立模式。在《时代的喧嚣》中，我们可以看到巴恩斯一贯的怀疑主义态度，从历史的真实性延伸到了政治、艺术、个人等多个方面。通过否定历史、否定文化的单一性、拆解二元对立，小说主要是用文学想象的方式向我们展示了“真实”可能具有的多重维度。

一 第一维：历史想象

《时代的喧嚣》的叙事方式相对来说是单一的，全书采用了传统的第三人称叙事，而且叙事视角始终是肖斯塔科维奇本人。在希拉·菲兹帕特里克（Sheila Fitzpatrick）的书评里，她提道：“在我读这本书的时候，我有时会疑惑为什么巴恩斯要采用一种肖斯塔科维奇独白的叙事方式，考虑到《福楼拜的鹦鹉》给了我们与小说主题相关的大量的不同观点，《尚待商榷》（*Talking It Over*）给了我们一场三角恋的三个不同切入视角；就连《豪猪》也同时呈现了希腊合唱团和保加利亚本地人、被告和公诉人两种对立的立场。”② 的确，与《福楼拜的鹦鹉》的实验性不同，《时代的喧嚣》并没有并置历史、当下、文学作品几个平行的叙事时空；与《十又二分之一的世界史》的戏仿也不同，《时代的喧嚣》更没有跳跃于多重的历史和文本之间。《时代的喧嚣》可以算是一部完整的人物传记，小说紧紧围绕着肖斯塔科维奇的一生，从他出生的洗礼、他的命名直至他生命的最后时刻。然而历史应该是连续的、线性的，巴恩斯可以将肖

① Linda Hutcheon, *A Poetics of Postmodernism: History, Theory, Fiction*, New York and London: Routledge, 1988, p. 109.

② Sheila Fitzpatrick, “Zanchevsky, Zakrevsky or Zakovsky?”, *London Review*, No. 18, February 2016.

斯塔科维奇的一生划分为少年、中年、老年。但他却将肖斯塔科维奇的一生打碎，形成若干个片段，以空间为主：彼得堡、美国和莫斯科。《时代的喧嚣》抓取了肖斯塔科维奇一生中的三个关键生活场景，重新排列组合。小说由此分为《在降落时》《在飞机上》《在车里》这三个部分。

《在降落时》叙述的主要时间是1936年，肖斯塔科维奇两年前创作的歌剧《姆钦斯克县的麦克白夫人》（*The Lady Macbeth of Mtsensk*）在国内外大获成功，一时间声名鹊起。这自然引起了文艺爱好者斯大林以及克里姆林宫的注意，在官方授意下，《真理报》发表了一篇针对他的批评文章《不是音乐，而是胡闹》，瞬间倾覆了肖斯塔科维奇的生活。然而小说淡化了文化大清洗这一历史背景，而是将注意力放到了肖斯塔科维奇的私人生活中，尤其是他在事件后所形成的一个惯性动作：每天晚上，他都彻夜不眠，提着行李等在住所的电梯旁，等待着被捕。肖斯塔科维奇的前半生于是伴随着他所等待的电梯的上升和降落一一呈现在读者面前。小说的第二部分开始于12年后，1948年，因为斯大林态度的转变而又重获政府认可的肖斯塔科维奇参加了苏联访美艺术代表团。和第一部分一样，十几个小时的飞行时间被无限拉长，肖斯塔科维奇在飞机上回顾了与希特勒的国家战争及与斯大林的个人战争交织而来的12年的恐惧和躲藏。作者用肖斯塔科维奇降落在中转站雷克雅未克之前的那几个小时来展示了美国之行给他所带来的强烈冲击：那种表面的成功和实际的耻辱互相交织的矛盾感。小说的最后一部分《在车里》则缺乏明确的时间点，描述的是肖斯塔科维奇坐在他的伏尔加轿车里，行走在莫斯科的繁华大街上。这一部分主要描写肖斯塔科维奇的晚年，尤其是1960年和1972年，在1960年，他当选为苏联友好协会音乐部主席；在1972年，这是一个他应该去世的闰年，然而他却并没有："看来1972年要带给他的厄运并非他的死亡，而是他的继续活着。"① 几年以后的1975年，肖斯塔科维奇死在了另一个闰年来临之前。

① Julian Barnes, *The Noise of Time*, New York: Alfred A. Knope, 2016, p. 182.

1936年、1948年、1960年和1972年都具有一个共通点，它们都是闰年，这就是《时代的喧嚣》所选择的叙事的关键时间点。为什么要选择闰年？小说中这么写道：“他一直都很迷信闰年，像许多人那样，他相信闰年会带来厄运。”[①] 海登·怀特认为历史写作包含了认知、审美和道德三个层面，就认知的角度来说，历史与文学本为一体，然从其分离开始，“西方近代史学的发展乃以‘科学式史学’（Scientific History）为主轴……”[②] 历史被看作从属于科学，历史意识应该准确而非臆断，客观而非主观。很显然，《时代的喧嚣》神秘主义的迷信态度并不符合科学的历史观。实际上，巴恩斯之前的历史小说，科学性其实是为人称道的一个部分：《亚瑟与乔治》所描写的柯南道尔的生活史实，甚至得到了柯南道尔的传记作家莱塞特（Andrew Lycett）的称赞；《福楼拜的鹦鹉》中福楼拜的生活年表不可不谓详尽准确。

在小说的后记里，巴恩斯表示关于肖斯塔科维奇的生平材料主要来自两部传记作品，一部是伊丽莎白·威尔森（Elizabeth Wilson）出版于1994年的《肖斯塔科维奇传》（*Shostakovich*：*A Life Remembered*），另一部是所罗门·伏尔科夫（Solomon Volkov）的《见证：肖斯塔科维奇回忆录》（*Testimony*：*The Memoirs of Shostakovich*）。尤其是后者，从内容上看，它和《时代的喧嚣》在某种程度上惊人的相似。首先，虽然《时代的喧嚣》是第三人称，《见证》是第一人称，但两部作品均采用了肖斯塔科维奇的个人主观视角；其次，《时代的喧嚣》几乎原样照搬了《见证》里的某些部分，比如肖斯塔科维奇与阿赫玛托娃的会面，与阿赫玛托娃自己在媒体上所描述的，以及和其他传记所记载的不同，《时代的喧嚣》在这一立场上和《见证》完全一致，《见证》完全否认了这一会面的历史意义：“历史性会晤大抵如此，别的都是写回忆录

① Julian Barnes, *The Noise of Time*, New York: Alfred A. Knope, 2016, p. 18.
② 黄进兴：《后现代主义与史学研究》，生活·读书·新知三联书店2008年版，第55页。

的时候加进去的。"[①] 而《时代的喧嚣》也评价道："但这就是历史性会晤的问题。后来的人应该相信什么？有时，他觉得也许每一件事都有一个不同的版本。"[②] 在《见证》里，肖斯塔科维奇表达了他对那些颂扬苏联共产主义的西方思想家们的鄙视，他把他们形容为斯大林玩弄在股掌之间的小鸡，只能看到自己面前的谷子，而不是别的，书里列举了安德烈·马尔罗、利翁·费希特万格、罗曼·罗兰、萧伯纳等几位对苏联共产主义大唱赞歌的艺术家："我一度为这个问题感到苦恼：为什么？为什么？为什么这些人向全世界撒谎？为什么这些著名的人道主义者们对我们，对我们的生活、名誉和尊严毫不在意？"[③]《时代的喧嚣》同样列举了这几位作家，同样鄙夷地指责他们："他们根本没有（对苏联的）任何知识、任何想象，这些'勇敢'的西方人道主义者们!"[④] 如果说《时代的喧嚣》追求的是一部真实的历史传记的话，它应该更加全面的、客观的展示肖斯塔科维奇的生平和创作，显然《时代的喧嚣》只是选择性地做到了这一点；如果说《时代的喧嚣》追求的是客观的叙事视角的话，那么朱利安·巴恩斯和伏尔科夫很显然立场不同，伏尔科夫是一个有着苏联生活亲身经历的人，而巴恩斯在某种程度上正是伏尔科夫所嘲弄的那种西方人道主义者：他并没有在苏联生活过，他不了解真实的苏联，他所描述的肖斯塔科维奇的生活经验只能来自想象。

而《时代的喧嚣》所依据的想象对象《见证》一书本身就存在着强烈的争议。在 1998 年问世的《重审肖斯塔科维奇》（*Shostakovich Reconsidered*）和 2004 年问世的《肖斯塔科维奇事件簿》（*A Shostakovich Casebook*）中，几位学者引发了一场"肖斯塔科维奇战争"，他们分别用各种材料来辩论《见证》的真伪性。而巴恩斯本人对于《见证》的态度是这

① ［美］所罗门·伏尔科夫：《见证：肖斯塔科维奇回忆录》，叶琼芳译，作家出版社 2015 年版，第 294 页。

② Julian Barnes, *The Noise of Time*, New York: Alfred A. Knope, 2016, p. 145.

③ ［美］所罗门·伏尔科夫：《见证：肖斯塔科维奇回忆录》，叶琼芳译，作家出版社 2015 年版，第 221 页。

④ Julian Barnes, *The Noise of Time*, New York: Alfred A. Knope, 2016, p. 113.

样的："我就像看待一本私人日记一样看待它：这部私人日记表面上看起来记载了所有的真实情况，然而实际上，这部日记通常写作于一天的某个特定时候，这个时候的作者正处于某种特定的情绪当中，这种情绪包含了特定的偏见和遗忘。"① 这不由得让我们想到了巴恩斯的前一部小说《终结的意义》，在这部小说里，巴恩斯让作品中的人物来谈论了"什么是历史"。主要人物阿德里安（Adrian）引用了一位法国史学家帕特里克·郎格拉日（Patrick Lagrange）的定义："历史即是不完美的记忆和不充足的记录相遇的特定时刻所生产出的确定性。"② 有趣的是，这位帕特里克·郎格拉日其实是一个莫须有的人物，他是阿德里安杜撰出来的，但归根结底是巴恩斯杜撰出来的。

二 第二维：政治想象

一旦加入了个体想象，历史写作就会偏向哲学或是政治，佩里·安德森（Perry Anderson）斩钉截铁地认为："历史小说在它所从属的具有多元宇宙的小说大家族中，几乎可以下一个定义，它是最具有政治性的。"③《时代的喧嚣》由于刻画了肖斯塔科维奇这名苏维埃我国的音乐家，就更与政治脱不了干系。因为关于肖斯塔科维奇生平的争议，在多数情况下，并不是他本人生活的争议，而是西方民主思想和苏联专政思想之间的争议。作为一位伟大的音乐家，肖斯塔科维奇的传记作品不在少数，然而如果对比俄罗斯作家，比如Л. В. 丹尼列维奇的《肖斯塔科维奇传》和西方作家所撰写的肖斯塔科维奇传，我们很容易就能发现其中的截然不同。很不幸，巴恩斯所依据的两部主要材料，一部是由西方作者所撰写的，另一部则是首先在西方出版——伏尔科夫的《见证》受到的最强烈攻击恰恰在于该部作品对苏联时期的社会思想、肖斯塔科维奇同时期其他艺

---

① Julian Barnes, *The Noise of Time*, New York: Alfred A. Knope, 2016, p. 200.

② Julian Barnes, *The Sense of an Ending*, New York: Vintage Books, 2011, p. 18.

③ Perry Anderson, "From Progress to Catastrophe Perry Anderson on the Historical Novel", *London Review of Books*, Vol. 33, No. 15, July 2011.

术家的极端贬低。在很长一段时间里，肖斯塔科维奇一直被看作是苏联社会主义艺术的代表，虽然在苏联时期，大部分文学艺术家的创作，甚至是他们的生命都遭到了来自政府的控制和打击，然而肖斯塔科维奇似乎一直受到了政府某种程度上的保护。他曾两次作为苏联文艺的杰出代表出访美国，并在美国的国际会议上发表声明："我把苏联共产党看作是世界上最进步的力量，我永远听从党的教导，直到我生命的最后一刻。"① 他多次获得苏联国家奖章，其中包括最高荣誉的列宁勋章；他也多次当选为苏联最高苏维埃代表，可谓集各种荣誉于一身。比起图哈切夫斯基和梅耶霍尔德的惨死，或是那些被关押在古拉格的苏联艺术家来说，肖斯塔科维奇不仅是幸运的，而且被看作是驯服的。直到《见证》，人们才发现肖斯塔科维奇对当权者的愤怒和反抗。所以在《见证》出版后，它受到的是来自西方的欢迎和来自俄罗斯国内的谩骂，后者把它称为伪造、污蔑。肖斯塔科维奇的遗孀亲自写信让大家警惕那些为了自己的政治立场而利用肖斯塔科维奇的人："每一个了解苏联时期生活的人都对这种生活有着自己的看法，但是你需要足够的勇气去捍卫自己的观点而不是用别人作为挡箭牌……不管这种观点是在政党意识形态控制之下的反动立场，还是在标新立异的旗帜之下的极端行为……"② 不可否认，虽然《见证》号称是肖斯塔科维奇的回忆录，但作者伏尔科夫对待苏联政府的个人态度不容忽视，在伏尔科夫所写的前言里，他便指责苏联："整个国家成了一所无路可逃的大监狱。"③ 作为一名叛逃至西方阵营的苏联生活亲历者，伏尔科夫的政治立场无疑是很明确的。

那么，朱利安·巴恩斯的立场呢？20 世纪的很多西方思想家都对政治立场对立的苏维埃俄国充满了兴趣，其中有的人对苏联产生的是异托

① ［俄］丹尼列维奇：《肖斯塔科维奇传——生平与创作》，焦东健、董茉莉译，商务印书馆 2010 年版，第 386 页。

② Irina Shostakovich, "An Answer to Those Who Still Abuse", Irina Roberts trans., *The New York Times*, No. 20 August, 2000.

③ ［美］所罗门·伏尔科夫：《见证：肖斯塔科维奇回忆录》，叶琼芳译，作家出版社 2015 年版，第 11 页。

邦式的建构，比如马尔罗、萨特，然而巴恩斯借肖斯塔科维奇的视角抒发了他对他们的看法："要成为一个共产主义者真是太容易了，尤其当你并不生活在共产主义国家的时候。"① 另一部人则如同奥威尔的《1984》或者是奥兰多·弗吉斯（Orlando Figes）的《俄国革命1891—1924：一个人民的悲剧》（*A People's Tragedy*：*The Russian Revolution* 1891－1924），他们惧怕共产主义走向极权主义，站在西方式的民主主义立场向苏联展开了猛烈的攻击。在《时代的喧嚣》里，巴恩斯的确讽刺了苏联的社会主义："今天，在这个世界上最先进的社会里，父母也许会因为自己的子女受到惩罚，也许是因为叔伯表兄、姻亲妯娌、同事朋友，甚至是因为凌晨三点钟从电梯里走出来对你微笑的那个人。这个惩罚的机制不断在进步，所覆盖的范围也比过去越来越广。"② 但他并没有奥威尔式的严厉。应当指出，在西方思想家们对苏联的想象建构中，还应当包括第三类，这一类思想家足够钦慕俄罗斯文化，以至于他们虽然反感苏联，但仍然愿意站在一个公允的立场上辩证地看待，他们包括罗素、以赛亚·伯林等。巴恩斯很显然接近于他们。在《豪猪》这部围绕苏联政治而展开的小说里，巴恩斯描写的主要根据是自己在东欧苏联地区的游历见闻。然而当其最早出版时，真实的日夫科夫的审判其实还根本没有结束。于是当西方舆论还没来得及对这一事件做出不偏不倚的反应之前，巴恩斯便通过《豪猪》向我们讽刺性地传达了他的态度：佩卡诺夫在法庭上自我申辩时列举了自己所获得的所有国际荣誉，所有其他国家领导人（比如撒切尔夫人、尼克松、卡特等）对他的高度评价——很显然，在巴恩斯看来，西方式的民主政治和苏联并非我们想象的那样是泾渭分明的对立。

三　第三维：艺术想象

所以，总体上来说巴恩斯既算不上苏联政治体制的拥护者，也不能够称为批判者。与这种政治上的矛盾态度相比，巴恩斯对俄苏文学和艺

① Julian Barnes, *The Noise of Time*, New York: Alfred A. Knope, 2016, p. 142.

② Ibid., p. 19.

术的热爱是绝对真挚的。有意思的是，吸引巴恩斯的也恰好是在肖斯塔科维奇身上以及潜藏在俄苏文学中的那种与生俱来的矛盾性。肖斯塔科维奇最著名的《第五交响曲》被官方称为“一出乐观的悲剧”。如此自相矛盾的两个词在形容肖斯塔科维奇的艺术时并列在了一起，因为，“要做一个俄国人，就必须是悲观的；而做一个苏联人，则要求乐观。这就是为什么‘苏维埃俄国’是一个矛盾的术语”①。巴恩斯引用了屠格涅夫的诗句来形容俄国：“俄罗斯，我挚爱的母亲；她绝不会屈服于任何强权，她只会用一把刀抵住你的脖子时，自愿的投降。”②

肖斯塔科维奇作为一名艺术家，可有向现实投降？小说描写他感觉不仅他的音乐创作受到了掌控，而且他的灵魂都受到了掌控。他多次将掌握权力的人们比喻为“灵魂的工程师”（The Engineers of Human Souls），因为在肖斯塔科维奇看来，他的灵魂从一开始就受到了这些工程师的铸炼改造。所有那些发表在《真理报》或其他喉舌上评论他的音乐的文章，实际上，“批评的是他的存在”③。然而，让肖斯塔科维奇一生坐立不安的是，他的音乐也许能够改造为红色的乐观主义，然而他的灵魂呢？巴恩斯笔下的肖斯塔科维奇总是在想象中展开着他和当权者、和那些批评他的人的对话，在这些对话里，他和他们对峙、为自己辩护，然而所有的这些英雄主义都只存在于他的想象里，在生活中他只能够告诉别的人：“我不知道如何才能不害怕！”④ 因此，肖斯塔科维奇每一次和权力的较量都以失败告终，而且每一次都采用了最谦卑的反抗方式：他告诉斯大林他的身体不好，不能长途旅行，所以不能代表苏联艺术团去美国；他告诉博斯普洛夫，他太差劲了，他根本不够资格成为苏联作曲家协会的主席……小说写道，他钦佩甚至是嫉妒那些敢于反抗权力的人，然而他仍然任由权力借他的名义批判索尔仁尼琴、萨哈诺夫这些反抗者。

---

① Julian Barnes, *The Noise of Time*, New York: Alfred A. Knope, 2016, p. 74.

② Ibid., p. 73.

③ Ibid., p. 39.

④ Ibid., p. 145.

由此，他无法做一个真正的苏联艺术家，但是他的美国之行却让他明白他只能是一个苏联艺术家。《时代的喧嚣》真实记录了肖斯塔科维奇前往美国访问时一些很有意思的文化冲突。比如他很想拜访俄裔著名音乐家斯特拉文斯基，但是斯特拉文斯基避而不见，并发来电报："很遗憾不能参与迎接苏联艺术家来访这个国家，因为我所持有的道德和审美信念反对我这么做。"[1] 美国记者无法念出他复杂的名字，喊着肖斯特问他更喜欢金发美女还是棕发美女。让肖斯塔科维奇感慨的不是美国的自由，而是他们的世俗和商业化。所以在美国他所受到的媒体追捧让他感到的不是成功，而是"生平最大的耻辱"。政治和文化的差异掩盖了他在艺术上的成就，对于美国人民来说，他不是一个艺术家，而是一个"苏联艺术家"。

在小说里，巴恩斯表示："艺术既属于所有人，又不属于任何人。艺术既属于所有时代，又不属于任何时代。……艺术曾经属于贵族和金钱，正如它现在属于人民和党。"[2] 在采访中，他也宣称："我向来不认为作家应该因某一政治原因而写作。一个作家要写的是他从内心深处感兴趣的事情，至于会不会与现实不期而遇，那是我不予以考虑的。我认为我的书所反映的主题，并不局限于某个国家或某个事件，我的主题，是人类共通的。只要政府和艺术同时存在，大家就一直会问这个问题。"[3] 形象学研究者认为想象对象与想象产物之间的差异和对立正是不同文化建立相互理解与沟通的可能："借助形象而鉴别出的文化模式，揭示了在一个地域中或彼此相距遥远的民族之间交往的坐标。"[4] 巴恩斯突破了这种想象的对立模式，在他看来，作为音乐家的肖斯塔科维奇无疑是伟大的，这与他的政治身份、文化身份都无关，他只是一个生活在特殊时代和政

---

① Julian Barnes, *The Noise of Time*, New York: Alfred A. Knope, 2016, p. 67.

② Ibid., p. 97.

③ 恺蒂：《朱利安·巴恩斯谈〈时代的噪音〉及其他》，《东方早报·上海书评》2016 年 6 月 5 日。

④ ［罗马尼亚］杜图：《模式·形象·比较》，孟华主编《比较文学形象学》，北京大学出版社 2001 年版，第 96 页。

治背景之下的艺术家。

结语 穿越时空的个体经验与文学想象

《时代的喧嚣》这一小说标题来自曼德尔施塔姆，这位敢于用诗歌来嘲讽斯大林并为此死去的英雄，将自己的自传命名为《时代的喧嚣》。相对于曼德尔施塔姆的英雄形象来说，肖斯塔科维奇更像是一个“懦夫”。然而在《时代的喧嚣》出版之时，巴恩斯在《卫报》发表了一篇文章，里面写道：“我的英雄是个懦夫。确切地说，经常自认是懦夫。更确切地说，所处的位置不可能不当懦夫。你和我在他的位置也必然是懦夫……”[①] 后来在《东方早报》文化副刊《上海书评》的采访中，巴恩斯再次重申，他并不认为肖斯塔科维奇是一名懦夫，恰好相反，他觉得英雄和懦夫之间并没有那么严格的界限：“有时候，传统意义上的英雄并不一定是真英雄。……很多时候，我们是不能用‘英雄’或‘懦夫’这些词的……”并且，巴恩斯还承认，他如果处在和肖斯塔科维奇同样的生存条件下，他也会选择做一名“懦夫”，实际上，“从一个作家的角度来说，我一向对懦夫更感兴趣”[②]。从肖斯塔科维奇到巴恩斯自己，巴恩斯的小说和他的其他小说一样，总是掺杂着太多个人的东西。因此我们有趣地发现，《时代的喧嚣》从名字的语法结构上来看和巴恩斯出版于2013年的半自传体作品《生命的层级》（*The Level of Life*）几乎完全一致。实际上，两部作品在叙事结构上也一致，《生命的层级》也分为互相关联的三个部分，在这三个部分里，前两个部分都是他人的故事，最后才是巴恩斯自己的故事。为什么一个来自异国他乡的历史中的人物会让作者巴恩斯产生如此强大的共情关系？实际上，当巴恩斯选择福楼拜、屠格涅夫等人来进行想象时，地域或者文化都不是他主要考虑的对象。巴恩

---

① 朱利安·巴恩斯的这一访谈最早刊登于《卫报》（*Guardian*），2016年1月30日。此处转引自康慨《肖斯塔科维奇：我的懦夫，我的英雄》，《中华读书报》2016年2月3日。

② 恺蒂：《朱利安·巴恩斯谈〈时代的噪音〉及其他》，《东方早报·上海书评》2016年6月5日。

斯喜欢选择的是那些与自己有着共同经历的人，比如他的小说里的好几位男性主人公都经历了和巴恩斯同样的生活经历：感情背叛或者丧偶之痛。《亚瑟与乔治》里亚瑟经历了妻子的去世和自己的婚外情；《伦敦郊区》里的克里斯经历了妻子的背叛；《福楼拜的鹦鹉》里布瑞斯维特也遭遇了妻子的出轨……肖斯塔科维奇也拥有着类似的经历：第一位妻子妮娜（Nina）的出轨和妮娜的早逝。

在新作《穿红大衣的男人》的后记里，巴恩斯把创作这部小说的初衷放在了当前英国脱欧的现实背景中，他表达了自己对民族沙文主义的厌恶，他批评了英国文化里那种由来已久的自我中心主义和对他者的毫无兴趣。他以一个语言学学者的身份说道：“了解一门外语是要了解说这门外语的人们，以及进一步去了解他们是如何看待和理解你的国家的。”① 然而他很失望的是，现在的英国越来越不了解其他文化，陷入了一种自我隔离状态。所以他选择去描写一百年前的那个美好时代，因为那是一个混乱的、疯狂的、背德的时代，充满了文化间的交流和碰撞。他选择以波兹为主人公，也是因为他是一个“理性的、具有科学精神的、激进的、国际化的和永远探究的，总是用好奇和热忱去拥抱每一天”的人。巴恩斯笔下的每一个人物，都因为这种超越时空的普遍个性而得到了他的共情，进而得到了读者的共情。在小说《时代的喧嚣》的开始和结尾巴恩斯设置了一个首尾相连的寓言式场景，总共出现了三个人物：一个乞丐和两个乘客。而这三个人正是套用了巴恩斯在小说开头引用的那句俄罗斯谚语：“一个人听，一个人记，一个喝。”乞丐曾经是一个战场上的英雄，然而如今只是一个“生存的机器”（Techniques for survival），他的生活只为了能活下来，他是那个喝酒的人。乞丐在火车站乞讨，火车上坐着两个不敢过问火车会驶向何方的男人，他们一个是倾听的人——肖斯塔科维奇，一个是已经被历史遗忘但是却承担着记忆历史这一责任的人——肖斯塔科维奇的朋友。除了肖斯塔科维奇

① Julian Barnes, *The Man in the Red Coat*, New York: Random House, 2019, p. 276.

以外，其余的两个人都是无名者。著名的艺术家和无名之人，遥远的异国文化和作家所处的现实，想象中的人生和真实的个体经验就这么融合在了一起。

新旧殖民思潮冲突中的权力颠覆与回归

——论哈格德“艾莎”系列小说*

周子玉** 谭心顺***

内容提要：19世纪后半期是英国殖民由盛而衰的关键时期。这一时期英国思想界发生了剧烈的动荡，出现了以军事扩张为主的旧殖民思想的解构和以经济、文化扩张为重的新殖民思想的建构。在解构与建构的夹缝中，西方主流意识形态遭受了巨大冲击，具体表现在自由主义兴起，包括政治领域“自由帝国”理念的兴起和性别文化中自由主义女性主义的成熟。这一解构和建构的矛盾体现在了康拉德、吉卜林、哈格德等诸多殖民作家的作品中，其中以哈格德的艾莎系列小说最为典型。作者在这一系列小说中创造了一个殖民地女性统治白人男性的母权空间，颠覆了传统殖民文学中“男性/女性＝宗主国/殖民地”的两分法等式，让殖民地女王艾莎通过“观看”这一行为建构起这个空间里性别和种族的双重权力。但在颠覆权力秩序的同时，哈格德又不断地借助白人历险者的叙述和行动解构女王艾莎的权力，通过“殖民地女王/公主爱上白人殖民英雄”的

* ［基金项目］湖南省教育厅普通高等学校教学改革研究项目“创新创业视野下导师制创意写作培养模式实践探索研究”（2019291263）。

** ［作者简介］周子玉（1982— ），女，博士，长沙理工大学副教授、硕士生导师，主要从事比较文学与世界文学研究。

*** ［作者简介］谭心顺（1997— ），女，长沙理工大学硕士研究生，主要从事比较文学与世界文学研究。

套话使“男性/女性 = 宗主国/殖民地”的等式回归到英国传统的权力等级结构，这是当时英国进退维谷、充满矛盾的殖民文化思潮的典型表现。

关键词： 哈格德；观看；自由帝国；自由主义女性主义

在英国19世纪殖民历险小说家中，和康拉德（Joseph Conrad）、吉卜林（Joseph Rudyard Kipling）同时代的哈格德（H. Rider Haggard）是比较特殊的一位。他的作品流传和影响都极广，不仅在英国发行量巨大，还在清末民初传入中国，引得林纾、周作人等大家争相翻译，甚至激发了中国对西方历险小说的翻译风潮。其作品“艾莎”系列写作时间贯穿了哈格德整个写作生涯，是他最有代表性的作品系列之一，包括《她》（*She*），《艾莎归来》（*Ayesha, the Return of She*）和《她与阿伦》（*She and Allan*）。

和同时代的其他历险小说一样，哈格德着迷于将欧洲以外的空间女性化，但不同之处在于，其他同时代历险作家塑造出女性化殖民地空间，通常主要用来为男性白人历险者提供上演征服戏码的舞台，但哈格德这一系列小说里塑造的是拥有征服和拯救白人男性能力的母权空间。在这里白人男性代表的是男性化了的宗主国文明，因此这里所说的征服不是表面意义或物质层面上的，哈格德在这系列小说中塑造的母权社会，不仅仅是试图颠覆男权中心，还不自觉地解构了西方中心，而这两点几乎构成了当时西方传统殖民思想的基石，是“男性/女性 = 宗主国/殖民地”这一权力级别等式的核心要素。在他塑造的这个空间里，充满了复杂的权力交锋和融合，性别与种族的冲突、交缠使得小说表达的世界更加暧昧不清，处处矛盾，仿佛当时正盛极转衰的殖民帝国意识的投影。

一　性别与种族权力秩序的双重重构

在哈格德塑造的殖民历险空间中，最高掌权者是女王艾莎，她掌控着所有人——尤其是白人男性历险者——从肉体到精神上的一切。在这里，身体上的掌控很容易做到，但精神上的权力才是核心。这一权力核心的掌控是和观看/监视紧密联系在一起的。换而言之，作为"She-who-must-be-obeyed"（不可违背的她），艾莎拥有的权力中最重要的就是"看"的权力，这一权力有力地保证了她在母权空间中的地位，建立起了她作为土著女性对男性（尤其是白人男性）的权力。

本地的土著人——无论是《她》中的埃迈赫贾人，还是《艾莎归来》中的山中部族，甚至包括艾莎的敌对国家卡隆都对她非常害怕，因为她不仅拥有惩罚的力量，最关键的是她拥有看见一切的能力，无论是人的行动或者思维。任何违背她的语言、行为，甚至是想法都会被发现。这种能力让权力"能够直接贯彻到个人、他们的身体、他们的姿态和日常行为。通过这种方式，权力即使是在统治各色不同的人的时候，也能像对一个人那样起作用"①。

关于艾莎观看的权力，哈格德着重描写了一个情节：就是可汗被安葬之前有一次良心审判，这实际上可以说是一次观看权力的集中展示仪式。艾莎统治的地方人们相信人可以重生，而死亡的人是否可以重生，关键在送进火焰烧化尸体时是头朝前还是脚朝前。艾莎有权决定人死后的命运，而她判断的依据则是这个人生前的所作所为。显然这个审判仪式的灵感源于古埃及的奥西里斯神话，在这个神话中，人在死后将会被良心天平审判。只不过古埃及神话中的良心审判非常简单，只是在天平的一端放上人的心脏，另一端则放上"真理的羽毛"，如果心脏和羽毛保持了平衡，那么说明这个人行善胜过行恶，他就会获得机会与神永生。②

但哈格德突出的不是这个仪式的结果，他为之着迷并浓墨重彩描写的正是这个审判的过程。审判由艾莎主持，她手下的祭司作为副手。当她宣布审判开始时，作为"控告者"的祭司翻开恶之书，将死者所行的罪恶一条条读出，哪怕是儿童时期犯下的罪恶也清清楚楚。"这些罪状如

① ［法］米歇尔·福柯：《权力的眼睛》，严锋译，上海人民出版社 1997 年版，第 154 页。
② 详见《亡灵书》，锡金译，吉林人民出版社 1957 年版，第 8—10 页。

此具体完整，就好像控告者就是死者良心本身在发言。”① 而作为“辩护者”的祭司则将死者生前所做的一切好事逐条念出，以便艾莎作出最终判断。也就是说，仪式侧重的是取得审判证据的过程——这是“看”的过程，同时也就是“知道”的过程。

这种审判让人没有任何隐私，无论是罪恶还是善事，人所做的一切都在艾莎的死亡审判下无所遁形。这是对艾莎拥有的“观看”权力的一次集中展示，是一种夸耀。“如果有人能站在这台机器之外单独对它进行操纵，权力就会与这个人同一。”② 因此，这次展示“观看”的仪式，实质上展示的是艾莎在这个空间拥有的绝对权力的展示。正因为如此，即使是桀骜不驯的阿特娜公主在参加了这个仪式之后，也不得不在艾莎面前示弱，更不用说艾莎的其他子民。从这个意义上说，艾莎所统治的母权空间是一个展示观看权力的社会，这个社会依靠的是普遍化监视（而不是普遍化的惩罚）来保证受统治的人民循规蹈矩和权力的实施。福柯曾提道：“从一种异常规训的方案转变为另一种普遍化监视的方案，是以一种历史变迁为基础的：在 17 和 18 世纪，规训机制逐渐扩展，遍布了整个社会集体，所谓的规训社会（姑且名之）形成了。”③

埃迈赫贾人的首领比拉利一直都非常害怕艾莎，无论什么时候，他都谨小慎微，这不仅仅是因为艾莎拥有绝对的“看”的权力，更因为他和其他人根本不知道艾莎什么时候会实施这种权力。这也是构成“观看”这一权力的必须要素之一，边沁曾经提出：“‘权利应该是可见的但又是无法确知的’。所谓‘无法确知的’，即被监督者应该在任何时候都不知道自己是否被窥视。”④ 只有在被观看的人不知道“观看”何时发生时，这种“观看”的效果才是持续的，即使它事实上只是断断续续的。这样“观看”成为“一种监视的目光，每一个人在这种目光的压力之下，都会

① H. Rider Haggard, *Ayesha*, Teddington: The Echo Library, 2009, p. 136.

② ［法］米歇尔·福柯：《权力的眼睛》，严锋译，上海人民出版社 1997 年版，第 161 页。

③ ［法］米歇尔·福柯：《规训与惩罚——监狱的诞生》，刘北成、杨远婴译，生活·读书·新知三联书店 1999 年版，第 235 页。

④ 同上书，第 226 页。

逐渐自觉地变成自己的监视者，这样就可以实现自我监禁"[1]。更进一步说，被观看的人不仅监视自己，还会监视周围的人，防止他们做出违背权力的事情，造成集体的灾难。霍利在艾莎死后，直接将这件事情告诉了比拉利。但即使在这种情况下，比拉利仍然不敢违背艾莎的命令，不仅没有抛弃他和利奥，反而为他们找来了轿夫，护送他们安全离开克尔。因为他不确定艾莎是否真正死亡，也不确定监视的目光是不是真的已经离他而去。

当然，很显然，这一监视的权力背后必然紧随着的是绝对的惩罚权力。艾莎的子民对于她的恐惧既源于她的无所不知，也源于她强大的惩罚权力，其中包括了对罪人肉体和灵魂的双重惩罚。哈格德在作品中反复提到艾莎作为"杀生者"的力量：土著姑娘尤斯坦违背艾莎的命令与利奥偷情，被她立即处死；即使是她的子民，一旦被发现试图违背命令伤害霍利等人，同样被毫不留情地用火罐酷刑烧死，即使作为受害者的霍利再三求情也不行。而对其他人来说，不仅害怕艾莎的酷刑，更害怕死后不能通过艾莎的"良心审判"，从而永坠地狱。

而"观看"的另一面是"禁止观看"。这种禁止不仅仅是指禁止其他人获得完全同等的观看权力（哪怕是暂时的），除非获得掌权者的同意，还指禁止任何人"观看"观看者本身。"规训权力是通过自己的不可见性来施展的。同时，它却把一种被迫可见性原则强加给它的对象。在规训中，这些对象必须是可见的。他们的可见性确保了权力对他们的统治。正是被规训的人经常被看见和能够被随时看见这一事实，使他们总是处于受支配地位。"[2] 艾莎一直非常神秘，她统治的人们很少真正见到她，他们把能亲眼看见她当作是无上的荣耀。即使偶尔让这些属民见到她，她也总是披着白色的袍子——在《艾莎归来》中则是像木乃伊一样用白布裹满全身，这种袍子能将她从头到脚都掩盖起来，让旁人的目光难以

① ［法］米歇尔·福柯：《权力的眼睛》，严锋译，上海人民出版社 1997 年版，第 158 页。

② ［法］米歇尔·福柯：《规训与惩罚——监狱的诞生》，刘北成、杨远婴译，生活·读书·新知三联书店 1999 年版，第 211 页。

穿透。在霍利他们之前，本地从来都没有人见过艾莎的真面目。

这里有一个很重要的情节：霍利和利奥在准备进入山洞去见她时，比拉利告诉他们，艾莎要求他们都蒙上眼睛，不可见物。艾莎给出的理由是，怕他们知道通往她的山洞的秘密道路。这是一种“禁止观看”的直接象征。通往山洞的道路是艾莎存在的一部分，而她的一切——住所、身体、出身都应该是不可见的。被监视者无权观看监视者，无权得知她的任何信息，他们甚至无权得知自己何时被观看。从这个意义上说，艾莎同意霍利和利奥看到她的真容，向他们讲述她的出身与经历，这才是一种权力的外放和认可。但即使是这种权力也是不牢靠的，霍利多次表示，他不知道艾莎说的是真还是假，毕竟他们得知的所有故事都是来自艾莎，没有人可以求证，也没有证据可以证明。

显然，观看的权力和阐释的权力是紧密联系的。因为只有一个人可以观看，或者可以让其他人看她想让他们看到的，那么这个人就掌握了绝对的阐释权。观看者不知道自己看到的是真还是假，他们看到的只是过去的片段，或者现在的幻象，一切取决于阐释者的解释。这种阐释权是“禁止观看”的最高级别，因为一旦这两种权力结合，被观看者即使看到了也无济于事，这是一种虚假的观看。

可以注意到，在这里，尽管观看权力的施行对象是普遍性的，不分男女，不分土著或白人。但对观看的展示主要集中在男性被观看者身上，包括埃迈赫贾人的首领比拉利和可汗等等。而在男性中，最主要的被观看者是作为白人男性历险者的霍利和利奥，尽管本地其他土著也同时受到监视，但从细致集中地描述中可以看出，显然艾莎的关注点一直在这两个闯入者身上——作为其他种族的男性，他们的闯入对艾莎来说，既是种族的，也是性别意义上的。因此在这里，艾莎通过不断在他们身上展示观看和阐释的力量，建构起的权力空间，既是性别上的（母权空间），也是种族上的（殖民地空间）。

二　新权力秩序解构与旧秩序的回归

在殖民地空间权力等级建构的过程中，出于某种矛盾的心理，哈格德同时也在消解这一建构，并使之回到传统的西方/男权中心的等级结构中。当然，权力的建构是两方面的，消解也同样是从性别和种族两方面同时进行的。哈格德暗示，通过“观看”建立的权力，同样能通过“观看”来对抗和消解。

在艾莎的空间里，“观看”与“被观看”是一个整体，“每一个人，无论他是施展权力的，还是被权力控制的，都被套在里面”。[①] 换一个角度看，当这个权力关系整体形成时，观看者和被观看者的位置是可能互换的，正因为这样，哈格德对这个仪式的描写同时展现了恐惧和迷恋——全知全能的权力既令人恐惧，又让人向往。

（一）偷窥反抗注视权力

在艾莎的母权社会中，她的权力并不是万无一失的。这里确实存在着对观看的反抗：“一方发起的进攻都会遭到对方的反攻……对各方来说，都存在着抵抗和反攻的可能性。”[②]

在通读这一系列的故事之后，可以看出，白人历险者霍利是反抗母权注视非常重要的一部分力量。这首先表现在他的‘偷窥”（反向观看）行为上。在整个系列故事中，艾莎并不是故事里唯一的观看者，霍利和利奥也并不是完全被动的被观看。在刚刚到达艾莎的山洞时，霍利晚上无意中在卧室里发现了一条狭窄的通道，出于警惕性（通往自己卧室的秘密通道，通常意味着“被窥视/袭击”的可能性），他偷偷探查了下去。在通道的尽头，他发现了艾莎，当然，也偷窥到了艾莎不愿意在他面前暴露的那一面。隔着一层帘子，霍利偷看到艾莎正在对自己的情敌发出诅咒，并为自己痛失爱人而痛苦悲号。在这里，观看与被观看的对象颠倒了，之前（包括之后）一直是艾莎在他们不知情的情况下观看他们，但这一次，霍利躲在帘子后面，在艾莎不知情的情况下，偷看到了艾莎的真容，看到了她的痛苦和软弱，总之，看到了一切艾莎不愿意让人们

① ［法］米歇尔·福柯：《权力的眼睛》，严锋译，上海人民出版社 1997 年版，第 159 页。
② 同上书，第 166 页。

看到的东西。尽管这让他恐惧万分——显然，艾莎一旦发现这种挑战她权力的做法，就会立即杀了他。但出于迷恋/崇拜和反抗混杂的情绪，霍利依然一动不动地从头看到尾。

这种注视是外来的白人男性第一次对殖民地母权空间的挑战，所以说它既是性别的挑战，也是种族的挑战，而本地土著男性从来没有敢这样做过。事实上，哈格德通常会多次重复使用他喜欢的情节，“偷窥”就是其中一个。在《艾莎归来》中，霍利一再偷窥到阿特娜（另一位殖民地母权领袖）的行为举止，看到她对利奥的迷恋，并通过偷窥及时发现阿特娜试图欺骗他们的阴谋。在这里，偷窥已经成为一种反抗注视的手段，也是挑战权力的表现，它将注视者暴露在被注视者的目光之下，颠覆了注视的权力结构。而这样大胆的反抗行为最终落点是在白人男性历险者身上，意味着什么是不言而喻的。

（二）阐释挑战支配话语

除了用偷窥来反抗注视之外，阐释观看的权力同样受到了挑战。《艾莎归来》中有一个重要的情节：利奥与雪豹搏斗遇险。作为来自大英帝国的男子汉，利奥感觉到一直停留在艾莎身边消磨了自己的男子气概，他一再要求出去打猎，而不是像小孩一样被艾莎留在安全的地方加以保护。艾莎无法拒绝他，只能派出侍卫和他一起出行，好在关键时刻保护他。当然，与此同时，艾莎一直行使她“观看”的能力，注视着遥远的雪山，这时候的监视是为了保护。

当利奥在遭遇雪豹，并在和雪豹的搏斗中受伤时，艾莎看到了这一切，而且她也让霍利看到了。她将利奥受伤的狂怒发泄到侍卫们的身上，立即传信让他们带着利奥回来，并表示，她要根据她看到的一切惩罚这些侍卫，据她所见，这些侍卫在利奥遇险时畏缩不前。

换言之，关于利奥与雪豹的搏斗故事，这里有四个版本。一个版本是艾莎的，她根据看到的画面，阐释出来的故事是：利奥在与雪豹搏斗之时，其他的侍卫都很害怕，他们表现得像懦夫一样，躲在安全的地方没有帮助他。为此她要将这些侍卫全部流放到冬天的雪山上，让他们变成野兽口里的食物。

另一个版本是霍利的，他非常客观地描述出了他看到的景象："我看到利奥和一只巨大的雪豹滚在一起，首领和其他的侍卫都围在他周围，寻找机会准备用矛刺穿这个野兽，同时不伤害到他。"[①] 第三个版本是侍卫首领的，他描述当时的情况是，他们发现了雪豹的踪迹，他们其中的一个人首先刺伤了它，接着雪豹扑倒了这个侍卫。这时利奥吸引雪豹的注意力，让那个侍卫得以逃脱，当然，同时他也和雪豹打成了一团，在地上翻滚，最后他刺死了豹子。最后一个版本是利奥的。利奥对于艾莎时刻监视自己非常不满，对她要杀掉自己的同伴更加愤怒。他责骂艾莎既邪恶又不公平，因为没人能比陪伴他的侍卫们更勇敢。事实是：当他被扑倒时，他的朋友们围成一圈，尽力寻找一个机会去攻击豹子，他们之所以一直不敢出手只是怕误伤到利奥，因为利奥正在和豹子滚成一团。为了保证利奥的安全，其中一个人空手去阻拦雪豹，现在手上还有雪豹利齿留下的伤口。因此，如果艾莎根据她看到的画面惩罚这些无辜的侍卫的话，他愿意和他们一起去死。

显然，这四个版本中，其他的三个版本和艾莎的版本是冲突的。男人们的阐释版本是基本一致的，而艾莎最后也确实作出了让步，她放弃了对侍卫们的惩罚，这意味着她决定采用利奥阐释的版本。

这是一次非常成功地对"观看"的反抗。不仅仅是因为利奥表示出了对于"被观看"的反感，利奥在责骂艾莎的时候，指责她做了三件让他厌恶的事情，第一件就是监视他（这是观看的权力），第二件就是毫无证据就要杀了他勇敢的朋友们（这是施加惩罚的权力），第三件就是把他当一个小孩看待，像妈妈照顾孩子一样照顾他，担心他（母亲正是母权社会权力的最高象征）。这三件事都是艾莎至高权力的体现。但是，这个情节更重要的意义是，男人们第一次取得了阐释的权力，并且用他们的

① H. Rider Haggard, *Ayesha*, Teddington: The Echo Library, 2009, p. 175.

阐释否定了艾莎的阐释，并由此否定了她惩罚的权力。这意味着艾莎的观看是不完全的，是错误的，正因为这样，她的阐释才是不可信的，是歪曲的，根据她的阐释所实施的惩罚也就是不公正的了。在这里，艾莎观看、阐释和实施惩罚的权力同时被否定了。从这里，可以看到，尽管她有观看的权力，但她观看到的东西并不足以告诉她真实，从这个意义上来说，艾莎与真实隔离开了，她的观看变成了无效的权力，男人们尽管没有获得观看的权力，但却参与了真实，这是被观看者对于观看者的反抗，也是男性主体对母权社会的重要抵抗。最有意思的是，在这里，白人男性和土著男性暂时达成了一致，建立了统一阵线，以此消解和对抗殖民地女王艾莎的权威。

（三）“观看”意义的局限与消解

通读整个故事就会发现，哈格德一方面塑造了艾莎无上的女性威权，另一方面又通过霍利这个白人历险者的描述尽力消解这种权力。和其他人不一样，霍利并不羡慕艾莎拥有观看的权力。因为“凝视和权力的辩证法远为精妙：凝视确实意味着权力，然而与此同时，而且在更为基本的水平上，它也正意味着权力的对立面（即无力）——就它包含了一个不得不观察正在发生的一切的固定的目击者这一点而言”①。霍利很早就发现，艾莎可以观看，但在很多情况下，她的能力就仅仅止于观看了。除了这一次利奥雪山遇险，还有很多次霍利和利奥遇到困难和危险，但艾莎都只是派出别人来救援，或者通过幻象来指引，无法立即参与他们的行动。霍利当时就猜测艾莎的观看能力是有限制的，很多事情她只限于观看，而无法参与。这种解释削弱了艾莎由观看得来的权力，她确实拥有事后实施惩罚的权力，但却没有即时干涉事件进程的能力。从某种意义上说，艾莎对于现实世界是无能为力的。

另外，按照霍利的说法，观看发生的时间也不由艾莎控制，由于她

① ［斯洛文尼亚］斯拉沃热·齐泽克：《快感大转移——妇女和因果性六论》，胡大平、余宁平、蒋桂琴译，江苏人民出版社2004年版，第91页。

和利奥之间的感情联系，无论她想看还是不想看，她都必须注视着利奥。当观看变成一种强制的行为时，很难说这是否还是观看者权力的体现。

而艾莎的观看之所以是无用的，还有一个更重要的原因：对于霍利的同伴利奥来说，她只拥有观看的能力，并没有随之惩罚他的能力。原因很简单：女王艾莎认定利奥是她死去情人的转世，从一见到利奥起，就不可救药地爱上了他。艾莎的“观看”对利奥来说只是为了帮助他、保护他不得不忍受的副作用。显然，这个情节非常老套，是殖民历险小说中非常典型的“殖民地公主/女王爱上白人英雄”模式的翻版。但这个情节在书中所起到的作用是非常重要的：它彻底消解了艾莎的“观看”带来的恐怖，解除了艾莎“观看”之后“惩罚”的权力，也就解构了这一权力构建。

通过霍利和利奥的阐释，艾莎的权力之源也同时成为她的痛苦之源，“观看”成为无力的旁观，被观看的人在这里获得了心理平衡，并对观看者的权力根源进行了颠覆。哈格德让霍利用他的话语权力对艾莎建构权力的方式进行了消解，反复强调艾莎不能参与真正的现实，对现实无能为力，这种“女性被隔离在真实之外”混合着“土著无能”的论调，显然不是哈格德凭空想象的，这一消解方式和吉卜林、康拉德等同时代历险作家著作中的思想来源显然是一致的。

三　殖民思想转变与自由主义兴起

总而言之，哈格德在塑造了一个殖民地母权空间的同时，又在其中塑造了对这个空间进行抵抗的帝国男性形象。他让艾莎借助“观看”的能力建构了性别和种族上的双重威权，同时又让霍利和利奥以帝国男性的身份从两方面都消解了这种权力建构。从目的上来看，作者似乎是要借助这一消解重新强调“男性/女性＝宗主国/殖民地”这一老调重弹的权力等级模式。但从实际效果上说，由于作者的笔墨过分沉醉于对艾莎权力的描绘上，消解的结局却是草草收场，因此给人留下更深印象的是女性和殖民地的双重威权的颠覆性建构，而不是它们的消解和老模式的重构。

颠覆和重构在这里的界限是模糊的，一切都表达得犹豫不决。故事的终点本应以艾莎死亡为最终标志进行彻底的权力消解，但作者每次都表现得含糊不清。整个系列中，艾莎似乎永远也不会真正死亡，反而会一遍遍归来。直到《艾莎归来》的末尾，霍利仍然在说："艾莎的来历和生命都是一团迷雾——我从未得知这些事实的真相——所以她的死亡也是一个谜团。也许她只是离开，我不认为她真的死了。"①

理解这一矛盾暧昧的表达，需要考虑到这样一个事实：19 世纪后半期英国新旧殖民思想交替时造成了长达数十年的混乱矛盾，军事殖民的思想逐步让位于经济与文化殖民，英国思想界产生了剧烈的动荡，反中心思潮出现了，自由主义登上了思想交锋的舞台，并进一步广泛传播。

具体来看，艾莎系列最早的一部作于 1887 年，最后一部完成于 1921 年，从 19 世纪后半跨越到 20 世纪初。这个时段在英国历史上也确实有着比较特殊的意义。这一时期，英国并未妥善处理欧洲的东方危机问题，这造成了帝国内部政治格局的动荡。与此同时，其他的国家的殖民扩张正进行得如火如荼，成为帝国强劲的对手。换言之，19 世纪 70 年代左右甚至更早，帝国事业已经出现左支右绌的尴尬情况。这时帝国内部关于殖民事业的争论也越来越难以统一，一些反对军事统治的旧殖民主义的思想开始摆上明面。对于帝国的意义人们不再抱持理所当然的态度，而是开始怀疑这一切是否值得。对帝国的态度则成了激烈党争中的重要论题，自由主义开始广泛流行，并挑战重扩张的保守主义。

（一）"自由帝国"的广泛传播

英国的自由思想来源已久，文艺复兴和宗教改革都为这一思想的兴起起了重要的作用，但自由主义思想成系统出现还是在 17 世纪洛克（John Locke）的《政府论》中。18 世纪的自由主义更多体现在经济学领

---

① H. Rider Haggard, *Ayesha*, Teddington: The Echo Library, 2009, p. 216.

域，如亚当·斯密（Adam Smith）在《国富论》中对自由主义经济的阐述。总的来说，自由主义思想是基于资本主义制度和个人主义信念的一整套哲学、政治、经济和文化理论。这一思想在经济上要求自由竞争、保护私有财产；政治上限制政府权力，保护个人自由权利；文化上主张多元化，重平等（包括个人之间、民族之间的互相平等独立），捍卫言论、宗教等自由。到19世纪，新旧殖民意识的冲突产生了思想领域的混乱地带，军事殖民让渡于文化殖民思想，自由主义全面地扩散在英国政治、经济和性别文化各种领域，其突出表现为政治上“自由帝国”理念的兴起和性别文化领域上自由主义女性主义的成熟。

具体来看，在政治上，当时英国的自由主义政治家反对传统的军事和领地上的殖民扩张，希望建立起“自由帝国”，宣称：“英国真正的帝国政策是避免获取新殖民地，而在帝国内促进现有殖民地的发展，使其走向自治。”① 其代表人物格拉斯顿（William Ewart Gladstone）希望尊重各国的价值，无论强大或弱小。一方面，他同情殖民地，反对武力占领和掠夺殖民地，鼓励殖民地独立自治，意识到“东方问题不是一个地区性的权力政治问题，而是人们从压迫的国家中寻求自由的问题”②。另一方面，他还担忧，依赖暴力手段来进行殖民扩张将侵蚀英国的经济结构及民主自由的社会制度，最终将毁灭英国的文化核心。他是“自由帝国”这一理念的推行者。在1857年第二次鸦片战争期间，他曾在议会激烈反对帕默斯顿（Palmerston）对中国的侵略政策；19世纪70年代，他更为积极地反对英国对塞浦路斯和阿富汗的入侵。

但是，需要注意的是，自由主义思潮对传统殖民主义进行了反思，但并不意味着完全放弃殖民主义。概括地说，自由主义思潮是西方以军事入侵为主的旧殖民主义转入以经济、文化侵略为主的新殖民主义的征

---

① ［英］P. J. 马歇尔：《剑桥插图大英帝国史》，樊新志译，世界知识出版社2004年版，第51页。

② John Morley, *The life of William Ewart Gladstone*, London: Macmillan and Co. Limited, 1903, p. 563.

兆。最早提出“自由帝国”这一概念的埃德蒙·伯克（Edmund Burke）早就指出，帝国内部的紧密联系应该是情感上的，“像空气那样轻，却像钢铁一样强”①。格拉斯顿在此基础上进一步阐释，帝国应该建构在经济实力和文化认同上，要让各个民族（殖民地）承认帝国在道德上的正义性：“帝国实力的加强借由国内的两项手段：法规和经济，由此制造国家力量的两大要素，即有形的物质要素——财富和无形的道德要素——团结和满足感。”②

从史实上看，“自由帝国”的概念不仅在思想上获得了更为广泛的认同，在具体政治实践上也取得了成效。1862—1873 年，英国在鼓励各殖民地建立自治政府的基础上，开始从殖民地陆续撤军。1899—1902 年英国与布尔人耗资巨大的战争更是推动了“自由帝国”思想的进一步扩散。1906 年，自由党内阁首相亨利·坎贝尔-班纳曼爵士认为：“殖民帝国已根据自由党的原则而建立，如果不是采用了这个原则，帝国可能在许多年以前就已经解体了。”③

另外，我们要看到，新旧殖民思想的交替并不是单线程的，而是不停冲突反复。在英国大部分殖民地已经建立了自治政府的同时，1874 年，主张军事扩张的保守党领袖迪斯雷利依然赢得了大选，且一直掌权至 1880 年。

（二）自由主义女性主义的成熟

正是在这种新旧思想的反复冲突更替之中，一切都呈现出矛盾、模糊、暧昧的状态，中心被颠覆，很多殖民主义相关的规则被重新思考和衡量，这其中包括了对男权中心的反思。

英国的女权主义在 18 世纪就已经开始萌芽，但是直到 19 世纪，自由

---

① 张本英：《自由帝国的建立——1815—1870 年英帝国研究》，安徽大学出版社 2009 年版，第 85 页。

② H. C. G. Matthew, *Gladstone* 1809 - 1898, Oxford: Oxford University Press, 1997, p. 181.

③ C. H. Currey, *British Colonial Policy* 1783 - 1915, Oxford: Oxford University Press, 1924, p. 162.

主义思想家约翰·斯图尔特·穆勒（John Stuart Mill）在《论自由》中将女权主义思想归入自由主义思想体系中，才开始让女权主义真正获得系统的思想基础。穆勒认为，自由权是人类拥有的最基本的权利，这是无分性别的。

正因为“自由主义是一种基本的政治信念、一种哲学和社会运动，也是一种社会体制建构和政策取向。它还是一种宽容异己、兼容、并包的生活方式。它把自由当作政府的基本方法和政策，社会组织原则以及个人与社会的生活方式”①。因此，“规范两性之间的社会关系的原则——一个性别法定地从属于另一个性别——其本身是错误的，而且现在成了人类进步的主要障碍之一。我认为这个原则应代之以完全平等的原则，不承认一方享有权利或特权，也不承认另一方无资格”②。

自由主义女性主义在理论上的成熟进一步推动了社会实践上女性地位的增长，影响到了社会文化领域中的各个方面。19世纪英国女性的受教育权和经济权都有所改善，体现在文学上，则出现了女性文学的繁荣，简·奥斯汀（Jane Austen）和勃朗特三姐妹等女性作家群崛起。

表面上看，自由主义女性主义的成熟与英国殖民思想的发展并没有直接的联系。但是殖民文学惯有将自我形象塑造为男性，而将殖民地塑造为女性的传统，乐于把东方“典型地制作成（形象多样）沉默、淫荡、女性化、暴虐、易怒和落后的形象”，同时，“西方则被表现为男性化、民主、有理性、讲道德、有活力并思想开通的形象”③，以此来将性别优势自然转化为种族优势，从而建构起了传统的“男性/女性＝宗主国/殖民地”的两分等式。在这一等式中，西方/殖民地的两分模式与男性/女性的两分模式共享了同一个理论基础，即男权中心。自由主义女性主义对男权中心的颠覆，在某种意义上打破了这一等式的核心基础，直接冲

① 顾肃：《自由主义的基本理念》，中央编译出版社2005年版，第264页。

② ［英］玛丽·沃斯通克拉夫特、约翰·斯图尔特·穆勒：《女权辩护 妇女的屈从地位》，汪溪译，商务印书馆2007年版，第285页。

③ ［英］巴特·穆尔－吉尔伯特：《后殖民理论——语境、实践、政治》，陈仲丹译，南京大学出版社2007年版，第31页。

击了西方的种族心理优势。这也是为什么哈格德在艾莎系列作品中塑造的殖民地女性统治白人男性的母权空间，不仅有性别权力上的意义，更有种族权力上的意义。他对权力秩序的重构是双重的：既是性别上的重构，也是种族上的重构。

（三）哈格德：分裂的双面人

总的来说，新旧殖民思想交替的时机给自由主义兴起提供了舞台，政治上“自由帝国”的崛起和性别文化上自由主义女性主义的传播都深深影响了当时的殖民文学作家，如康拉德、吉卜林和哈格德等。在关于康拉德和吉卜林的作品到底表达的是殖民主义还是反殖民主义，研究者们多有争论。但事实上，所谓的殖民或反殖民只是传统军事殖民和新兴的经济、文化殖民思想的区别。他们和哈格德同处于这一混乱的时代，作品中殖民思想也表现出复杂矛盾的一面。但哈格德与其他同时代作家不同，他不仅试图在殖民空间中在种族上颠覆权力秩序，还敏感地涉及了性别权力的颠倒。换言之，吉卜林和康拉德等作家更多接受了“自由帝国”的影响，在性别上关注较少，而哈格德则同时接受了“自由帝国”和“自由主义女性主义”的影响，这种影响直接体现在其作品中种族和性别秩序的构建。

这一构建方式显然和哈格德本身的性别气质有关。理论上说，从维多利亚时代开始，大英帝国理想的男性气质已经发生了很大的转变，从高雅无用的纨绔子到充满进取心、强壮勇敢的殖民地冒险家。① 不幸的是，不论从哪方面来说，哈格德都不是当时主流意义上的理想男性。他并不像父亲威廉，反而和母亲更像，敏感、脆弱、富有想象力，很有文学天赋。这样的特质在那个时代是被当作某种男性气质不足的缺陷来看待的。他的父亲是个平庸粗暴的男人，对儿子这些特质难以接受，一度

① 程巍：《文学的政治底稿：英美文学史论集》，复旦大学出版社 2014 年版，第 31—69 页。

认为自己所有孩子中唯有哈格德蠢得无可救药。①

显然19世纪中后期的英国社会认为他父亲这样的男性是比较正常的，帝国在发展壮大时期，尤其强调帝国接班人的男子气概的培养，要求男性拥有强壮、勇敢、坚强、富于冒险精神等特质，以便在外可以代表帝国，继续建构“男性/女性＝宗主国/殖民地”这一传统殖民思维模式。哈格德在这种社会性别氛围中过得极其痛苦。童年和少年时期，他花费大量时间去打架、射击和打猎，做一切有男子气概的事情，以获取父亲的认同。但和他的兄弟比起来，他的表现惨不忍睹。这一时期，优雅、细腻、敏锐的母亲埃拉和姐姐成了和他关系最密切、也对他影响最大的两个人。埃拉正直善良，在文学上才华横溢，她不仅在小哈格德重病时不离不弃，拯救了他的性命，还促成了他对古希腊和巴基斯坦文化的兴趣，启发了他文学上的才能，也使得他对女性充满矛盾的依赖和崇拜。②

显然，自由主义女性主义的崛起，英国思想界的动荡和分裂都给了哈格德选择其他价值观的机会。但是，曾经主流的一切仍然掌握着重要的话语权，哈格德大半辈子都在努力获得像他父亲这一类保守派的男性的认同。因此，从表面上看，哈格德并不属于“自由帝国”的支持者。他曾经自认为是一个“忠诚的保守派”③，对自由派对外的软弱做法嗤之以鼻。但有意思的是，1895年，哈格德参与议会大选时，既不是自由党也不是保守党的候选人，而是所谓的“联合党”核心候选人。他在参选期间提出了不少有利于农场主发展的保护政策，D. S. 哈金斯（D. S. Higgins）颇为迷惑地将之称为“一种古怪的保守主义和激进主义混合的改良”，显然不是“官方意义上的保守主义政策”④。他的参选宣言被本地的保守党报纸大肆批评嘲笑，哈格德自己也颇为丧气地意识到

① D. S. Higgins, *Rider Haggard: A Biography*, New York: Stein and Day, 1981, p. 4.

② Ibid., pp. 1–5.

③ Alfred Wilcox, “Mr H. Rider Haggard at Ditchingham”, *The Cable*, May 11, 1895.

④ D. S. Higgins, *Rider Haggard: A Biography*, New York: Stein and Day, 1981, p. 162.

“现在我明白我从来都不是一个真正的托利党（保守党）”，而是有一种“中立的思想”（a cross-bench mind）。[1]

哈格德与他一直努力想靠近的保守派之间的隔阂并不让人意外。如果说“自由帝国”的政治理念和“自由女性主义”的性别主张有着紧密的联系，那么“保守主义”和男权观念也是互为支持的，否则“男性/女性 = 宗主国/殖民地”的等式就不会成立。哈格德与男性社会性别气质的疏离本身就使得他不可能是一个彻头彻尾的保守派。他对保守派男性气质的努力靠近和他本身性别气质及政治理念的矛盾，使得哈格德在艾莎系列小说中表现的一切都充满了犹豫和暧昧，建构和颠覆之间界限模糊，最终要到达的终点变成了无限的往复循环。换言之，在艾莎系列小说中可以发现，哈格德一面用“观看”这一手段建构起反西方中心和反男权中心的历险空间，这个空间里“男性/女性 = 宗主国/殖民地”的两分法等式仍然存在，但它的权力建构含义已经被颠倒了，女性掌控着男性，殖民地女王掌控着白人历险者；另一方面，哈格德在重构权力等级的同时，不断地借助白人历险者的叙述和行动——主要是和“观看”相关的——解构这个母权空间里艾莎的权力，并借助艾莎对利奥的迷恋，通过“殖民地女王/公主爱上白人殖民英雄”的老套情节使“男性/女性 = 宗主国/殖民地”的等式回归到英国传统的权力等级结构。但由于作者对于殖民地母权神话过分着迷地阐释，作品的重点和目的已经模糊，在艾莎死亡—重生—死亡—……的循环中，最终颠覆的意义被消解了。作品中哈格德对“男性/女性 = 宗主国/殖民地”这个权力等级结构等式的不断颠覆和重新回归，背后投射着即将分崩离析的宗主国核心价值，是新时代将要来临的征兆之一。

---

① D. S. Higgins, *Rider Haggard: A Biography*, New York: Stein and Day, 1981, p. 162.

文学中的空间与动物*

李元乔**

内容提要：现代之后人们认识到空间和社会形态密切相关。威廉斯、赛义德和詹姆逊分别通过对文学作品的分析得出共同结论，即小说是资本主义全球化扩张的一部分。随着资本主义全球化的扩张，人的空间被占据，动物的空间自然也被占领了。吉卜林的《丛林故事》和凯赛尔的《狮王》体现了权力是如何通过空间扩张并向动物进行渗透，从而在空间中重新产生和继续流通的。然而人与动物之间的关系并非只是简单的权力压迫，海明威、福克纳等人的小说中除了表现人对于动物的影响之外，也呈现了动物对人的影响。在面对动物时，人类从人的领域“逃逸”出来，“生成”了动物，对生命有了更深刻的理解。

关键词：空间；动物；权力；生成—动物

空间并非先于物质而存在的实体，而是一种产品或关系，进入现代之后这种观念才成为理论家的共识。现代之前，理论家们持相反看法，如笛卡尔将空间视作客观存在，物质占据空间而心灵则不；康德认为空

* ［基金项目］2017 年重庆市社会科学规划项目“现代西方动物小说叙事伦理与认知研究”（2017BS59）。

** ［作者简介］李元乔（1986—　），女，博士，重庆师范大学文学院讲师，主要从事叙事伦理与动物研究。

间是认识主体的先天直观形式之一，是知识和经验产生的先决条件，没有空间，人就无法感知和理解。这些传统而又根深蒂固的理论使得空间的客体化、他者化观念在数百年间深入人心。现代以后，人们开始重新理解空间的意义，以及与之相关的社会关系。这使得我们可以重新看待和阐释一些涉及各类空间的文本，也将文学中空间的意义大大扩展开来。

一

雷蒙德·威廉斯在《乡村与城市》一书中，通过对乡村和城市变迁的叙述，探讨了英国田园诗和小说中的道德变化是如何发生的。威廉斯分析了当今乡村和城市所代表的两种基本生活方式和观念的对立：前者往往代表着落后愚昧的生活方式，后者则代表着先进和知识；前者往往象征宁静和纯洁的美德，后者则是喧闹俗气的象征。威廉斯进一步追溯了这两种对立观念产生的源头。古典时期的田园诗中，对于乡村的描写更为写实。诗歌不仅描写了乡村生活的秀丽风景，同时也不加掩饰地将劳作中的损失及其造成的痛苦呈现出来。但文艺复兴时期的田园诗却悄然发生了变化，诗人开始赞颂佃农的快乐生活，而负面的损失和痛苦则不再提及。18 世纪之后，这种对乡村隐居生活的美化，已经逐渐让位于对乡村失落的怀旧。威廉斯分析了这一变化中的两个阶段，第一个阶段诗人将城市宫廷中的野心和钻营同乡村中的谦卑和朴实作对比，凸显后者的高尚道德；而第二个阶段中，在城市的挤压和侵占下，乡村的高尚道德已成为了消逝的旧日遗物，诗人们则深切缅怀它。威廉斯最后精辟地提出了这一道德变化的原因："造成变化的真正缘由则是发展中的农业资本主义制度。这一制度以一种极其有效的方式成功地改变了它的环境，把人和自然都变成了一种占主导地位的目的的工具，而这也正是资本主义贯穿其发展历史所表现出的特点。"① 通过这一分析，威廉斯一方面向我们呈现了文学如何反映权力制度主导下空间的现实变化，另一方面又

---

① ［英］雷蒙德·威廉斯：《乡村与城市》，韩子满、刘戈、徐珊珊译，商务印书馆 2013 年版，第 119 页。

指出了空间的现实变化也引起了道德和观念的变迁。这也是列斐伏尔、詹姆逊、戴维·哈维等人的共识，社会形态的变化必然引起空间的变化，反过来也是一样。

尽管赛义德批评威廉斯在《乡村与城市》中将空间变化归因于英国资本主义制度的观点过于褊狭，但这并不代表赛义德认为威廉斯的思路是错误的。在《文化与帝国主义》一书中，赛义德多少借鉴了威廉斯的做法。他分析了以欧洲现实主义小说为主的众多文学文本，其中包括约瑟夫·康拉德的《黑暗的心》《吉姆爷》、简·奥斯汀的《曼斯菲尔德庄园》、加缪的《局外人》以及威尔第的歌剧《阿依达》，提及作品无数。赛义德尽可能多地覆盖一些作品，是为了说明它们都是文化和帝国主义之间关系的一部分。他比威廉斯走得更远，没有止步于英国资本主义，而是把眼光投向帝国主义和全球化。他提出欧洲现实主义小说的一个主要目的是“几乎无人觉察地维持了社会对向海外扩张的赞同”①，这使得小说体现出一种权威叙述的模式；但同时，这些小说也呈现了殖民地人民在帝国主义领土扩张中所坚持的生活方式和身份认同，尽管作家本人可能倾向于帝国主义。威廉斯认为小说是资本主义制度所创造的文学形式，赛义德赞同这一观点，他认为小说发展的过程就体现了19世纪英国帝国政策的连续性，“小说从根本上是与资产阶级社会联系在一起的”②，“帝国主义与小说相互扶持”③。这些东西通过土地以及空间复杂而实际地交织在一起，文化的竞争由帝国的争斗带来，而帝国争斗的根本是土地的问题。最终，权力通过空间得以运作。

弗雷德里克·詹姆逊对这一问题的看法同威廉斯和赛义德有相似之处，但又更为复杂。他在《政治无意识》中讨论了文类问题，提出“文类基本上是文学的‘机制’，或作家与特定公众之间的社会契约，其功能

① ［美］萨义德：《文化与帝国主义》，李琨译，生活·读书·新知三联书店2016年版，第14页。

② 同上书，第95页。

③ 同上书，第96页。

是具体说明一种特殊文化制品的适当运用”①。这一看法超出了将文类视为简单化分类和独立于文学外因素的看法，将文类同历史联系起来。他认为小说是文类的终结，因为它将各种文类熔于一炉。而小说的兴起同英国的帝国主义的兴起具有同时性——正如威廉斯和赛义德对小说的看法——因此小说的文类包容并举正是资本主义全球化扩张的隐喻。他举康拉德的《吉姆爷》为例，康拉德将现实主义小说、传奇、冒险小说、侦探小说、印象主义等多种文类风格融于《吉姆爷》中，给小说营造了复杂又神秘的氛围。同时又将主人公吉姆的活动范围安排在多个空间，从英国出发，穿过孟买、加尔各答、仰光、平壤、巴达维亚，直到苏门答腊岛帕图桑部落。吉姆的整个旅程，从他在英国轮船上的失败，到在帕图桑成为“吉姆爷”，最后又因自己同胞的到来而再次失败，正是资本主义全球化扩张中权力与矛盾的呈现。小说文类的多变同故事情节一起，呈现了资本主义全球化扩张的现实，以及其中显现的意识形态、矛盾与失落。虽然詹姆逊并未把空间作为他分析这部小说的重点，但他也没有忽略这一关键问题。吉姆所到之处贯穿亚洲，他通过大海得以抵达。大海具有双重意义，既是吉姆工作和生活的具体领域，同时也是“帝国主义资本主义借以将其分散的立足点和前哨聚集在一起的因素，通过这些立足点和前哨，它能慢慢地实现有时狂暴有时安静而恶毒地向地球上前资本主义外围地带的渗透”②。意识形态伴随着空间的扩张而扩张。詹姆逊在讨论后现代问题时也提到这一观点，他认为，资本主义发展史上共有三次全球性大扩张，第一次是促进国家市场的确立，第二次是建立帝国主义系统亦即上面赛义德所探讨的问题，第三次是他自己所要探讨的，晚期资本主义的扩张所带来的现代与后现代问题。他提出，这三次全球性扩张（尤其是第三次）并非仅仅是一种文化意识形态上的扩张，而是包含着实实在在的、现实中的空间变化的，这种空间的变化是全球化的

① ［美］弗雷德里克·詹姆逊：《政治无意识》，王逢振、陈永国译，中国社会科学出版社1999年版，第93页。

② 同上书，第199页。

核心。[1]“第三世界”的产生首先是由于“第一世界”的空间扩张和领土扩张，然后是文化意识形态的扩张；之所以“第三世界”的文学让“第一世界”的读者读起来觉得陈旧过时，正是“第三世界”的作家抵御“第一世界”文化意识形态扩张乃至空间扩张的方式，即“民族寓言”。[2]

威廉斯、赛义德和詹姆逊，他们有一个共识，就是将小说看作是资本主义全球化扩张的一部分，它与资本主义全球化扩张相互映照。19世纪的现实主义小说，它们有的直接表现了资本主义海外领土扩张的内容，有的将殖民作为背景，有的只是在小说中提及，但无论是小说的人物塑造、情节安排还是结构模式，都体现了这一点。但在此之上我们还应意识到，帝国占领的空间中不仅仅只有人。当帝国占据人的空间的时候，动物的空间自然也被占领了；对人造成影响的同时，给动物同样造成了重大影响。有时，在动物身上所体现出来的政治扩张和权力流通更为赤裸和深刻，这些同样通过小说呈现了出来。

二

英国作家吉卜林写作了一系列以英国对印度殖民为背景的小说，包括著名的《丛林故事》。《丛林故事》是部以动物为题材的短篇小说集，其中有系列故事，有单独成篇的故事。莫格里系列故事中，主人公莫格里是个被狼抚养的人类婴孩，作为一个外来者，被丛林中的动物所接纳；作为一个人类，他没有生活在人类空间，而是进入了动物空间——丛林。吉卜林为了弱化英国帝国主义的殖民，没有让莫格里入侵丛林，而是作为一个被捕捉的婴孩，被迫“抛入”了丛林。但这个婴孩随后便被吉卜林塑造成了一个传奇英雄，赋予了他传奇的成长经历和超凡的能力。弗莱这样定义传奇英雄：“在传奇的主人公出没的天地中，一般的自然规律要暂时让点路：凡对我们常人说来不可思议的超凡勇气和忍耐，对传奇

① 参见［美］弗雷德里克·詹姆逊：《晚期资本主义的文化逻辑》，张旭东编，陈清侨等译，生活·读书·新知三联书店1997年版。

② 同上。

中的英雄来说却十分自然；而具有魔力的武器、会说话的动物、可怕的妖魔和巫婆、具有神奇力量的法宝等等，既然传奇的章法已确定下来，它们的出现也就合乎情理了。”① 莫格里正是这样一个传奇英雄，他的超凡能力是使用火。虽然使用火对人类来说只是件寻常事，但对动物来说，火是最具威慑力的武器。莫格里的传奇能力不是相对于人而言的，而是相对于动物而言的。莫格里在本属于动物的空间丛林，靠着人本有的寻常能力，成为传奇英雄。这同康拉德的《吉姆爷》如出一辙，吉姆在英国只是个普通的大副，但在苏门答腊岛上就成了“吉姆爷”。在本来世界中的普通人，换个地方就成了传奇英雄。然而，英国和苏门答腊岛处于世界两端，怎么才能变更空间呢？如果没有资本主义的航海技术，吉姆爷一辈子也无法达到苏门答腊。通过轮船，以及英国对印度的殖民和对亚洲其他地区的半殖民渗透，旅行的速度大大加快，原本遥不可及的距离被缩短了。这就是戴维·哈维所说的“时空压缩”：“资本主义的历史具有在生活步伐方面加速的特征，而同时又克服了空间上的各种障碍，以至世界有时显得是内在地朝着我们崩溃了。”② 同样，莫格里的传奇色彩也是时空压缩的结果。莫格里本生活在村庄里，动物生活在丛林里。这两个地方虽然相距不远，但彼此并不相交，人和动物对彼此的生活几乎一无所知。人和动物之间虽然没有实际的距离，但有着想象的距离。人和动物之间不可跨越的鸿沟是语言。莫格里的师傅棕熊巴鲁懂得丛林中所有的语言，但唯独不懂人的语言；而村庄里的人类也同样不懂动物的语言。没有语言，人与动物的空间界限就无法真正消弭。莫格里在狼群中长大，学会了丛林中各种动物的语言，但不懂人的语言。等他到村庄中生活时，第一件事就是学习人的语言。对于一个在狼群中长大的人来说，学习语言本应是一件需要花费很多时间和力气的事情，但小说只用一句话就将此带过：“只要米苏阿说出一个字，莫格里就马上学着说，

---

① ［加］弗莱：《批评的解剖》，陈慧等译，百花文艺出版社 2006 年版，第 46 页。

② ［美］戴维·哈维：《后现代的状况：对文化变迁之缘起的探究》，闫嘉译，商务印书馆 2003 年版，第 300 页。

说得一点也不走样。不到天黑，他已经学会了小屋里许多东西的名称。”①吉卜林大大缩减了故事时间和叙述时间，消除了两个空间之间的关联障碍。只有经过空间障碍的消除，莫格里才能更好地在丛林里狩猎。这可以说是资本主义全球化扩张的动物式隐喻：“通过向新领域的地理扩张以及建构全新的空间关系来吸收剩余资本（有时是剩余劳动力）可以说是很显著的。如列斐伏尔敏锐地指出的那样，空间关系以及全球空间体制的建构和重构是资本主义残存到20世纪的主要手段之一。”②

小说中还有一些矛盾之处也十分耐人寻味。吉卜林将莫格里塑造成了一个传奇英雄，但他并未使用传统传奇故事过度渲染的手法，而是采用了写实的现实主义小说叙述方式。小说对于动物的描写极尽精细和准确，建立在充分的现实观察之上。因此，《丛林故事》具有明显的杂糅风格。它有着小说的外壳，但其实是讲述了一个传奇故事；它塑造了一个传奇人物，但使用的却是现实主义小说手法。这一矛盾正是小说所代表的资本主义意识形态与传奇代表的农业传统意识形态之间矛盾的表现。最后莫格里离开丛林，回到人类社会，这个结局为许多人所不喜。但或许这正体现着吉卜林的悲观倾向：尽管资本主义拥有财富和武器，但最终还是要离开别人的领土，回到自己的家园。

除此之外，外来者对于动物空间的占领，也改变了当地人和动物本来的相处模式。法国作家凯赛尔的《狮王》中，写到英国人在非洲肯尼亚建立了皇家动物园供白人玩乐。当地的土著居民黑人原本与动物生存在一起，他们捕杀动物，动物也捕杀他们。但当白人到来之后，白人建立了保护区，把他们认为具有保护价值的珍稀动物保护起来，隔开了黑人与动物。野生动物园建成后，看动物的权力属于白人，属于从文明世界来到非洲的游客，属于叙述者“我”这样热衷冒险、雇当地人做导游、

① ［英］吉卜林：《外国中短篇小说藏本：吉卜林》，文美惠、任吉生译，人民文学出版社2013年版，第210页。

② ［美］戴维·哈维：《正义、自然和差异地理学》，胡大平译，上海人民出版社2015年版，第274页。

想在纯朴的原始世界里寻找“天堂”的人。“他向我讲述了那些因为茅屋里没有冰箱而牢骚满腹的人；还有那些因为冒险强迫症坚持把床搬到户外的家伙们；以及那些想在保护区的树上找到一块平台以便在晚上一边喝香槟，一边在探照灯下观察动物的人们，就像著名的尼耶里树顶酒店一样……”① 这些人不远千里乘坐飞机来看动物，并不是因为他们喜爱动物，而是因为他们享受他们能够从遥远的文明国度来到落后的原始世界，一边喝香槟一边在探照灯下观察动物的权力。

福柯在《规训与惩罚》一书中，详细描述了边沁的全景敞式监狱，并阐述了权力是如何运作的。每个犯人住在一个单独的囚室内，他们看不到别人，但中间瞭望塔里的狱警可以监控到每一个人。“全景敞式建筑是一种分解观看/被观看二元统一体的机制。在环形边缘，人彻底被观看，但不能观看；在中心瞭望塔，人能观看一切，但不会被观看到。”② 这种观看/被观看的模式是如何实现的呢？通过对空间的划分。在环形建筑这个有限的空间里，被划分成了中心和四周两部分，四周又被划分成一个个更小的空间。而通过对空间的分配，监视者分配到中心空间，被监视者分配到四周的隔离小空间，监视者监视被监视者这一权力模式才可能形成。福柯认为，现代社会是一个“规训性空间”，人类通过空间进行统治和管理他人，空间是统治的工具。人们通过空间来实现权力，空间是现代社会权力运作的方式。福柯的理论是针对现代社会人与人之间的关系的，但对于人与动物之间也同样适用。在谈到边沁的全景敞式监狱时，福柯指出它和凡尔赛动物园的相似性：凡尔赛动物园“其中心是一个八角亭，第一层只有一个房间，是国王的沙龙。八角亭的一面是入口，其他各面开着大窗户，正对着七个关各种动物的铁笼”③。白人不仅入侵了当地人的空间，也入侵了当地动物的空间。他们通过对空间的规

① ［法］凯赛尔：《狮王》，何珊译，接力出版社 2011 年版，第 55 页。

② ［法］米歇尔·福柯：《规训与惩罚》，刘北成、杨远婴译，生活·读书·新知三联书店 1999 年版，第 226 页。

③ 同上书，第 228 页。

划和使用，打破了原有人和动物之间的平衡，用新的权力关系代替了它。权力通过空间扩张进行渗透，并在空间中重新产生和继续流通。

三

然而人与动物之间的关系并非只是简单的“人对动物的压迫”。人固然通过对空间的扩张和管理控制动物，但动物也不是全然被动承受。在同一个空间中，动物和人相互影响。赛义德认为我们在阅读时，必须将帝国主义和对它的抵抗两方面都考虑到，并将其称为“对位阅读法”；同样地，在阅读动物文学时，除了人对于动物的影响之外，动物对人的影响也不能忽视——尽管这可能是“被它的作者排除在外的东西”①。

小说本身既是资本主义全球化扩张的反映，又是创造性文学；这二者在空间层面上有着不同意义。列斐伏尔将空间分为三类，分别是空间实践、空间表达和表达空间。在《空间的生产》中，他对这三类空间分别予以了解释：“空间实践包括社会生产和再生产，以及每个社会构成的特定位置和空间集合的特征。空间实践确保了连续性和一定程度的凝聚力。……空间表达与生产关系及其所强加的‘秩序’紧密相连，从而与知识、符号、代码和‘正面’相结合。表达空间包含复杂的象征，有时包含代码而有时不含，同隐蔽的地下社会生活相关联，还包含艺术（最终可能被定义为表达空间代码而不是空间代码）。”② 第一个层面空间实践是物质的，人们能够在现实中体验得到的。土地资源的利用、建筑、基础设施生产、国家和政府的空间划分、运输和交通、商品和人的流动，这些都属于空间实践。第二个层面空间表达包含大量符号、知识、代码，人们虽然无法体验但可以感知，物质空间实践也因此被理解。诸多理论和专业术语属于这一层面，同时这一层面也形成了民族主义、地域文化、

① ［美］萨义德：《文化与帝国主义》，李琨译，生活·读书·新知三联书店 2016 年版，第 91 页。

② Henri Lefebvre, *The Production of Space*, trans. Donald Nicholson-Smith, Cambridge: Basil Blackwell Ltd., 1991, p. 33.

私人空间以及地图的绘制。第三个层面表达空间是想象的、是人们创造出来的。这一层面的空间往往以文学艺术的形式表现，如小说创造的空间、绘画建构的空间、人们构想的乌托邦等。

如果说小说一方面反映了空间实践，那么另一方面，小说也创造了表达空间。前文第二部分中讨论了作家在小说中呈现空间实践的状态和结果，但作家同时也随之创造了表达空间。吉卜林的“丛林”，凯赛尔的“皇家动物园”，海明威的“非洲草原”，杰克·伦敦的“西部荒野”，扬·马特尔的“太平洋上的小船”，索尔·贝娄的“瓦里里部落”，这些都是作家们在小说中创造的空间，人不得不与动物共享。这些空间与其他空间具有同样的特质：政治性、生产权力和意识形态。想象空间与现实空间相一致，人占据了动物的空间，用权力控制着动物，这是毋庸置疑的；但不同之处在于，由于想象空间中动物无法逃离，导致人进入动物空间后，发生了“解域”，对生命产生了新的认识和理解。

德勒兹和加塔利在《资本主义与精神分裂（卷2）：千高原》一书中谈到“逃逸”。他们用三种线划分人的生活：“僵化的、节段性的线或被明确划分的线；分子性的、节段化的线；接下来就是抽象线，逃逸线——和其他的线一样，它既是死气沉沉的、但又同样是生机勃勃的。”①第一条“明确线”勾勒我们生活确定的重要宏观变化节段，如换工作、结婚、家庭成员的出生和离去等。第二条“分子线”勾勒我们生活中更微观、更细腻的变化，虽然不如“明确线”那么明确，但也引发着生活中的重要转变。第三条“逃逸线”是一条断裂之线，它引发的变化一旦发生，就和之前的生活发生了断裂，它无法回头、彻底改变了生活。大多数生活中的变化都是由“明确线”和“分子线”勾勒的，但在“与动物相遇”这一特别事件中，“逃逸线”产生了。

海明威在《弗朗西斯·麦康伯短促的幸福生活》中讲述了这样一个故事：麦康伯是一位模样漂亮、风度翩翩的美国富翁，有一位美丽的妻

① ［法］德勒兹、加塔利：《资本主义与精神分裂（卷2）：千高原》，姜宇辉译，上海书店出版社2009年版，第276页。

子。他带着妻子去非洲打猎，雇用了一位经验丰富的硬汉猎手威尔逊。麦康伯同妻子结婚、去非洲打猎，这些变化都由“明确线”勾勒，是构成现在麦康伯人生的主要事件和因素。麦康伯在打猎中第一次碰上了狮子，他由于胆怯而逃跑了。这虽然是一个小事件，但却是一条“分子线”，它引发了麦康伯生命中的一个重要变化：他的妻子半夜偷跑出去和威尔逊偷情；他不但失去了女人对他的爱，也失去了男人对他的尊重。然而第二天打猎中，巨大的变化发生了：他突然迸发出勇气，毫不畏惧，一口气干掉了三条野牛。尽管他因此而丧命，但他最终得到了尊重。为何麦康伯第一次怯懦而第二次勇猛？第一次面对狮子，他是以自己的经验感知狮子。我们的感知有缺陷，感知会缩减差异性，它会将差异性抹平，将对象感知为一个整体。麦康伯感受到了生命的威胁，从而产生了自然的恐惧。第二次面对野牛，妻子的偷情和威尔逊的轻蔑激发了麦康伯的“逃逸”，麦康伯一下子参破了死亡，认识到了生命的本来面目。正如莎士比亚在《亨利四世》中的表述：“说实话，我一点也不在乎；人只能死一回；都欠上帝一条命……不管怎么样，反正今年死了，明年就不会再死。”[①] 麦康伯的恐惧断裂般地消失了。“现在变成一个天不怕、地不怕的斗士啦。……害怕一下子消失了，像动手术般被切除了。另外一种东西长了出来，代替了它。这是做一个男子汉的主要东西。使他变成了一个男子汉。”[②] 麦康伯的“逃逸”让他从人的领域“逃逸”到动物领域，引发“绝对的解域”，从人进入到“生成—动物”之中。

何谓“生成—动物”？德勒兹和加塔利认为，在人类未将生命体进行划分之前，所有生命体都作为“前个体”在内在性平面上存在。随后人类对生命体进行了划分，但并不是按照动物的种属之间的差异性进行划分，而是以人类为主体，比照与人的关系进行划分，“一匹赛马和一匹驮

① ［美］海明威：《海明威短篇小说全集》上卷，陈良廷等译，上海译文出版社 2011 年版，第 37 页。

② 同上书，第 38 页。

马之间的差异要大过一匹驮马与一头牛之间的差异”①。这是一种模仿，是主体与客体的二元划分。而“生成—动物”突破了这一看待动物的传统观念，生成不是模仿，也不是主体/客体之间的对立，而是在差异化的前提下，将对方的潜能生成在主体中，使彼此既成为生成了对方的主体，又成为对方生成的媒介。“生成—动物”使人类突破经验感知，人在“生成—动物”的过程中，会向潜在敞开感知，激发出一种特异性，从而感知到经验之外的事物，德勒兹称其为“生成—不可感知物”。我们无法感知死亡，死亡到来之际我们也会死去；无法感知死亡，我们也就无法感知生命。但我们可以通过“生成—动物”来感知死亡和生命：“生成动物是这样一种权力，它不是去征服那有别于其自身的东西，而是在感知差异中去转变自身。”② 生成—动物不是成为动物，也不是用人的经验方式去感知动物。在这个时刻，人既不再是人，也不是动物，而是这两者以外的东西，是“僭越”。

福克纳的小说《熊》中，有一只庞大凶猛的老熊，猎人们每年都去捕猎，但从未捕捉到它。有一个男孩，他是猎人的儿子，从小就听着老熊的传说，想象着它的样子，甚至多次梦到它。男孩 11 岁时，终于第一次见到了老熊。他没有带枪，老熊也没有攻击他。14 岁时，男孩再一次见到了老熊，但他没有开枪，他父亲也没有。并非是因为在长久的追逐中，他们对老熊产生了情感；而是因为老熊让他们感知到了“不可感知物”。他们透过老熊，感知到了真理。那只老熊由于其传奇性，在人们心中已经成为超脱生死的存在，而在面对老熊时，他们通过老熊的潜能，同老熊达到了共生，超脱了生死。“那只摆脱了死亡的羁绊的老熊和他自己，而他也居然分享了老熊的一些灵气。”③ 他们“生成”了老熊。德勒兹和迦塔列谈到卡夫卡小说中的“生成—动物”方式时，形容了这种感

① ［法］德勒兹、加塔利：《资本主义与精神分裂（卷 2）：千高原》，姜宇辉译，上海书店出版社 2009 年版，第 257 页。

② 同上书，第 243 页。

③ ［美］福克纳：《去吧，摩西》，李文俊译，上海译文出版社 2004 年版，第 188 页。

受："这不是一种怜悯的情感，更不是一种同一化，而是在完全差异的个体之间所形成的速度和情状的某种复合，是共生……老鼠和人根本不是一回事，然而，存在以同一种意义来表达这二者，通过一种（不再由词语所构成的）语言，一种（不再从属于形式的）质料，以及一种（不再归属于人的）感受性。"①

这是人们最终从动物中得到的：人们进入了想象的动物，让人类直面动物，也让动物直面人类。人突破了原有的空间和界限，尝试同动物的真正力量和潜能结合。"脱离了领土的动物的力量也促进和加剧了使其脱离领土的人类力量的脱离领土的进程。"② 人影响了动物，动物也影响了人类。人作为主体进入了动物，最终却"生成"了动物。由于动物，人类的感知拓展了，脱离了原本的人类领域的局限，但也没有停留在动物领域，而是进入了生命领域——人与动物共享的生命。

---

① ［法］德勒兹、加塔利：《资本主义与精神分裂（卷2）：千高原》，姜宇辉译，上海书店出版社2009年版，第363页。

② ［法］德勒兹、伽塔利：《什么是哲学：卡夫卡——为弱势文学而作》，张祖建译，湖南文艺出版社2007年版，第27—28页。

关于纯粹诗歌的论争

[日] 辰野隆著　刘　静译*

从去年秋天至今年年初，法兰西文坛上最有趣味的问题，大概就是关于“纯粹诗歌”的论争了。

所谓纯粹诗歌，一言以蔽之，就是主张“诗只为了诗而存在，理性不是诗”，但这并不是今天才开始讨论的问题，对于法兰西文学来说，这是从戈蒂埃以来的一派的主张，历经接受爱伦·坡影响的波德莱尔，再从马拉美到现代的瓦雷里，大概可以说是到达了顶点。这是立足于纯艺术的立场的诗论。没想到这一诗论，去年十月因顽固地拥护和坚守基于明晰的理性的传统文艺的殿堂——法国翰林院里的神父阿里·伯雷蒙的大力倡导，而引发了激烈的论争。上述近代诗坛的杰出人物向来就是与翰林院的旗帜相左的诗人群，而作为翰林院院士的伯雷蒙也公然为纯粹诗歌摇旗呐喊，因为他的论述包含着渊博的知识和很深的造诣，且持论公允，所以翰林院的传统派也没有一个站出来反驳。（曾经倾慕马拉美、倾倒于波德莱尔的雷尼埃、布尔热等采取了沉默的姿态，但如果联系他们过去的主张，我认为他们是赞成伯雷蒙的言论的。本来，作为基督教神父，伯雷蒙的言说方式多少有点说教的味道，但就这点而言，伯雷蒙比雷尼埃他们更加忠于文学。）然而，本来不应该，但有一位叫保尔·苏达的批评家——有点名气，不太高明却很高傲的人在《时间》文艺栏提

---

* 辰野隆（1888—1964），日本学界法国文学学科奠基人，东京帝国大学教授。刘静（1964—　），女，博士，重庆师范大学文学院教授、硕士生导师，主要从事中日文学比较研究。

出了“惟有理性才是知识的光明……所谓美，即是理性的开发”等言论，批评纯粹诗歌，他的表现称得上十分勇敢。可是，伯雷蒙立即更加精密地阐述自己的观点，外强中干的苏达先生很快惨败，将余愤发泄在美国的报纸上，但结局不过是螳臂当车，无济于事。伯雷蒙的论文刊载在《新文学周报》前后十二期上（去年十月三十一日到今年一月十六日）。后来，《法国的水星》的二月一号刊载了诗学家罗伯特·索萨的就相同问题的详细解说和他对伯雷蒙的感谢。伯雷蒙和索萨的这两篇文章都称得上诗歌方面最近发表的优秀论文。想用简短的文字来叙述这两位文学家的主要观点非常困难，但姑且简言之，可以这样说：“凡是诗歌里都存在着某种超越理性的，不能用言语来说明的东西。把这个称为神秘也好，称为秘密的魅力也好，总之，它是诉之于人的内心的潜藏着的愉悦。诗歌的本质就是存在于这愉悦中。在这样的意味上的神秘不仅仅是诗的专属，广泛地说，不用说各种艺术里也存在，即使宗教、科学，在其根基上也不会没有上述意义上的诗。无论如何的正确科学没有不以这种潜在的愉悦为出发点。如果说有，一个也好，我想看看。”索萨引用了许多哲学家、科学家的著作，说明他们的思考和研究的起源。那一个一个的例子这里就不举证了，但作为易懂的例子，我希望读者去读一下普安卡雷的《科学和方法》（山本修译）中的以《数学上的发现》为题的非常有趣的文章。

不过，在读伯雷蒙的文章的过程中，我心中暗暗产生了一个疑问，他所谓的纯粹诗歌与我理解的纯粹诗歌之间，有很大的差别。彻底探究伯雷蒙的论述，结果发现，作为纯粹诗歌的例子，我们不得不把拉马丁的诗和魏尔伦的诗——在我看来不如说是他们诗歌里的不好的一半——归为纯粹诗的范畴。这样看来他要把声称不经过艺术雕琢只流露诗人的感性的诗也称为纯粹诗。然而我却想从纯粹诗的概念里排斥只有流露感的诗歌。拉马丁也好，魏尔伦也好，那一半不好的诗歌只能称为自然诗或天然诗，不能称为纯粹诗。我认为纯粹诗应该是极度地精雕细琢的东西，因此它意味着是跟自然相对立的艺术领域里彻底地施加人工修饰的诗歌。我认为，大凡处于自然状态中的东西无论如何不能说是纯粹的。说婴儿的微笑是纯粹的，山间的清泉是纯粹的之类，其实是词汇的误用。这些虽然可以说非常自然，但是决不能说是纯粹的。纯粹的事物无论什么都一定要经过人为加工。纯粹诗当然是以自然为基础，但必须在艺术的砧板上锅中烹调过的东西。极言之，正如液化空气那样以自然为基础，但在自然的状态中不能存在的东西，必须经过人为加工之后才能形成。所以，我所说的纯粹诗，不意味着是拉马丁他们的诗歌，而是指波德莱尔、马拉美、兰波、瓦雷里的诗，或者魏尔伦的一部分好的诗。不用说，拉马丁或者代博尔特・瓦尔莫夫人的自然诗里也有优秀的诗篇，但是要从他们的诗篇中寻出纯粹诗是非常困难的。（顺便说一句，我们爱《万叶集》，说它歌风朴素、感情流露自然，其实我们并不是仅仅因为这个因素而被它吸引。在这样的意味上的好的自然诗，一定不限于万叶集里才有吧。但唯独《万叶集》能独步古今，这是由于被这个歌集收集的有名的、无名的歌人的优秀诗歌中，从心灵深处而来的味道十足的、千锤百炼的纯粹诗比其他歌集要多得多的原因。而且，我不能设想没有《万叶集》以前的文化的存在，能结集《万叶集》。）

总之，我认为应该与伯雷蒙以及索萨这两位的论文一起阅读的还有《新法兰西评论》一月号齐保德的诗论，这篇论文虽与上面两位论述的立场不同，但也可以作为关于纯粹诗歌的有特色诗论，很有参考价值。我的看法从齐保德的观点得到启示的地方很多。同样《新法兰西评论》去年十月、十一月号中库罗德鲁的《对法兰西韵文的主张与考察》也是颇有独创性的诗论，听从他的说法，偏重理性和均衡的古典诗歌，总之不如“被判处死刑的无论是谁都应该被砍头”这样的刑罚条文具有古典性诗歌价值。他还提出，“法兰西的大诗人，在所谓的诗人群中一个也没有，还不如散文家多。拉伯雷、帕斯卡、夏多布里昂、巴尔扎克、莫里斯・格兰……”他这个意见是与他的论说和创作共有的，兼有非常自由的趣味、与接近狂暴的雅各宾党员相似的气质的，很大胆的，却又隐含着一种强烈的真理的议论。而最后，关于成为纯粹诗歌的中心问题的诗人瓦雷里，Frédéric Lefèvre 出版了书名叫《与保罗·瓦雷里讨论》的非常好的著作。其中第一编是与瓦雷里的问答，第二编里记载着关于瓦雷里的散文的解说。关于韵文刊载着《海滨墓园》以及《年轻的命运女神》等其他七篇杰作的阐释。而且伯雷蒙为之写了一篇长长的序言。我认为这是瓦雷里研究必须阅读的文献，所以在这里特意附带说明一下。

关于纯粹诗歌论争的要领的文章，双月刊《法兰西文艺时评》的十九号（今年一月、二月份）的介绍是可以参阅的。作为理论，最近的文章有《讲义讲演杂志》六月十五日号所载的杰·兹功的《感情的美学（第四）：纯粹诗歌》可以作为参考。

另外，关于伯雷蒙，他是个不容忽略的人物，无论学识，文艺鉴赏力，都是我所佩服的。首先，在现代，他是与苏亚勒斯、齐保德不相上下的一流的批评家。他的《法兰西宗教感情史稿》如果全部完成了大概会有十五六卷吧。已经被公认是与圣佩韦的《皇家港口》相呼应的名著。从一九一六年到一九二三年为止，已出版了六卷。我还没有读到。但读到了一九二四年 *Larousse mensuel illustré* 七月号上刊载的对前六卷的批评。自那以后我对此产生了浓厚的兴趣，对他特别关注。如果阅读这本杂志同年八月号关于他的评传以及 Lefèvre 的《与……过了一个小时》第三卷的关于伯雷蒙的文章，一定能对这位文学神父的卓越之处有大致的了解。

《关于纯粹诗歌的论争》译者附记

一　关于著者

辰野隆（1888 年 3 月 1 日—1964 年 2 月 28 日），日本学界法国文学学科奠基人。东京帝国大学教授。1922 年与铃木信太郎合著《信天翁的眼珠》为日本第一部深入介绍法国文学的著作，被称为日本关注法国文学的契机。其评传有出口裕弘著『辰野隆 日仏の円形広場』（新潮社）

其主要学术成果如下。

（一）著作

信天翁の眼玉 白水社，1922

仏蘭西文学の話 春陽堂，1925

白葡萄 春陽堂，1925

仏蘭西文芸閑談 聚芳閣，1926

ボオドレエル研究序説 第一書房，1929

さ・え・ら 白水社，1931

スポオツ随筆 辰野保共著 大畑書店，1932

え・びやん 白水社，1933

南の風 白水社，1933

ドンク 中央公論社，1934

りやん 白水社，1935

あ・ら・かると 白水社，1936

スポオツ閑談 昭森社，1936

仏蘭西自然主義 本田喜代治共著 三省堂，1936

南の窓 創元社，1937

書斎閑談 白水社，1938

忘れ得ぬ人々 弘文堂書房，1939（のち講談社文芸文庫）

ルナアルを語る 白水社，1939

モリエール 本田喜代治共著 創元社，1939

印象と追憶 弘文堂，1940

忘れ得ぬ人々 続 弘文堂，1940

ふらんす人 青木書店，1941

佛蘭西文學，1943

谷崎潤一郎 イヴニング・スター社，1947

河童随筆 酣灯社，1947

青春回顧 酣灯社，1947

酔眠巣雑記 生活社，1947

仏蘭西演劇私観 酣灯社，1948

フアブルの目 秀文館，1948

辰野隆選集 第1—5 改造社，1948—1950

忘れ得ぬことども 朝日新聞社，1948

曳尾庵随筆 要書房，1948

灯前茶後 日本出版協同，1949

酒談義 日本交通交社，1949

閑人独語 洛陽書院，1949

大学生活第二 光文社，1950

男女問答 要書房，1950

老若問答 要書房，1950

近代日本の教養人 実業之日本社，1950

ひとりごと 河出書房，1950

老書生独語 河出書房，1951

フランス文学入門 要書房，1951

老年期 要書房，1951

えとせとら 三笠書房，1953

落第読本 鱒書房，1955

独語と対話 実業之日本社，1956

凡愚春秋 角川新書，1957

フランス革命夜話 朝日新聞社，1958（のち福武文庫）

おかめはちもく 河出書房新社，1961

ボーマルシェーとフランス革命 筑摩書房，1962

辰野隆随想全集 1—5 福武書店，1983

（二）翻译

シラノ・ド・ベルジュラック エドモン・ロスタン 鈴木信太郎共訳 白水社，1922（のち岩波文庫）

孤客 ミザントロオプ モリエール 筑摩書房，1947（のち岩波文庫）

フィガロの結婚 ボーマルシェ 要書房，1950（のち岩波文庫）

二 关于原文出处

《关于纯粹诗歌的论争》（『純粋詩歌に関する論争』）原载辰野隆著《法兰西文学（下）》（東京白水社昭和二十一年出版）。

三 关于“纯粹诗歌”研究

论及“纯诗”，中国学界一般多关注其与法国瓦雷里的联系。穆木天1926年发表《谭诗》，首次将“纯粹诗歌”（la Poesle Pure）概念引入国内诗坛，旋即激荡起一场颇具声势的“纯诗”写作浪潮。而日本馆藏的辰野隆的著作《法兰西文学》揭示了这样一个事实，穆木天关于“纯粹诗歌”的理论建构更多得益于当时担任其本科毕业论文指导教师的辰野隆教授。对此，译者在学术专著《中国现代诗坛的日本因素》[①]，以及相关论文中有详细考证和论述。

“纯粹诗歌”作为一个美学概念，通常的看法是1920年瓦雷里在为柳西恩·法布尔的诗集《认识女神》所写的序言中提出的。这一概念经瓦雷里提出和阐释，并通过伯雷蒙主导的“纯诗”讨论后，产生了世界性影响。辰野隆的《关于纯粹诗歌的论争》一文带着强烈的倾向性介绍了法国关于“纯诗”问题的论争，并提出了自己独特的见解。译者认为有二点尤其值得一提：

其一，辰野隆提出了“纯粹诗应该是极度地精雕细琢的东西，因此它意味着是跟自然相对立的艺术领域里彻底地施加人工修饰的诗歌”[②]。这一观点经穆木天《谭诗》的进一步发挥和弘扬，对于匡正当时国内诗坛的“散文化”倾向有着十分积极的意义。

其二，在跨异质文明语境下，辰野隆将“纯粹诗歌”指向“心灵深

---

① 刘静：《中国现代诗坛的日本因素》，中国社会科学出版社2012年版。

② 辰野隆：《关于纯粹诗歌的论争》，刘静译，原文载辰野隆《法兰西文学》（下），東京白水社昭和二十一年出版。

处”，而非超验世界。在法国象征主义那里，“纯诗”是与超验世界相联系的，如伯雷蒙认为，“每首诗中主要的诗的特质，是由于一种神秘而又一致的实体，显现于诗中”，“诗是一种咒语，它把灵魂的状态不自觉的表现出来”，“诗是一种神秘的幻术，与祈祷是联合的”。[①] 从这个意义上说，《关于纯粹诗歌的论争》对基于不同文化模子的诗学比较研究具有独特的价值。

---

① 曹葆华编译：《现代诗论》，商务印书馆 1937 年版，第 169—170 页。

冲绳作家大城立裕的文学自律性主张*
——以《琉大文学》与大城立裕的文学论争为中心

常 芬**

内容提要：在战后冲绳文学史上发挥了举足轻重的影响力的杂志——《琉大文学》在相当长的时期强化其政治诉求，为社会主义现实主义的文学主张摇旗呐喊。这种将政治与文学紧密结合的诉求方式在一定程度上迎合了冲绳民众的愤懑与期许，即便是今天，文学应该为改善冲绳的现状发挥作用的想法依然有较大的受众群。《琉大文学》在宣泄情感的近代诗歌及政治性杂文、社会性杂文方面取得了显著成就，但在需要描述状况，且需要暂时将自己对状况的认知相对化的小说方面比较平庸。大城立裕虽然也被冲绳日益尖锐的社会现实和《琉大文学》营造的反抗气氛所包围，但他在写作过程中有意识地将文化土特产拔高到“神话情愫”的高度，从“在地文化”（*local culture*）中挖掘出普遍性的内涵，创作出了对“人”及“人本”寄予了深切厚望的文学作品。

关键词：冲绳文学；大城立裕；《琉大文学》；社会主义现实主义

---

* ［基金项目］本文系教育部人文社会科学研究青年基金项目“冲绳作家抗日战争时期在中国的创作研究”（19YJC752002）、长江大学人文社会科学研究项目博士启动基金“冲绳代表作家大城立裕文学研究”（105/801050010112）。

** ［作者介绍］常芬（1985—　），博士，长江大学外国语学院讲师，主要从事冲绳文学、日本近现代文学研究。

冲绳被置于美国的统治之下，与中央文坛（日本）割离，构筑了一个与日本本土截然不同的文学空间。以大城立裕为代表的战后冲绳第一代小说家，开启了与战前冲绳近代文学大相径庭的创作活动。这批小说家在尚不明确如何叙述、怎样表达才能贴切地反映冲绳的战后新现实之际，凭借单纯地描写个人的真情实感和切身体会拉开了战后冲绳小说的创作帷幕。其时，由新川明、川满信一等文学同人创办的琉球大学文艺部机关杂志《琉大文学》提出了文学创作应该真切地反映现实、深刻地反映历史，甚至有必要积极地干预历史的类似主张，促使战后冲绳文学进入下一个重要阶段。

一 《琉大文学》与社会主义现实主义①

因为对美军驻留的制度化、长期化抱有极大的抵触情绪，而且认为应该确立文学是对现实的有效表达的创作理念，20 世纪 50 年代中叶，《琉大文学》提出了社会主义现实主义的文学主张。社会主义现实主义向冲绳的作家们传达了从有别于私小说或叙情性等日本特有的小说样式和表达传统的视点出发，真实地叙述冲绳的现实与历史的可能性。这种文学主张促使冲绳作家积极思索战后冲绳文学的审美原则和基本创作方法。不久，以大城立裕为代表的战后冲绳文学的创作先驱们开始了同《琉大文学》的频繁沟通，双方的意见集中反映在 1956 年的杂志《冲绳文学》上，交流双方在持续不断的认同和对立中摸索战后冲绳文学的正统性。双方共同认为，有必要创立有别于报刊小说的、具有高尚艺术情操的纯文学杂志，有必要将描写的笔触对准冲绳的社会现实和民族传统。然而，

---

① 社会主义现实主义（Socialist Realism），是文学艺术的创作方法之一。早在社会主义现实主义的创作方法确立之前，它的基本特点就已经在一些作家的创作实践中形成，而该理论术语及其定义则是在 1932—1934 年，苏联文艺界关于创作方法的讨论过程中，由作家和理论家提出、经斯大林同意后最终确立下来的。社会主义现实主义，作为苏联文学与苏联文学批评的基本方法，要求艺术家从现实的革命发展中真实地、历史具体地描写现实；同时，艺术描写的真实性和历史具体性必须与用社会主义精神从思想上改造和教育劳动人民的任务结合起来。社会主义现实主义保证艺术创作有特殊的可能性去发挥创造的主动性，去选择各种各样的形式、风格和体裁。

冲绳文学的正统性究竟应该立足于社会、政治状况，还是不受社会、政治状况的制约，将重心放在反映事物的共性及规律的普适性上，双方的看法发生了极大的分歧。

围绕着冲绳文学的正统性展开的论争仿佛一只无形的、强有力的大手推动着文学实践者们在观望、倾听和参与讨论，同时，又各自思索对冲绳文学的见解、斟酌个人的创作手法。大城立裕对战后冲绳文学的理解，既不同于有明显政治倾向的社会主义现实主义，又有别于主观色彩显著的朴素现实主义①，而是独自开创了一个与以上两种主义绝缘的，带有强烈个人色彩的新现实主义。他对冲绳文学的正统性及创作方法的认识，伴随个人创作成果的日益丰富越发明确。

1966 年创刊发行的杂志《新冲绳文学》为文学创作者们提供了一个不同于《琉大文学》的百家争鸣、百花齐放的创作氛围。大城立裕发表在该杂志第 4 期的小说《鸡尾酒会》成功荣膺芥川文学奖这一殊荣，意味着描写“冲绳”获得了日本主流权威文学阵营的认可。这一开创战后冲绳文学先河的快举昭示着以“冲绳”为描写对象的纯文学作品能够通过刻画或展示人的普遍的、最基本的情感，跨越民族、地域和时间的障碍，传达文学的普适价值。

二 《琉大文学》与大城立裕文学的二元对立

20 世纪 50 年代后期的冲绳文学创作群体围绕着确立和诠释冲绳文学的正统性展开的或激烈或温和的论争，总体来说，可以笼统地归纳为“琉大文学”与“大城立裕文学”之间的二元对立，这种对立在对待和处理政治与文学的关系时格外明显。然而，值得一提的是，对立的双方均主张应该以理性的方法为指导，勾勒冲绳的民俗传统与宗教文化、战争与基地、历史与现实等问题，而且都认为各自的创作不仅基于丰富的社会现实，也深刻地揭示与批判了社会现实。不过，呼吁和发动人民群众

① 心理学术语之一。朴素现实主义指的是，我们通常不认为自己不知道，而认为自己知道，也就是我们自己所认为的世界就是现实世界。

反抗现实政治的现实主义，与把创作的重心放在重视文学本身的自律性与普适性的现实主义相距甚远。

大城立裕本人曾就20世纪50年代中期至60年代初期的创作与《琉大文学》的关系发表如下见解：“以新川明为代表的《琉大文学》的仁人志士们促使走上战后冲绳文学创作道路的同人反思私小说这一创作手法的弊端，斟酌如何弥补该缺陷的写作手法。颇具讽刺意味的是，就此同《琉大文学》讨论最多的人，却是在创作理念上与《琉大文学》持不同观点的我。……我通过创作戏曲《山开之际》（本杂志创刊号）和小说《龟甲墓》（前号）表达了对冲绳所具有的区别于其他地域的特性的关心，对冲绳现状的担忧则记述在《逆光中》《鸡尾酒会》等作品中。虽然乍看之下这些作品的文体大不相同，但我在创作伊始就下意识地认为这些作品是紧密联系在一起的。而且，可以毫不犹豫地说，这些作品中的任何一部都无法抹杀《琉大文学》的影响。”① 大城立裕对艺术的纯粹性与完美性的极致追求、对语言的高度敏锐和着力经营、对人的生活世界与精神世界的深入探索，对诸如风土人情、历史、方言、战争体验、美军基地等冲绳的地域特殊性所秉持的关心，以及以日语为媒介记述冲绳的现实与文化特质等创作特点，给70年代冲绳文学评论匿设置文学奖项的评定机制提供了绝佳的参考标准。无论是1973年琉球新报社发起的“琉球新报短篇小说奖”，还是1975年冲绳时报创立的“新冲绳文学奖”，其主旨均为发现、培养、奖励冲绳文学的新生力量。以上两个奖项成立伊始直至今日，大城立裕一直担任评审委员，足见他的观点对选拔和肯定新

---

① 大城立裕:「戦争を契機に」,『新沖縄文学』第3号。转引自加藤宏「戦後沖縄文学における『伝統のゆらぎ』『近代のゆらぎ』——大城立裕・目取真俊・又吉栄喜の小説から」,明治学院大学社会学部社会学科研究所年報38号，2008年3月，第92—93頁。参考原文为:“私小説的な発想の姿勢、そこから来る小説作法の弱さを勉強して補うように仕向けてくれたのは、「琉大文学」の新川明君たちであった。琉大文学とは誰よりも多く論争していると思うが、彼らが貢献した相手は、おそらく皮肉にも琉大文学の作家たちでなく、私ではなかったろうか。…また沖縄の素性、沖縄的なるものへの関心が、戯曲「山がひらける頃」（本誌創刊号)、「亀甲墓」（前号）などとなり、沖縄の現実への関心が「逆光のなかで」「カクテル・パーティー」となるこれらが、異質の文体に見えながら、私のなかではやはり結びついているつもりなのである。これらのどれにも、琉大文学の影響は大きいというべきであろう。”

人具有持续性的、举足轻重的作用。大城立裕不仅是战后冲绳文学创作阵营的桥头堡，也是以描写“冲绳”在日本文学圈获得象征资本①式成功的第一人。纵观其一生的创作历程，可以说，他以冲绳和日本本土的受众为写作对象，孜孜不倦地谱写了众多文体各异的作品，同时，又肩负审查和评定出由后辈们创作的真正具有美学品质和价值、真实又不矫揉造作地反映冲绳的历史与现实、发人深省又耐人回味的作品的重任。如此一来，大城立裕几乎成为冲绳文学论坛的中心人物。

三　大城立裕文学与新现实主义

在深入分析大城立裕的写作风格之前，有必要就孕育战后冲绳文学整体氛围的客观条件作一番说明。法国文学社会学者 *Pascale Casanova* 认为，对于作家而言，文学创作生态意识空间绝非天生的自由平等公共领域，而是充溢着让参与其中者惶惑于究竟是滞后了还是走在前沿的拘谨空气。在此种郁结与不安的心绪中，作家们，尤其是地域文学的实践者们，通常会通过实施战略性手段或设置针对性目标以期在文学领域获得一席之地。② 那么，以大城立裕为代表的战后冲绳文学的实践者们在创作过程中又受到了哪些客观因素的掣肘呢？

我们可以从冲绳与日本本土的历史、社会纠葛中提炼出三点：1. 绝非刻意而为之地以日本文学的创作风格和特色为参照物的潜意识；2. 是以日语作为文学媒介，还是舍弃日语使用冲绳方言进行创作？3. 文学与政治之间是作一个简单粗暴的切割，还是保持若即若离的态度，抑或完

① 在布迪厄（*Pierre Bourdieu*）的社会学理论体系中，“资本”是一个核心范畴，并具有三种基本类型：经济资本、社会资本和文化资本。这三种资本及生活品位和风格，决定了以阶级划分的社会结构的差异。后来他又添加进了与地位和名声密切相关的象征资本，或曰符号资本。与经济资本、社会资本和文化资本不同，象征资本具有统摄作用，这个社会学概念首先是指赢得和维持社会声誉的机会。它可以借助其他三种资本类型来实现，例如文化资本得到称颂而转化为象征资本，又如经济资本通过赞助而获得社会称誉。详见方维规《爱兰诺思传奇——布迪厄“文化资本”和“象征资本”概念的极佳注释》，叶隽主编《侨易》第 2 辑，社会科学文献出版社 2015 年版，第 53—75 页。

② *Pascale Casanova* 著，岩切正一郎訳：『世界文学空間——文学資本と文学革命』，藤原書店，2002 年。

全朝着“回归自身”的方向发展?[①] 总而言之，在制度实践、规约和结构等诸要素的调和下产生的冲绳文学，由于冲绳相对于日本本土而言边缘的社会地理环境，在语言特征上表现出边缘性或跨界性、定性上体现出模糊性和不确定性的冲绳方言的浸染下，以及文学挣脱政治的束缚，从“工具论”恢复为“本体论”，重新确立文学性的立场和身份才能获得文学创作空间的自由化，以及创作主题及形式的多样化的争论，使得冲绳文学难以纳入日本文学既有的叙述框架。但事物都有它的两面性，换一个角度思考，亦不难发现，正是这种纠结和焦灼的不稳定氛围为战后冲绳文学的多样性培育了富饶的时代土壤，使之开出绚丽的花朵。

我们可以通过梳理大城立裕的小说《鸡尾酒会》揭示他带有强烈个人主义色彩的新现实主义。若是从冲绳文学史的文脉来审视小说《鸡尾酒会》，可以说，这部作品通过生动地勾勒错综复杂的人物关系和尖锐的矛盾冲突，细致地描绘受侮辱、被压抑的愤懑情绪、刻画了冲绳的社会现实，是一部带有浓厚的大城立裕个人色彩的现实主义文学作品。若是从探索冲绳的主体性的视角出发，则可认定这部作品最为接近大城立裕的论敌所提倡的“社会主义现实主义”——理性地认清社会现实，创作启迪民众的政治觉悟、唤起大众的革命运动的文学。

晚年的大城立裕对研究者政治性地解读小说《鸡尾酒会》流露出较为明显的不悦，他指出绝不能将该作品简单地理解成一部交织了反美情绪的、反映了冲绳人生存状况的小说，该小说真正想要表达的主题是“绝不宽恕加害者”[②]。在《探索光源》一书中，大城立裕提到，在占领体制下，与作为占领者的美国人交往的过程中，若是发生了与占领体制相抵触的冲突该如何收场？就这一困惑的思索，促使大城立裕产生了创作小说《鸡尾酒会》的想法，同时也联想到了“强奸”行为和“假面理

---

① 此处论述参考加藤宏「戦後沖縄文学における『伝統のゆらぎ』『近代のゆらぎ』——大城立裕・目取真俊・又吉栄喜の小説から」，明治学院大学社会学部社会学科研究所年報 38 号，2008 年 3 月，第 93 頁。

② 大城立裕：「沖縄文学の可能性」，『国語通信』277 号，1985 年，第 7—8 頁。

论”等。在《探索光源》一书中，他自我解析道：“任凭是谁都能轻而易举地想到这一层面。拿《琉大文学》来说吧，聚集在它周围的文学同人们都能创作得出此类主题的作品。但是，我想表达的绝不仅限于此。这种单纯朴素的反美思想，犯不着偏要采取小说这一文学体裁。……值得一提的是，我在该作品中穿插进了过去在中国的战争经历。即便是冲绳人，也背负着身为日本人在中国犯下的滔天罪行……由此，将思考的触角延伸至‘双方均不可饶恕’的新层面，才萌发了创作小说的自信。我想通过该作品传达这样一则理念——‘不苟且饶恕自己的过错，不轻易原宥他人的罪孽，方能仰不愧天、光明磊落地战斗。’如此一来，被害者和加害者这一矛盾体在对立与斗争的过程中实现了发展性的统一，进而衍生出具有普适意义的罪与罚的伦理。”① 由此可以得知，在大城立裕看来，文学受制于社会现状和政治语境就会显得过于肤浅，只有跳出该樊篱的束缚，通过挖掘人类普遍具有的罪孽感才能获得永恒不变的唯真正理，而这才能称之为拷问平庸与自私、发展人的思维与感受能力、丰富与提升情感、回答人生的种种疑难、激起巨大的精神波澜、提供高端精神果实的真正之文学。

结　语

大城立裕认为，他通过小说《鸡尾酒会》明确传达了有别于单纯的政治呼吁和诉求的文学价值观。该小说虽然容易诱使读者作出政治性的解读，但另外，作者在描述和解释“被害者—加害者”的关系时，没有简单地将其定位为矛和盾的二律背反关系，而是导入了黑格尔辩证法中

① 大城立裕：『光源を求めて』，沖縄タイムス社，1997 年，第 186 頁。参考原文为：“そこまでのところは、誰でも思いつくことであった。例えば『琉大文学』なら誰が書いても不思議はないはずのテーマである。しかし、私はそれでは飽き足らなかった。そのような単純素朴な反米思想なら、小説でなくてもよい…私の中国体験が生きた。かつての中国での罪を、沖縄人も日本人として負わなければならない…「双方とも恕さない」という新しい発想に発展し、これで小説になる、という自信が生まれたのである。「自分の罪をも恕さないことで、相手の罪を恕さないだけの、堂々たる戦いができる」という論理である。被害者と加害者とが、ここでは同時に止揚されて一つになり、普遍的な罪と罰の論理が生まれる。”

重要的哲学概念——扬弃，如此一来，就超越了单纯的非此即彼的抽象理解方式，将思想的高度提升到了拷问具有普适性的罪恶意识的层面。因此，可以说，小说《鸡尾酒会》是冲破了政治樊篱的，具有相当的文学自律性的作品。这种对文学内在的独特属性的重视也体现在大城立裕其他的诸多作品中。总而言之，对大城立裕而言，文学决不依附于政治，也不受制于非艺术、非审美化的现实依据，文学的自律性才是文学本身审美品质的保证。

区域文化与古代文学研究

主持人：范松义教授

主持人语：

中国古代文学的发展演变，与各区域之文化有密切联系。对此问题，需要深入的理论探索，也需要扎实的具体研究。本期刊发的三篇文章，即属于后者。何亮、张桃英《论端午节俗文化的地域性》一文独辟蹊径，将端午节这一中华民族的共同节日，视为一种具有地域性的文化现象，指出节俗形式上，养蛊集中在川、湘地区，取蛇胆在闽、粤盛行，节俗持续时间有五月一日至五月五日、五月四日、五月三日等。另外，端午节的地域特色在小说中有较多表现，是了解古时民俗的宝贵资料，因此作者又以中国古代小说为中心，考察了端午文化的文学意义。这是一篇从区域文化角度研究中国古代文学的典范之作。张云《廪君神话与巴蜀历史文化再探》认为，古籍所载廪君神话，实际是对早期廪君巴人迁徙历程的一次追忆，内容包括迁徙之前“五姓争神”，迁徙途中“智杀盐神”，建都之后“魂化白虎”三个典型事件。也就是说，廪君神话可以认为是巴人文化的曲折反映。这有助于我们对这一神话以及巴人文化的深入认识。刘涛《“真倭”与“假倭”文本书写背后的故事——冯梦龙〈杨八老越国奇逢〉创作过程考》一文，指出冯梦龙名作《杨八老越国奇逢》具有海洋历史文化底蕴，是世界大航海时代福建漳州月港的历史反映，杨八老原型上是明嘉靖年间的福建镇海卫军户。因此《杨八老越国奇逢》有“虚构”的一面，更有写实的一面，体现了闽南文化对文学的渗透。以上文章或宏观或微观，都对古代文学与区域文化之关系作了具体细致的剖析，有力地推动了相关研究。

论端午节俗文化的地域性*

——以中国古代小说为中心

何　亮　张桃英**

内容提要：端午节作为中华民族的传统节日，经史子集不少文献有关于其节俗的记载。这一现象引起了研究者的思考。目前学界多从诗文、史志文献出发，对端午节俗的缘起、端午节俗形式的演变、节俗形式的文化蕴义等加以阐释。小说作为俗文化的重要载体，端午节俗的地域性特征表现极为突出，如节俗形式上，养蛊集中在川、湘地区，取蛇胆在闽、粤盛行，节俗持续时间有五月一日至五月五日、五月四日、五月五日与五月十五日、王月四日至五月五日等。本文以中国古代小说为中心，运用文学地理学、文化学、文献学等研究方法，梳理端午节俗的地域性特征，考察其文学意义。

关键词：端午；节俗文化；地域性

端午是中华民族重要的传统节日之一。其缘起复杂，有端阳节、浴兰节、天中节、龙节、重阳节等诸多异称。端午从诞生之日至今，已历经千年，《后汉书》《新唐书》《旧唐书》《清史稿》《台湾通志》《招远

* ［基金项目］2019年国家社科一般项目“礼俗与汉唐小说文体演进研究”（19BZW059）。

** ［作者简介］何亮（1980—　），女，博士，重庆师范大学文学院副教授、硕士生导师，重庆“巴渝青年学者”，主要从事中国古代小说与中国古代文体学研究；张桃英（1996—　），女，重庆师范大学硕士生，主要从事唐宋文学研究。

县志》《大唐新语》《开元天宝遗事》等经史子集文献多有载录。这一文化现象，引起了研究者的关注和思考。目前，学界主要以诗文、史志等为考察对象，探讨端午节庆典活动划龙舟的由来及其意义、端午节俗的历时性演变、宫廷端午节俗与民间的差异、端午节命名与苗族文化的关系、端午节日的渊源流变等。中国古代小说作为俗文化的重要载体，关涉此节日的作品甚多，且不同地域、不同时期的端午节俗各有不同，如南朝祖冲之《述异记》、南北朝梁宗懔《荆楚岁时记》、李亢《独异志》、戴孚《广异记》、刘肃《大唐新语》、韦绚《刘宾客嘉话录》、冯贽《云仙杂记》、孟元老《东京梦华录》、洪迈《容斋随笔》、乐史《杨太真外传》、陈元靓《事林广记》、谢肇淛《五杂俎》、纪昀《阅微草堂笔记》、张潮《幽梦影》、曹雪芹《红楼梦》等，就有内容各不相同的呈现。本文以此为中心，融合文学地理学、文化学、民俗学等方法与理论，梳理端午节俗的地域性特征及其文学意义。

一　端午节俗起始时间的地域性

在大多数人心中，“五月五日”无疑为端午节的具体时间。据现存文献记载，“端午”一词最先出现于晋周处《风土记》：“仲夏端午……俗重五日，与夏至同。”① “端”通作“耑”，古汉语寓意开始、最初。《说文解字》云：“耑，物初生之题也。”②《风土记》亦解释说：“仲夏端五，端，初也。”③ “端午”意为仲夏的第五天。《岁时广记》有录：“京师市尘人，以五月初一为端一，初二日为端二，数以至五谓之端五。”④ 古人喜欢将五月初的那几天以端来称呼，按此理，“五月五日”应称之为“端

---

① （晋）周处：《风土记》，（宋）李昉等撰《太平御览·时序部十六》，中华书局1960年版，第146页。

② （汉）许慎撰，（清）段玉裁注：《说文解字注》七篇下，上海古籍出版社1981年版，第336页。

③ （晋）周处：《风土记》，（宋）李昉等撰《太平御览·时序部十六》，中华书局1960年版，第146页。

④ 陈元靓：《岁时广记》，中华书局1985年版，第233页。

五”。何以有“端午”之说？一说为，取此日阳气上升之意。《说文解字》释为：“五，五行也，从二，侌昜在天地间交午也。”[①] 段玉裁注曰：“水火木金土相克相生，阴阳交午也。”[②] 而“午”之义为：“午，啎也，五月侌气啎逆昜，冒地而出也。”[③] 五为阳数，端五又可称之为端午、端阳。另一说为，八月五日是唐玄宗生辰，大臣为讨好皇帝，将“端五”改为“端午”以避“五”字的讳。显然，端午命名受日期、节气、避讳文化等的影响。而“端午”成为正式节日，据《事物纪原》记载，始于齐景公。此后，各地举行了区域特征明显的庆典活动，其时间起讫不尽相同。

杭州等东南沿海地区、汴梁等中原核心城市群，庆祝活动从五月一日持续至五月五日，与其繁华的商业、富庶的经济交相辉映。宋吴自牧《梦粱录》卷三：“杭都风俗，自初一日至端午日，家家买桃、柳、葵、榴、蒲叶、伏道……自隔宿及五更，沿门唱卖声，满街不绝。”[④] 南宋故都杭州，自古以来就极为繁华。柳永《望海潮》对其地形地势的便利、百姓生活的富足，城市的美丽细致摹绘，以致金主完颜亮读后竟激起了南下入侵的野心。这虽有夸饰的成分，但杭州的人杰地灵、风物华美由此可见一斑。东京素有八朝古都之称，孕育了被世人赞叹的“宋文化”，其经济发达自不待言。老百姓生活富裕，家中银两颇有盈余，商贩趁机推销节日用品。宋孟元老《东京梦华录》卷八：“自五月一日及端午前一日，卖桃、柳、葵花、蒲叶、佛道艾，次日家家铺陈于门首，与粽子、五色水团、茶酒供养，又钉艾人于门上，士庶递相宴赏。”[⑤] 端午节的前四天，百姓就开始为节日筹备，集市笼罩在浓浓的节日气氛之中。过节的前一天，所需基本准备齐全，买卖活动也暂告一段落。

---

① （汉）许慎撰，（清）段玉裁注：《说文解字注》十四篇下，上海古籍出版社 1981 年版，第 738 页。

② 同上。

③ 同上书，第 746 页。

④ （宋）吴自牧：《梦粱录》卷 3，古典文学出版社 1957 年版，第 157 页。

⑤ （宋）孟元老：《幽兰居士东京梦华录》卷 8，古典文学出版社 1957 年版，第 47 页。

属吴越文化的“宜兴”，端午节从五月四日开始，五月五日落下帷幕。周处《风土记》曰：“仲夏端五……先节一日，又以菰叶裹黏米，以栗枣灰汁煮令熟，节日啖。”[①]“宜兴”又名“阳羡”“荆邑”，盛产陶器、茶叶、竹子，风景优秀，以“陶的古都，洞的世界，茶的绿洲，竹的海洋”享誉海内外。苏轼等大文豪多次游赏此地，并挥洒笔墨，写下动人诗篇。但历史上的阳羡毕竟只是郡县、州府，从经济层面来说，不能与杭州等古都相比，端午节的商业气息与之相较远为逊色。文献记载突出了节日本身的形式和意义，节日延续的时间相对较短。

闽中为避开闵王王审知的祭日，端午日期更改为五月四日。明谢肇淛《五杂俎·天部二》：“闽中以五月四日作节，谓闽王审知以五月五日死，故避之。考《五代史》年谱，审知则以十二月死，非五月也。”[②]谢肇淛由《五代史》推断，王审知逝世应为十二月，闽中为何将五月四日作为端午以避讳，有待进一步的研究发现。

长江中上游，尤其是土家族、苗族等少数民族聚居地，有大端午、小端午的说法。五月初五为小端午，五月十五为大端午。大端午的起源，史料文献没有明确记载。《隋书》卷31《地理下》“荆州条”：“大抵荆州率敬鬼，尤重祠祀之事，昔屈原为制《九歌》，盖由此也。屈原以五月望日赴汨罗，土人追至洞庭不见，湖大船小，莫得济者，乃歌曰云……因而鼓棹争归，竞会亭上，习以相传，为竞渡之戏。”[③]南宋朱辅《溪蛮丛笑》“大十五”条亦载：“蛮乡最重重午，不论生熟界，出观竞渡，三日而归，既望复出，谓之‘大十五’。”[④]溪蛮即五溪蛮。东汉至宋，湘西及黔、川、鄂三省交界地区的少数民族，主要分布在雄溪、樠溪、酉溪、无溪、辰溪等，五溪故称。溪蛮地区对端午的重视超过其他民族，举行龙舟赛的时间共三天，到十五又开展节俗活动。节日也被赋予了新的内

① （晋）周处：《风土记》，（宋）李昉等撰《太平御览·时序部十六》，中华书局1960年版，第146页。

② （明）谢肇淛：《五杂俎》，中华书局1959年版，第32页。

③ （唐）魏征、令狐德棻：《隋书》，中华书局1973年版，第897页。

④ （宋）朱辅：《溪蛮丛笑》，中华书局1991年版，第83页。

涵，由纪念屈原演化为驱除瘟疫。《汉口丛谈》卷二载："楚俗以五月望日为大端阳节……士人云：'将以驱瘟疫也。'"① 关于大端午，还有一个悲壮的传说故事。相传东汉光武元年，伏波将军马援端午时节征剿当地居民，为犒劳士兵，下令于五月十五补过端午，"大端午"由此诞生。

北方的少数民族，如新疆锡伯族节前半个月就开始筹备，甘肃与四川交界的藏族从五月初五开始，节期两天。各民族端午节的持续时间，经济是重要因素之一。杭州等东南沿海城市，交通便利，商业贸易活动频繁，形成了独有的商业文化。受此浸染，时人表现出商业的敏感。他们抓住节俗市场的需求，节前就早早兜售相关产品，这无疑延长了节日的感受时值。民间传说亦影响了端午节俗。荆楚是爱国诗人屈原的故里，也是其沉江之处。当地采取了赛龙舟、包粽子等纪念仪式。由于长江中上游流传马援等历史传说，此地在十五补过端午，称为大端午。端午不仅仅是为了纪念屈原，也是感恩带领他们取得胜利、脱离蛮族统治的英雄，节日的蕴义更加丰富。闽中为了怀念贤王王审知，避开其祭日，提前一天过节。引发端午节日的事件出于民众文化心理的共通性，孕育的土壤却各有不同。各民族在传统文化的基础上，受本地民间传说，经济发展状况等影响，形成地域特色鲜明的端午文化。

二　端午节俗形式的地域性

第一，竞渡。

"竞渡"亦作"竞度"。竞渡源自何处，历史典籍载录虽颇有分歧，但一定是河渠众多、水源充沛之地。川流交错的吴越等江南地区，被认为是端午龙舟赛的发源地。《事物原始》引《越地传》："竞渡之事，起于越王勾践，今龙舟是也。"② 武陵辖内有沅水、醴水两大水系，"左包洞庭之险，右扼五溪之要"③，是连接湘、鄂、渝、黔的重要水运枢纽，亦

① （清）范锴辑：《汉口丛谈》，台北成文出版有限公司1975年版，第112页。
② （明）徐炬辑：《新镌古今事物原始全书》卷2，明万历1584年影印本，第12页。
③ （清）陈化龙详校，德生复勘：《湖广通志》卷五，钦定四库全书本。

成为竞渡的起始地。“竞渡始于武陵，至今举楫而相和之，其音咸呼云‘何在’，斯招屈之义，事见《图经》。”[①] 由吴越、荆楚等于端午节竞渡发酵，成为风行于世的普遍习俗。中国古代小说对此有生动书写。

南北朝梁宗懔《荆楚岁时记》是一部专门记载荆楚地区风物、民俗的笔记体专书。关于端午，此书交代了节日的起因及其盛况：“五月五日，四民并蹋百草……是日，竞渡，采杂药。按：五月五日竞渡，俗为屈原投汨罗日……州将及土人悉临水而观之。”[②] 竞渡之时，不分男女老少、高低贵贱，人们争相到水边观看。唐刘竦《隋唐嘉话》卷下也描绘了荆襄以赛舟欢度节日的喜庆场面：“俗五月五日为竞渡戏，自襄州以南，所向相传云：屈原初沉江之时，其乡人乘舟求之，意急而争前，后因为此戏。”[③] 明安遇时等编《包公案　百家公案》第五十三回“义妇为前夫报仇”，讲述了岳州有恶人害死好友，谋取其妻，后恶行败露，被官府绳之以法，他两个儿子也命丧端午的故事：“后来黄贵二子已长，因端阳竞渡，俱被溺死。”[④] 岳州即岳阳，历史上的古三苗国，楚文化的重地。“义妇为前夫报仇”虽宣扬了善恶果报观念，端午竞渡时的凶险让人震撼。

岭南等全年雨量充足、水资源丰富的地区，端午也盛行竞渡之戏。特别是南越，宫廷、官府、民间皆在此日通过竞渡欢度佳节，如清李调元《南越笔记》卷十“南汉所为明月峡玉液池。旧有含珠亭、紫云阁，每端午令官人竞渡其间”[⑤]，“粤中五月采莲竞渡，至五日乃止”[⑥]。先秦古籍中“越”“粤”通用，涵盖长江以南沿海一带。《吕氏春秋》称“粤”称为“百越”，广东属百越之中的南越。《史记》对此加以沿袭，

---

① （唐）刘禹锡：《竞渡曲》自注，《刘禹锡集》，中华书局 1990 年版，第 341 页。

② （梁）宗懔撰，（隋）杜公赡注，黄益元校点：《荆楚岁时记》，上海古籍出版社编《汉魏六朝笔记小说大观》，上海古籍出版社 1999 年版，第 1057 页。

③ （唐）刘竦撰，程毅中点校：《隋唐嘉话》，中华书局 1979 年版，第 51—52 页。

④ （明）安遇时：《包公案》，内蒙古人民出版社 2009 年版，第 95 页。

⑤ （清）李调元辑：《南越笔记》，中华书局 1985 年版，第 2 页。

⑥ 同上。

称广东为“南越”，《汉书》则称之为“南粤”。同属岭南的闽地，端午也深得百姓的喜爱。明谢肇淛《五杂组》卷二《天部》云：“古人岁时之事，行于今者，独端午为多……至于竞渡，楚、蜀为甚，吾闽亦喜为之，云以驱疫，有司禁之不能也。”①

小说中载录的端午竞渡习俗，各地稍有差别。如清蒲松龄《聊斋志异》卷十一：“五月五日，吴越有斗龙舟之戏……有童坐板上，颠倒滚跌，作诸巧剧。下临江水，险危欲堕，故其购是童也，先以金啖其父母，预调驯之，堕水而死勿悔也。吴门则载美姬，较不同耳。”② 竞渡时，为吸引观众，越地有小童在船上表演，而吴地则是美丽的女子。竞渡习俗从荆楚辐射至赣、粤、蜀、黔等地区，集中在长江、淮河、珠江等水系。“无水不可渡”，端午竞渡习俗对地理条件有一定的要求。长期干旱、雨水稀少的北方地区，是不可能竞渡的。小说的记载与史书可相应证。《隋书·地理志》站在史家客观记事的立场，认为端午节俗源自屈原沉江之处：“屈原以五月五日赴汨罗……习以相传其为竞渡之戏。迅楫齐驰，棹歌乱响，喧振水陆，观者如云。”③ 从洋溢着喜庆的龙舟竞渡，可以感受到百姓生活的安定、富足。战乱、百姓贫困、国家动荡之际，端午龙舟竞渡就名存实亡。《崇祯记闻录》卷七就记载了清丁亥年间，物价飞涨，民不聊生，节日形同摆设的史实：“端午，龙舟竞渡，顺治一、二年尚有之。丁亥至绝响，因湖寇未靖，珠桂愈腾，人不聊生，自不暇也。”④ 老百姓生存都难以为继，更谈不上过节了。

第二，养蛊、下蛊。

养蛊、下蛊流传于闽、广、蜀、滇等气候湿热、地势险峻地区，是古巫文化的遗留。蛊之为毒，“医书所载虽有数种，而中土少见之。今古

① （明）谢肇淛：《五杂组》，中华书局 1959 年版，第 35 页。

② （清）蒲松龄著，张友鹤辑校：《聊斋志异会校会注会评本》，上海古籍出版社 1978 年版，第 1612 页。

③ （唐）魏征、令狐德棻：《隋书》，中华书局 1973 年版，第 897 页。

④ 《台湾文献史料丛刊第三辑（52）崇祯记闻录 崇祯长编 崇祯实录》（合订本），（台湾）大通书局 1984 年版，第 98 页。

相传，多是闽广深山之人，于端午日，以蛇虺、蜈蚣、虾蟆三物同器贮之，听其互相食啖，俟一物独存者，则谓之蛊”①。中原地区很少见到巫蛊害人。闽广等深山，人们在端午节豢养蛇虺、蜈蚣、虾蟆制成蛊。岭南山川峻茂，毒虫甚多，为蛊毒提供了绝佳材料，如《岭表录异》卷上“岭表山川……俗传有萃百虫为蛊以毒人。盖湿热之地，毒虫生之”②，宋周去非《岭外代答》“广西蛊毒有二种”。四川、闽地风俗颇有相似之处，都喜好养蛊，如《尘史》卷下“风俗”：“世言闽蜀同风。孙光宪作《北梦琐言》……孙盖蜀人也，故主其乡风……至于亲在堂兄弟异爨，民间好蛊毒者，此其所同者”③。仲夏时节，百毒具生，尤其是端午五毒汇聚。小说传达了在此日收集毒虫，制蛊毒害人的观念。

明谢肇淛《五杂俎》卷11“物部三”详细记载了蛊毒盛行的地区、养蛊的方法、中蛊的惨状，以及解蛊之法：“蛊虫，北地所无，独西南方有之，闽、广、滇、贵、关中、延、绥、临、洮皆有之……以端午日取蛇、蜈蚣、蜥蜴、蜘蛛之属，聚为一器，听其自咬，其他尽死，独留其一，则毒之尤矣，以时祭之，俾其行毒。”④ 养蛊北方极为少见，主要盛行于西南地区，闽广等岭南地区，延绥、临洮等关中地区亦偶然可见。养蛊颇为不易，每年端午节捕捉蛇、蜈蚣、蜥蜴等有毒之物，使其聚集在一个器皿中，相互残杀，活下来的即为蛊。蛊虫养成，还得时时祭祀，虔诚供奉。清随缘下士《林兰香》第41回“遇蛊毒萧推采艾　觅邪术观唆童蒙”具体叙写了采艾在端午节误被下蛊后上吐下泻、奄奄一息的痛苦：“自从端午日在九皋亭吃粽子之后，便觉心内发闷，欲吐不吐，欲泻不泻光景。”⑤ 五月五日，蛊毒效果佳，加之人们必将食用粽子等节日食品，下蛊更容易成功。果不其然，采艾就中招了。通过下蛊可以害人，

---

① （明）李恒撰，杨金萍等校注：《袖珍方》，中国中医药出版社2015年版，第444页。

② （唐）刘恂撰，商壁、潘博校补：《岭表录异校补》，广西民族出版社1988年版，第22—23页。

③ （唐）王得臣：《麈史》，中华书局1985年版，第53页。

④ （明）谢肇淛：《五杂俎》，中华书局1959年版，第327页。

⑤ （清）随缘下士编，丁植元校点：《林兰香》，春风文艺出版社1985年版，第319页。

还可以谋利。清曾衍东《小豆棚》卷15“物类”讲述了云南人养蛊为了谋求功名利禄的思想：“滇中有养蛊家，杀人渔利，利得亦自杀，名曰‘金蚕’。大约以端午日，取蛇蝎蟆诸毒物，聚于一器，听其自咬。将尽死，独一物生，则毒之尤者矣。……夫而后祈求粮米银钱，无不如意。然按月必蛊一人以为飨蛊者。盖以其粪纳饮食中云。”① 蛊毒的养成，其方法大同小异，都是端午节这天将毒物聚集在一个器皿，相互残杀后活下来的才能做蛊。明邝露《赤雅》卷上“獞妇畜蛊”条有载：“五月五日，聚诸虫豸之毒者，并置器内，自相吞食，最后独存者曰蛊。”② 蛊可以买卖。养蛊之人，通过售卖蛊毒，满足买家害人的意愿而获利。蛊还可以当作神灵供奉。向蛊虫祈祷，可实现对财富的追求。这是一种不劳而获，却又企图过上富贵生活的懒惰心理。

从蛊虫制作、放蛊的整个过程来看，巫风色彩浓郁。放蛊虽神秘莫测，也有解蛊的方法。《后汉书·礼仪志》记载“以朱索连荤菜，弥牟[朴]蛊钟。以桃印长六寸，方三寸，五色书文如法，以施门户”③，仲夏来临之际，为驱除蛊毒，可用荤菜的气味避开。此俗相沿至今。蛊的分布具有鲜明的地域色彩。开阔、平坦的中原地区，尤其是汉族，很少有人养蛊。蛊毒大多盛行于人迹罕至的深山，苗族等少数民族最为擅长。蛊毒的产生，与巫术息息相关。关于蛊毒与巫术的关系，前人已有深入研究，兹不赘论。古代的少数民族大多生活在居住环境比较险恶的山区，气候潮湿，毒蛇猛兽出入。外人一旦进入，就感觉极不适应。《岭表录异》就说：“岚雾作瘴。人感之多病，腹胀成蛊。……盖湿热之地，毒虫生之，非第岭表之家性惨害也。”④ 岭南人并不是恶意害人，这里本来就毒虫出没，不是生活在本地的居民，很容易生病。加之少数民族重淫祀，巫术迷信思想盛行，信仰不同于汉族，造成了这些地方养蛊的文化观念。

---

① （清）曾衍东撰，盛伟校点：《小豆棚》，齐鲁书社2004年版，第257页。

② （明）邝露：《赤雅》卷上，中华书局1984年，第8页。

③ （南朝宋）范晔等撰，（唐）李贤等注：《后汉书》，中华书局1965年版，第3122页。

④ （唐）刘恂撰，商壁、潘博校补：《岭表录异校补》，广西民族出版社1988年版，第22—23页。

第三，取蛇胆。

蛇胆治病的医学思想由来已久，古今语怪之祖的《山海经》就有不少记录。医学类书籍更是将蛇胆作为祛毒的良方。《本草纲目》卷四五说，蚺蛇胆“疗大风”①。有些还特意指出五月五日取的蛇胆疗效最佳。《证类本草》卷22《虫部下品》说蚺蛇胆“主皮肤风毒”，“五月五日、十五日取之，良”（该句未见所引之书，在其他书中找到原句却是描写蛇蜕的?）。② 从《证类本草》等古医书可知，取蛇胆的时间一般都在端午。蛇胆治病的医术在小说中演绎成治病救人的故事。

首屈一指者，当数张鷟《朝野佥载》，卷1云：“泉州有客卢元钦染大疯，惟鼻根未倒。属五月五日官取蚺蛇胆欲进，或言肉可治疯，遂取一截蛇肉食之。三五日顿渐可，百日平复。”③ 福建泉州有位异乡人卢元钦身染疯疾，听闻五月五日官府取蚺蛇胆进献，便食用剩下的蛇肉，不久很快痊愈。蛇胆是呈贡珍品，常人难以有机会获取，蛇肉相对容易。蛇肉的功效尚且如此迅疾，蛇胆可想而知。蚺蛇体型较大，鹿都可直接吞下，捕捉十分危险，稍有不慎，就会命丧蛇口。《岭表录异》卷下“蚺蛇”条对其食性、体型有载：“蚺蛇，大者五六丈，围四五尺。以次者亦不下三四丈，围亦称是。……等鹿过则衔之，自尾而吞，惟头角碍于口中，则于树间阁其首。”④ 官府只顾自己私利，置百姓安危于不顾。端午佳节，达官贵人阖家团圆；老百姓却为生计涉险，说不定就在此日家破人亡。故事寥寥数语，痛斥不合理的徭役赋税制度。该书“补辑”部分，则从另一层面铺叙了取蛇胆的残忍。“泉建州进蚺蛇胆，五月五日取。时胆两柱相去五六尺，击蛇头尾，以杖于腹下来去扣之，胆即聚。以刀刲

① （明）李时珍：《本草纲目》，崇文书局2015年版，第188页。

② （宋）唐慎微撰，（宋）曹孝忠校，寇宗奭衍义：《证类本草》，钦定四库全书本，上海古籍出版社1991年版。

③ （唐）张鷟撰，赵守俨点校：《朝野佥载》，中华书局1979年版，第2页。

④ （唐）刘恂撰，商壁、潘博校补：《岭表录异校补》，广西民族出版社1988年版，第175页。

取，药封放之。不死复更取，看肋下有痕即放。”① 为让蛇胆聚集，取蛇胆之人反复击打其头尾，用棍棒在蛇肚下来回收拢。取胆后，伤口敷药放生，以待来年五月五日再次取胆。唐段公路《北户录》卷一“蚺蛇牙”条言，南粤地区每年端午取蛇胆进贡宫廷：“广州南海县每年端午日，常取其胆供进。”② 官府的刚性需求，一种新的职业应运而生。川渝地区出现了以养蛇为生的农户。《岭表录异》卷下“蚺蛇”条谓，粤东地区普宁的养蛇人于端午节将蚺蛇送入官府取胆：“普安州有养蛇户，每年五月五日，即担蚺蛇入府，只候取胆。”③ 北宋钱易《南部新书》卷五“蚺蛇胆”条亦交代了粤西养蛇人于五月五日送蚺蛇至官府取胆：“雷罗州有养蛇户，每年五月五日，即檐舁蚺蛇入府，只应取胆。”④

蚺蛇主要生活在广东、广西、福建、云南等地。根据历代小说记载，端午取蛇胆的风俗故事也集中盛产蚺蛇的粤、闽地区。蚺蛇胆的独特功效，催生了养蛇人的特殊职业。端午佳节，捕蛇人捉蛇、养蛇人取蛇胆的故事，使原本喜庆热闹的节日，竟有几许悲伤。

除此之外，地域特色鲜明的端午节俗形式还有京州、扬州的看灯船。明张岱《陶庵梦忆》“秦淮河房”条描绘了秦淮河男女老少看灯船的盛景：“年年端午，京城士女填溢，竞看灯船。”⑤ 明清时期燕京的女儿节。清潘荣陛《帝京岁时纪胜》云：“五月朔，家家悬朱符，插蒲龙艾虎，窗牖贴红纸吉祥葫芦……饰小女尽态极妍，已嫁之女亦各归宁，呼是日为女儿节。”⑥ 瑶族等少数民族欲婚嫁的男女，家族父母接受聘礼后，约定端午节于山上携手而归，称之为“挖亲”，如《溪蛮丛笑》“山猺婚娶，聘物以铜与盐。至端午，约于山上相携而归”⑦。吴越地区衍生了拐卖孩

① （唐）张鷟撰，赵守俨点校：《朝野佥载》，中华书局 1979 年版，第 167 页。
② （唐）段公录纂，崔龟图注：《北户录》（附校勘记），中华书局 1985 年版，第 7 页。
③ （唐）刘恂撰，商璧、潘博校补：《岭表录异校补》，广西民族出版社 1988 年版，第 178 页。
④ （宋）钱易撰，黄寿成点校：《南部新书》（戌），中华书局 2002 年版，第 63 页。
⑤ （明）张岱：《陶庵梦忆》，上海古籍出版社 1982 年版，第 31 页。
⑥ （清）潘荣陛：《帝京岁时纪胜》，北京古籍出版社 1961 年版，第 21 页。
⑦ （宋）朱辅：《溪蛮丛笑》，中华书局 1991 年版，第 68 页。

子献祭的恶俗。清吴炽昌《续客窗闲话》卷八："乾隆初年，有浙江乌程县人富子文，及妻富沈氏、子富大者，合陈大、俞九龄、鲍二、谢世荣、富大金，每年五月五日，共驾冒头小艇，远拐幼孩，赴太湖杀之以祭邪神。"①

三 端午节俗地域性的文学意义

中国古代小说作为民俗文化的重要载体，由于孕育其生成的独特土壤，可充当"拾遗补阙"的工具。葛洪《西京杂记序》谓："洪家世有刘子骏《汉书》一百卷，无首尾题目，但以甲乙丙丁纪其卷数。……洪家具有其书，试以此记校班固所作，殆是全取刘书，有小异同耳。并固所不取，不过二万许言，今钞出为二卷，名曰《西京杂记》，以裨《汉书》之阙。"② 葛洪撰写《西京杂记》的目的是为了"补《汉书》之阙"。郭宪《汉武帝别国洞冥记序》亦谓："宪家世述道书，推求先圣往贤之所撰集，不可穷尽，千室不能藏，万乘不能载，犹有漏逸。或言浮诞，非政教所同，经文史官记事，故略而不取……今籍旧史之所不载者，聊以闻见，撰《洞冥记》四卷，成一家之书，庶明博君子该而异焉。"③ 郭宪认为《洞冥记》所载为经文史官记事所遗漏者，可补之不足。齐东野人《隋炀帝艳史》"凡例"称"历代明君贤相，与夫昏主佞臣，皆有小史。或扬其芳，或播其秽，以劝惩后世。如《列国》、《三国》、《东西晋》、《水浒》、《西游》诸书，与二十一史并传不朽，可谓备矣。独隋炀帝繁华一世，所行皆可惊可喜之事，反未有传述，殊为缺典。故爰集其详，汇成是帙，庶使吊古者得快睹其全云"④。《列国》《三国》等小说，可与二

---

① （清）吴炽昌撰，王宏钧、苑育新校注：《客窗闲话 续客窗闲话》，文化艺术出版社1988年版，第475页。

② （汉）刘歆撰，（晋）葛洪集，向新阳、刘克任校注：《西京杂记校注》，上海古籍出版社1991年版，第1页。

③ （汉）郭宪撰，王根林校点：《汉魏六朝笔记小说大观》，上海古籍出版社1999年版，第123页。

④ （明）齐东野人撰，肖芒点校：《隋炀帝艳史》，中华书局2000年版，第339页。

十一史相提并论。隋炀帝史实未有人传述，《隋炀帝艳史》可弥补其缺憾。中国古代小说对端午节俗地域性特征的强调，具有与之相同的意义。

经史等官方文学，提及端午节俗之时，或站在普通大众视角，简略提及吃粽子、划龙舟、插菖蒲、采药等普泛化习俗，或将视点聚焦于宫廷。如史书对端午习俗的记载。皇亲国戚、高官显宦等于此日在宫内观看水上游戏活动。《宋史·乐志十七》，“每上元观灯，上巳、端午观水嬉，皆命作乐于宫中”①。端午也是各州府向朝廷进贡的重要时刻。《唐会要》卷29“代宗时，每岁端午及降诞日四方贡献考数千”②，《旧五代史·唐书·明宗纪四》“丁酉，伪吴杨溥遣移署右威卫将军雷现贡端午礼币”③。帝王也要赏赐臣子节礼。《辽史·太宗本纪下》：“癸亥，晋遣使贺端午，以所进节物赐群臣。”④ 皇室成员之间互赠礼物，《资治通鉴》卷224“后因端午，王、公、妃、主各献服玩”⑤。皇帝、达官贵人等之间所过的端午节，更多的是体现臣子之间的礼仪、君臣上下尊卑的关系，以及臣子对国君的臣服、国君对臣子的笼络。节日本身的文化被皇家威仪、宫廷礼仪所冲淡。并且，宫廷即使遵循了民间端午节俗，意义也有很大改变。《唐会要》卷29“节日”条，龙朔元年五月五日，唐高宗由民间端午以五色丝续命，结合民间“刀子辟兵的风俗”，引申为端午佳节御赐物品，让出门在外的人躲避兵器的伤害：“许敬宗对曰……五色丝可以续命，刀子可以辟兵。此言未知真虚，然亦俗行其事。今之所赐，住者使续命，行者使辟兵也。”⑥ 高宗出于保卫国家、爱护士卒的意图，有意淡化节日的民俗色彩。源远流长的民俗节日，一旦到官方等正式场合，往往变成供统治者利用的政治工具。又如集部文献。《全唐文》卷483“伤驯鸟赋”记载了端午节剪去鹦鹉舌头，鹦鹉能学说人话的习俗，“在

---

① （元）脱脱等撰：《宋史》，中华书局1977年版，第3359页。
② （宋）王溥等：《唐会要》，中华书局1955年版，第545页。
③ （宋）薛居正等：《旧五代史》，中华书局1976年版，第523页。
④ （元）脱脱等撰：《辽史》，中华书局1974年版，第47页。
⑤ （宋）司马光撰：《资治通鉴》，中华书局1956年版，第7199页。
⑥ （宋）王溥等：《唐会要》，中华书局1955年版，第542页。

端午之司晨，翦其舌而能言”①。《苏东坡全集》“浣溪沙（端午）”词描绘了洗浴习俗，“轻汗微微透碧纨，明朝端午浴芳兰”②。《全宋词》郭应祥“传言玉女”于五月四日与孙佥判四昆仲稽古堂观竞渡有作，渲染了龙舟竞渡时击鼓齐鸣的紧张气氛，以及江水烟雨迷蒙的意境，“稽古堂前，恰见四番端午。又来江上，听鸣鼍急鼓。棹歌才发，漠漠一川烟雨。轻舟摇扬，浪心掀舞”③。杜甫端午节获得赏赐的宫衣，《杜甫诗全集》卷4“端午日赐衣”，“宫衣亦有名，端午被恩荣”④。诗文等涉及端午节俗，节日习俗只是引发文人抒发某种情感、表达某种志向的自在之物，节日本身不是重笔描绘之处。这也是由诗文居于正统的文学地位以及言志、抒情的需要所决定的。

对端午节俗自身不吝笔墨加以铺叙的是中国古代小说。“求新”“好奇”的文学特质，不被大众所知的奇闻异俗纷纷涌入小说家的笔端。既可以弥补史未载之缺憾、开阔世人的视野，又可作为茶余饭后的谈资，以之娱乐。具有地域特色的端午节俗，经过小说生花妙笔地描摹，文学意义得到了淋漓尽致的体现。

第一，深化作品主题。

同写向朝廷进贡，小说中端午节俗的表现方式，与其他文献截然不同。宋乐史《杨太真外传》：“岭南节度张九章，广陵长史王翼，以端午进贵妃珍玩衣服，异于他郡，九章加银青光禄大夫，翼擢为户部侍郎。”⑤杨贵妃是唐明皇最宠爱的妃子。岭南节度张九章、广陵长史王翼等抓住此时机，投其所好，向杨贵妃贡献各种古玩华服。果然，两人平步青云，官职马上升迁。广陵历来为歌舞繁盛之地，岭南则偏僻、落后。作品特意强调岭南、广陵的地方官员向杨贵妃进献，耐人寻味。张九章想调离穷乡僻壤、王翼欲进一步升迁的心思，通过端午节送礼重过其他州县、

① （清）董诰等编：《全唐文》，中华书局1983年版，第4953页。
② 谭新红等编：《苏轼词全集汇校汇注汇评》，崇文书局2015年版，第414页。
③ 唐圭璋主编：《全宋词》，中州古籍出版社1996年版，第1506页。
④ （清）彭定求等校点：《全唐诗》第7册，中华书局1960年版，第2413页。
⑤ （宋）乐史：《杨太真外传》，中华书局1991年版，第8页。

府道由此尽显。蔡东藩《唐史演义》第四十七回“梅悴杨荣撒娇絮阁 罗钳吉网党恶滥刑”亦借端午进贡的史实，斥责唐玄宗宠爱贵妃误国，“器服珍玩，均呈入贵妃……岭南经略使张九章，广陵长史王翼，因所献精美，得贵妃欢心”[①]。小说借端午献节礼一事，用“微言大义”使作品主题升华，以此影射朝政的腐败，表达心忧天下的爱国情怀。

第二，营造真实感。

端午节因所产生地域文化的差异，有源自屈原、介子推、曹娥、伍子胥等多种说法，其中伍子胥之说主要流行于江浙地区。《记纂渊海》载：“至今为竞渡之戏。又越地云‘起于勾践’。”[②] 明代天然痴叟拟话本集《石点头》第十一回“江都市孝妇屠身”真实还原了扬州端午习俗产生的历史文化语境：“原来钱塘江上风俗，每年端午，轻薄弟子，都去习水弄潮，迎伍子胥神道。”[③] 试想，如果作者不尊重、了解此地风俗，说扬州端午是为祭祀屈原，读者就认为此故事纯属胡诌，不值得一读。记得裴启《语林》曾被世人追捧，所记谢安之事经本人指出不符合事实后，马上身价大减就传达了人们对小说真实性的要求。南朝梁吴均《续齐谐记》所载亦然：“屈原五月五日投汨罗水，楚人哀之，至此日，以竹筒子贮米投水以祭之。汉建武中，长沙区曲忽见一士人，自云‘三闾大夫’，谓曲曰：‘闻君当见祭，甚善。常年为蛟龙所窃，今若有惠，当以楝叶塞其上，以彩丝缠之。此二物，蛟龙所惮依其言。’今世人五月五日作粽，并带楝叶及五色丝，皆汨罗水之遗风。”汉建武年间，长沙一个叫区曲的人，遇上了自称为三闾大夫的士人。士人讲述自己在江中的苦楚，要求百姓将祭品用楝叶包裹，并以彩丝缠绕。据史料记载，屈原在汨罗投江。汨罗为湘江支流，西流到湘阴县后向北注入洞庭湖。洞庭湖与流经长沙的湘江等相接。从地理角度考虑，屈原投江后在长沙显灵完全可能。屈原在长沙显灵的另一个重要原因为，屈原是长沙人。马端临《文献通考》

---

① 蔡东藩：《唐史演义》，华夏出版社 2018 年版，第 365 页。

② （清）涂日焕详校，孙球复勘：《记纂渊海》，钦定四库全书本。

③ （明）天然痴叟：《石点头》，春风文艺出版社 1957 年版，第 260—261 页。

卷96“宗庙考”云，“楚三闾大夫屈原（长沙郡）”①。屈原现身前，小说以真实的笔触交代了楚地端午节粽子制作的由来及方法。接下来，让屈原在他的故乡显灵，以他为故事讲述的主体，教给百姓制作粽子的新方法。故事人物、背景及情节设置，与历史基本一致，合乎情理。真实的节俗传说与神秘的鬼神故事相结合，塑造了一个真幻交织的故事，很好地诠释了粽子由先秦到汉代的演变。

第三，勾连情节。

中国古代的小说家已经讲究情节的起承转合及内在衔接，每一笔墨都为有意营构，并不是没有意义的赘文。如明沈德符《万历野获编》卷2“端阳”开篇，就突出京师及附近边镇对端午节的重视，及射柳、走骠骑习俗：“京师及边镇最重午节，至今各边，是日俱射柳较胜。……内廷自龙舟之外，则修射柳故事，其名曰‘走骠骑’。”② 豪门、宦官热衷观看此表演。下文所叙选太监操练，以取悦代宗等统治者就顺理成章。此时，作者笔锋突转：京师端午“走骠骑”习俗本为训练士兵，增添节日气氛。演练的太监们为赢得帝王欢心，却让节日开始变味：“然是日酷热，当值候操诸珰，擐甲操兵，伺令于赤日中，因而渴死者数人。”③ 端午节前后，天气酷热难当，太监们冒着酷暑训练，不少人中暑死去。皇帝观看走骠骑、封赏表演者，太监烈日下训练，太监因中暑丧命等事件，皆因京师流行走骠骑的端午节俗引发。又如清佚名《桃花扇》第4回“端阳节社友闹榭　灯船会阮奸避踪”篇首即介绍南京端午有驾船游玩、唱歌弹奏的习俗：“适值五月端阳佳节，南京风俗到得此日，无论绅士商贾俱各驾船游玩，吹弹歌唱。”④ 因此习俗，引出陈定生、次尾与丁继之灯船相遇，陈定生、次尾与香君、柳敬亭、苏昆生等人畅饮、聚会，以及一行人与阮大铖相冲突等情节。此类故事，有共同的叙事模式。首先，

① （元）马端临：《文献通考》，中华书局1986年版，第935页。
② （明）沈德符：《万历野获编》上，中华书局1959年版，第67页。
③ 同上书，第67—68页。
④ （清）佚名：《桃花扇》，珠海出版社2009年版，第115页。

作者于篇首铺陈故事发生地的端午习俗，其次，以此习俗串联发生的各事件，各事件因这一习俗而形成首尾呼应、有内在逻辑联系的情节链。

深化主题、营造真实感和勾连情节，是具有地域性特征的端午习俗融入中国古代小说后的主要文学功能。此外，还可为情节的发展埋下伏笔，刻画当地的民风，以及推动情节的进展等。故事文本因作者情节结撰、文体布局谋篇的需要，选择与之相关的端午节俗文化。“语言决不仅仅是表达思想的工具，从某种意义上说更是文学活动的起点和归宿。它的着眼点在于以文本语言特征为轴心的向心式阐释，即作者、文本和读者相互作用的语境潜能、文本自身的语言释放、读者自我语言模式的规范和阅读能力等，它们构成了一条文学功能存在于其中的语言链，对文本语言的不断阐释正意味着文学功能的生成。”① 中国古代小说中具有地域特征的端午习俗，民俗特征鲜明，在小说文本中作为情节链的重要一环，对整个小说故事的前后始末加以影射和诠释，赋予文本丰富多彩的文学意味。

结　语

端午节强烈的地域特色，诗文、历史等典籍，并未将其完整呈现。小说形式自由，不拘一格，较少受到限制。诗文、历史等所不载的端午习俗，小说以生动、活泼的形式表现，因而是了解古时民俗的宝贵资料。端午节俗的地域性特征融入小说，是小说家有意为之。小说家利用其本身的民俗文化特点，以之深化作品主体、营造作品的真实感，及将相关事件衔接为具有内在逻辑联系的情节链，具有重要的文学意义。考察中国古代小说中端午节俗的地域性特征，可促进端午节俗本身及小说的文学性研究。

① 戴阿宝：《知识镜像与书写》，北京时代华文书局2015年版，第1页。

廪君神话与巴蜀历史文化再探

张　云*

内容提要：《后汉书》等古籍文献所载廪君神话实际是对早期廪君巴人迁徙历程的一次追忆，内容包括迁徙之前“五姓争神”，迁徙途中“智杀盐神”，建都之后“魂化白虎”三个典型事件。部族迁徙之前，廪君巴人以“掷剑于石穴”与“乘土船浮于水”两个难题确立君长，前者是原始占卜巫术，后者是巴人原始造船技术的体现，与考古所见“船棺”关切。迁徙途中，廪君巴人与盐水神女部落（蚕崇拜部落）发生交流冲突，情节内容糅合谋杀式“婚姻难题”与“术士斗法”类故事母题。迁徙之后，巴人崇拜白虎不仅是祖先崇拜，与其生活环境也有关联，或是作为虎之后裔希冀免受虎灾，亦与祈求鱼盐增收有关。

关键词：廪君神话；巴蜀文化；故事类型；迁徙；巫术

廪君神话以片段的形式散见于古籍文献，如《世本》《风俗通义》《后汉书》《水经注》《晋书》等。学界对廪君神话之研究已有较多成果，多数学者从巴蜀族源、历史、迁徙、宗教信仰等角度进

* ［作者简介］张云（1990—　），男，云南大学文学院博士研究生，主要从事中国古代文学与民俗文化研究。

行论述[①]。廪君神话记载巴人迁徙历程基本已成学界共识，其中多位学者从故事学等角度对廪君神话进行了分析，但廪君神话仍有继续讨论的空间。我们暂将廪君神话文本的内容以时间顺序分为迁徙之前、迁徙途中和建都之后三个阶段，并从故事学、文化人类学等、考古学等角度对其暗含的巴蜀历史文化内涵进行重新分析。

就目前记载而言，廪君神话最早记录于先秦古籍《世本》，其他古籍所载多源于此本，惜《世本》全本早已亡佚，今所见《世本》为后人辑补而成。相比而言，南朝宋范晔等撰《后汉书》所载较为全面。《后汉书》卷86《南蛮西南夷列传》（下文简称《南蛮传》）载廪君神话片段如下：

> 巴郡南郡蛮，本有五姓：巴氏，樊氏，瞫氏，相氏，郑氏。皆出于武落钟离山。其山有赤黑二穴，巴氏之子生于赤穴，四姓之子皆生黑穴。未有君长，俱事鬼神，乃共掷剑于石穴，约能中者，奉以为君。巴氏子务相乃独中之，众皆叹。又令各乘土船，约能浮者，当以为君。余姓悉沉，唯务相独浮。因共立之，是为廪君。乃乘土船，从夷水至盐阳。盐水有神女，谓廪君曰："此地广大，鱼盐所出，愿留共居。"廪君不许。盐神暮辄来取宿，旦即化为虫，与诸虫群飞，掩蔽日光，天地晦冥。积十余日，廪君（思）〔伺〕其便，因

① 参见黄柏权《白虎神话的源流及其民族学价值》（《鄂西大学学报》1987年第1、2期合刊）、彭荣德《廪君神话的巫术内涵》（《民族论坛》1989年第2期）、向柏松《从巴蛇到白虎：巴人图腾的转换》（《湖北民族学院学报》1992年第1期）、曾超《巴人"白虎的文化意蕴"》（《重庆大学学报》1998年第2期）、王玉德《论廪君的历史功绩》（《湖北民族学院学报》2000年第2期）、刘守华《廪君即向王说质疑——土家族历史文化札记》（《三峡大学学报》2005年第1期）、向柏松《廪君神话传说与清江流域土家族的原始宗教》（《民族文学研究》2005年第2期）、林继富《民间叙事传统的转变——从廪君到向王》（《中央民族大学学报》2005年第6期）、张应斌《土家族盐神爱情悲剧的人类学意蕴》（《湖北民族学院学报》2006年第6期）、邓晓《论廪君与盐水女神》（《重庆师范大学学报》2008年第6期）、刘长东《论土家族女始祖神话在族群演进中之作用》（《四川大学学报》2009年第1期）、章艳丽《廪君神话的情节类型及民间嬗变研究》（硕士学位论文，重庆大学，2011年）、柳倩月《廪君神话的历史内涵与现代表达》（《长江大学学报》2019年第3期）、段渝《七十年来的巴蜀文化研究》（《中华文化论坛》2019年第5期）。另外，有关巴蜀文化研究的论著也多谈及此话题，兹不详引。

射杀之，天乃开明。廪君于是君乎夷城，四姓皆臣之。廪君死，魂魄世为白虎。巴氏以虎饮人血，遂以人祠焉。①

《南蛮传》不仅记载了巴郡、南郡地区巴氏族系，也记载了巴氏族系之一廪君巴人的迁徙过程。另外，东汉应劭《风俗通义》载廪君乘土船至夷城之事云：

廪君乘土船，下至夷城，石岸曲，水亦曲，廪君望之如穴状，曰："我既道穴中，又入此奈何。"石岸为崩，广三丈余，陛级之。廪君行至上岸，上岸有平石，广长五丈，休其上投算，投算处皆有石，因立城其旁。②

《风俗通义》记载了廪君射杀盐神之后沿水路迁至夷城，并以占卜形式选立城址的过程，是廪君神话的一则重要佚文。

我们可以看到巴郡南郡蛮有五姓，他们生活于武落钟离山，有共同的宗教信仰，属于同一部落的不同氏族。五姓确立君长的过程涉及"掷剑于石穴"和"造土船浮于水"两个难题，巴务相是获胜者，按照事前约定成为廪君。之后，他带领部族走出洞穴，乘舟沿水路迁徙，途中遇见盐水神女，最终定居夷城。

巴郡、南郡是秦并巴蜀之后设置的郡名，可见《后汉书》等文献记载已是对廪君神话的追溯。徐中舒先生依据《左传》中的材料指出，武王克商之后，"巴为周之南土，春秋时已沦为楚国附庸"③。也就是说，"巴氏子"是对廪君身份地位的一个统称，即廪君是部落首领。宋治民先生根据八九十年代香炉石遗址、白庙遗址和石板巷子遗址等考古资料认

① （南朝宋）范晔等撰：《后汉书》卷86《南蛮西南夷列传》，中华书局1965年点校本，第2840页。

② （汉）应劭撰，王利器校注：《风俗通义校注》，中华书局2010年版，第491页。

③ 徐中舒：《巴蜀文化初论》，《四川大学学报》（社会科学版）1959年第2期。

为，巴文化起源于湖北西部长江沿岸新时期时代晚期文化，且不断受到河南龙山文化（王湾类型）的影响，考古学所反映的情况与古籍文献所载的传说，“即巴族起源的廪君说，是基本一致的”①。综合《风俗通义》及《南蛮传》等古籍文献，所载廪君神话互文建构，故事基本情节已相对完备。不难看出廪君神话的“传说性”较强，内容正是对廪君巴人走出洞穴、迁徙建都的历史追忆，我们暂以时间顺序分为迁徙之前、迁徙途中和建都之后三个阶段。

一 迁徙前——以难题立君长

虽然我们称廪君故事为“神话”，但廪君作为“神”的特征不够明显。他的出生没有奇异现象，既不是从卵中降生，也并非由其他神生育，更不是化身而来。相反，廪君是一位杰出的部落首领，具有明显的“巫王等身”特点。《南蛮传》载巴氏等五姓“掷剑于石穴，约能中者，奉以为君”，又“令各乘土船……约能浮者，当以为君”，这两项技能显然属于难题考验。章艳丽将廪君神话的情节分为“难题考验”“英雄与神女”“法术与禁忌”“幻化”四种类型②，分类较为合理。但本文我们采用国际通用的“难题考验”与“术士斗法”两种母题类型进行分析。

“难题考验”是世界性民间故事母题。美国民俗学家斯蒂·汤普森《世界民间故事分类学》专列“考验”型故事，大类编号 H，其中包含“难题求婚”与“对勇敢的考验”两类亚型。③ 美籍华人民俗学家丁乃通《中国民间故事类型索引》列有“英雄和神女”型故事，编号313A④，也属于考验型故事。纵观廪君神话文本我们要问，五姓为何以两个难题确

① 宋治民：《蜀文化与巴文化》，四川大学出版社1998年版，第189—192页。

② 章艳丽：《廪君神话的情节类型及民间嬗变研究》，硕士学位论文，重庆大学，2011年，第11—19页。

③ ［美］斯蒂·汤普森：《世界民间故事分类学》，郑海等译，上海文艺出版社1991年版，第592—594页。

④ ［美］丁乃通：《中国民间故事类型索引》，郑建成等译，中国民间文艺出版社1986年版，第76—77页。

立君长？难道仅仅是因为“未有君长，俱事鬼神”？章艳丽虽然指出了掷剑与浮土船属于难题考验，但她认为这是廪君超自然力的体现[①]。事实可能并非如此，我们以为五姓以难题确立君长，其目的是保证接下来族群大迁徙的顺利进行，“掷剑”属于原始占卜巫术，“土船”与考古所见“船棺”密切相关。

（一）掷剑于石穴

“掷剑于石穴”当是原始占卜巫术，其形式类似于周朝时盛行的“投壶”，亦同于今日之抛币，是一种较为原始的决疑方式。“廪君神话”中五姓“掷剑”便有以此方式决疑的可能，其目的是顺天意、定民心。

从廪君神话文本内容来看，五姓带领人们走出洞穴之后面临的首要大事就是族群迁居，族群的迁徙往往是一个漫长又艰辛的过程，族人需要一个强有力的领导排除万难。因此，在民族大迁徙之前，鉴于整个巴人部落“未有君长”，五姓才以难题确立君长。“争神”（实际是争王）的过程并未涉及个人功利，也未出现恶势力迫害，而是为了整个部族的长远发展着想。如果说“掷剑”只是一种“天意”的测定，那么“乘土船浮于水”才是作为族群首领实际能力的体现。

（二）乘土船浮于水

关于“土船”具体为何，《晋书》载五姓“以土为船，雕画之而浮水中，曰：‘若其船浮存者，以为廪君。’”[②] 此处所谓“土船”，当以土为材料所造之船，显然是基于字面之理解。有学者以此认为，廪君所乘土船即陶船[③]。若廪君“造土船浮于水”可以被理解为廪君神性的表征，那他成为首领之后“乘土船从夷水至盐阳”又如何解释？迁居是整个廪

① 章艳丽：《廪君神话的情节类型及民间嬗变研究》，硕士学位论文，重庆大学，2011 年，第 11 页。

② （唐）房玄龄等：《晋书》卷 120《载记 · 李特》，中华书局 1974 年点校本，第 3021 页。

③ 彭荣德：《廪君神话的巫术内涵》，《民族论坛》1989 年第 2 期。

君巴人的问题，涉及众多人员、大量财物运输等诸多问题，试问怎样的陶船才能有如此大的装载能力？从目前的考古发掘及其他文献资料来看，也没有一种如此大的陶船出现在远古民众的日常生活中，考古所见的陶船也只是用来陪葬的明器。也就是说，“土船”在廪君神话叙事中可以作为一种神性表征，但当有其现实原型。我们又要追问，廪君所乘之“土船”原型究竟为何？

我们以为“土船”是廪君巴人独有的一种船具，其形制适应当地的地理条件。古代鄂、川、渝的大部分地区高山林立、水道纵横，水路乘船是民众日常生活的主要出行方式，也是重要的军事通道。《战国策·燕策》载，秦召燕王，燕王欲往。苏代对燕王说：“蜀地之甲，轻舟浮于汶，乘夏水而下江，五日而至郢。汉中之甲，乘舟出于巴，乘夏水而下汉，四日而至五渚。”① 北魏郦道元《水经注》卷三七《夷水》云：“夷水（今湖北清江一带）出巴郡鱼复县（今重庆奉节）江”，“自沙渠县（今湖北恩施）入，水流浅狭，裁（才）得通船。东迳难留城南，城即山也，独立峻绝”。② 可见古代巴蜀地区确实道路险阻、水道纵横，廪君巴人必然沿水路迁徙，这与廪君神话的文献记载基本一致。

至于船，古代的船一般是木质船，只是船的形制各有不同。1954 年在四川省昭化县宝轮院和巴县冬笋坝考古发现一种新式战国巴人墓葬——船棺葬。船棺墓的墓坑均为直下竖穴式，葬具（材质为金丝楠木）形如独木舟，故称其为“船棺”，“船身正中一段挖空作船仓，尸体及殉葬物品均装殓于仓中”。船身“平均全长 5. 30 米，宽 1. 05 米；仓平均长 3. 90 米，宽 0. 86 米；船舷厚约 0. 19 米，头尾各长约 0. 75 米”。③ 报告指出，这批船棺较早的“入葬时期当不出秦举巴蜀的前后，即公元前四世纪末”④。同时报告人也认为，“船棺葬者若不是长于舟楫和傍水居的民

---

① （汉）刘向著，范祥雍笺证：《战国策笺证》，上海古籍出版社 2006 年版，第 1706 页。

② （北魏）郦道元著，陈桥驿校证：《水经注校证》卷 37《夷水》，中华书局 2007 年版，第 862—863 页。

③ 四川省博物馆编：《四川船棺葬发掘报告》，文物出版社 1960 年版，第 17—19 页。

④ 同上书，第 83 页。

族，想绝不会把葬具费偌大的功夫来凿成舟形”。他们据此推测，“此种葬具或者本来就是墓主人生前实用的水上交通工具，死后即以之作葬具”；以舟为葬具，或是表达他们“以水为家的信念，或死后还需要舟楫的信仰”[①]。鉴于夷水沿途“水流浅狭，才得通船”的地理环境，我们推测廪君所乘“土船”的原型或许就是这种特质独木舟。

挖凿独木舟时，往往需要考虑舟的长度、宽度；仓的位置、宽度、深度；船舷的厚度，头尾距船舱的距离等问题。挖凿独木舟本身绝非易事，何况金丝楠木的质地较为坚硬。考古发掘表明，船棺“仓内有火烧灼的痕迹，大概船仓的挖凿法，是先用火烧再用斧挖凿，如此一层一层的挖凿而成”[②]，这在出土的“船棺”中有所体现。也就是说，挖凿数量众多的独木舟不仅考验人的体力，更考验挖凿者的技术，一旦挖凿比例失误，极有可能发生沉船事故。这也就不难理解，在五姓选立君长的过程中，唯独廪君之船浮于水上，而其余四姓之船皆沉。

可见，五姓“掷剑”或许只是为了顺应“天意”，安定民心。而廪君船浮于水上才体现了他挖凿“土船”技术之高超，唯有如此，才能保障族人迁徙过程的生命财产安全。因此，我们推测“乘土船浮于水”是巴人原始造船技术的体现，是他们日常生活之需要，也是保障族群顺利迁徙的基本条件。

二　迁徙中——婚姻难题与部落冲突

择君之后，廪君带领族人开始迁徙，途中遇见盐水神女，同样这是一次难题考验，而且是婚姻难题。盐水神女的突然出现严重阻碍了廪君巴人继续迁徙的进程，廪君与盐水神女斗智斗法，最终智杀神女，二者斗法的过程实际或是不同部落之间的交流冲突。

（一）谋杀式婚姻难题与术士斗法

廪君带领族人乘土船从夷水迁徙至盐阳，遇见盐水神女。为了留下

① 四川省博物馆编：《四川船棺葬发掘报告》，文物出版社1960年版，第88—89页。
② 同上书，第19页。

廪君，盐水神女表示："此地广大，鱼盐所出，愿留共居。"但"廪君不许"。于是盐水神女暮来取宿，旦化飞虫，"与诸虫群飞，掩蔽日光，天地晦冥"。与廪君共居的目的没有达到，她便设法阻拦，造成严重的困难阻碍。

盐水神女为了自己的婚姻难为廪君，情节符合"难题考验"母题。日本民俗学家伊藤清司分析了在中国流传的"难题求婚"型故事，他分为A、B两类，其中A类故事母题之一即是姑娘出难题。关于"难题求婚"型故事，他认为："在被求婚或者求婚时，以解答对方提出的难题为内容的故事就叫做'难题求婚'型故事。"① 马狮炜先生对"难题求婚"型故事的定义和分类基本沿袭伊藤清司，但他指出其中的一类难题是"谋杀式的难题"，就是求婚者被谋杀。他认为谋杀求婚者的背后是"对人类特定阶段上家庭乱伦关系中父女性行为的否定，对旧的杂乱性关系的否定"②。但在他所论及的婚姻谋杀故事中，求婚者并没有被实际杀害。汤普森、伊藤清司等人尽管在分类的同时没有将廪君神话收录，但从他们的分类标准来看，廪君神话包含"难题求婚"型故事母题无疑。

大多数"难题求婚"型故事的结局往往是障碍排除男女结合，而廪君与盐水神女虽然有实际的夫妻关系（神女"暮辄来取宿"），但廪君最终射杀求婚者盐水神女。从情节来看，廪君射杀盐水神女是真正的"谋杀式的难题"，这是"难题求婚"型故事的另一情节，被多数学者忽略。廪君与盐水神女在相遇之前根本不相认识，其结局与马狮炜所述亦不相同，其意蕴也不是对爱列屈拉情结的否定。这种难题考验实际也是廪君巴人对廪君作为首领接纳、承认的内容之一，只是这一考验来自巴人族群外部。盐水神女尽管指出盐阳地域广大，"鱼盐所出"，但廪君最终将她射杀，显然盐阳作为定居处所并非廪君巴人心目中的最佳选择。且不论"谋杀式的难题"是偶然还是必然，廪君没有为个人利益放弃继续迁

① ［日］伊藤清司：《古典与民间文学》，白庚胜译，《云南社会科学》1984年第3期。

② 马狮炜：《难题求婚故事与爱列屈拉情结》，《云南民族学院学报》（哲学社会科学版）2000年第1期。

徙，这是对他领导能力的最大肯定。

廪君与盐水神女在斗争的过程中斗智斗法，其情节又符合“两术士斗法”型故事母题。丁乃通将此类故事编号325A，母题之一是“变形争斗”，即每个术士都变成各种动物或物件。① 为了看到更为完整的故事情节，此处我们采用《世本》的记载：

> 盐神暮辄来取宿，旦即化为飞虫，与诸虫群飞，掩蔽日光，天地晦冥，积十余日。廪君不知东西所向，七日七夜。使人操青缕以遗盐神，曰：“缨此即相宜，云与女俱生，宜将去。”盐神受而缨之。廪君即立阳石上，应青缕而射之，中盐神。盐神死，天乃大开。②

在古代社会，部落首领实际也是巫师③。此处廪君没有变化为具体之物，但盐水神女为了达到目的，“化为飞虫”。廪君与盐水神女相遇的整个过程其实就是一个“变形争斗”的过程。

送“青缕”这一行为不仅表现出廪君睿智的形象，同时也富含深层的巫术内涵。弗雷泽在《金枝》中提及“接触巫术”与“模拟巫术”。巫师相信，“他能通过一个物体来对一个人施加影响，只要该物体曾被那个人接触过，不论该物体是否为该人身体之一部分”④。廪君将青缕作为定情信物送给盐水神女，并说“缨此即相宜，云与女俱生”。显然盐水神女佩戴（接触）了廪君所送之青缕，从而使廪君“应青缕而射之，中盐神”。同时，盐水神女佩戴青缕也是一种“模拟巫术”，即弗雷泽所说的

① ［美］丁乃通：《中国民间故事类型索引》，郑建成等译，中国民间文艺出版社1986年版，第82页。

② （汉）宋衷注，（清）秦嘉谟等辑：《世本八种》，商务印书馆1957年版，第334—335页。

③ 参见［英］弗雷泽《金枝》，汪培基等译，商务印书馆2013年版，第146页；李泽厚《由巫到礼 释礼归仁》，生活·读书·新知三联书店2015年版，第7页；李道和《释“巫”》，《民间文学论坛》1997年第3期。

④ ［英］弗雷泽：《金枝》，汪培基等译，商务印书馆2013年版，第26页。

“在一根绳子上打结所造成的困难阻碍”①。盐水神女佩戴青缕势必将青缕打结，这样就象征神女被“束缚”，在她身上造成困难阻碍，是一种神秘的交感作用。② 也就是说，在“模拟巫术”与“接触巫术”的双重作用下，廪君智杀盐水神女。

盐水神女严重阻碍了廪君巴人继续迁徙的进程，使他们“不知东西所向，七日七夜”，这种恶劣的环境或许也是廪君巴人选择离开的原因之一。廪君最终欺骗神女，以“青缕”作为标记将其射杀。汤普森在分析“考验的母题”时也曾指出：“在应付考验的过程中，英雄有时候也采用欺骗的方法。”③ 廪君即是以欺骗的方法排除障碍，应付考验。

（二）部落之间的交流与冲突

作为复合型故事，我们从故事文本层面分析了廪君与盐水神女争斗的文化内涵，这一过程或许也反映了廪君巴人在迁徙途中与盐水神女部落的一次交流冲突，而盐水神女部落或是崇拜蚕的部落。巴蜀地区自古产盐，盐水神女又居盐阳，她很有可能是当地的部落首领。虽然巴与蜀是两个不同的概念，但巴人与蜀人生活环境相似。从表面来看，盐水神女“化为飞虫”是她“斗法变形”的巫术手段，但变为“飞虫”的过程又让我们联想到蛾子之类昆虫的蜕变过程。也就是说，“飞虫”当有其神话原型。

结合蜀地盛行养蚕的事实，我们推测“飞虫”的神话原型与蚕类有关。从三星堆出土的青铜立人像来看，其特征明显的“眼睛”反映了蜀地民众对“眼睛”的特殊感情。有学者指出，“它们所代表的，就是以‘纵目’为特征的蜀人始祖蚕丛”④。蜀地民众对蚕有特殊的感情，甚至

① ［英］弗雷泽：《金枝》，汪培基等译，商务印书馆 2013 年版，第 397 页。

② 章艳丽：《廪君神话的情节类型及民间嬗变研究》，硕士学位论文，重庆大学，2011 年，第 17 页。

③ ［美］斯蒂·汤普森：《世界民间故事分类学》，郑海等译，上海文艺出版社 1991 年版，第 411 页。

④ 赵殿增、李明斌：《长江上游的巴蜀文化》，湖北教育出版社 2003 年版，第 245 页。

崇拜，已是文化常识。如晋常璩《华阳国志·蜀志》云：“周失纪纲，蜀先称王。有蜀侯蚕丛，其目纵，始称王。”① 又如南宋祝穆《方舆胜览》卷51《成都府路》“蚕丛祠”条云：“蜀王蚕丛氏祠也，今呼为青衣神，在胜寿寺。蚕丛氏教人养蚕，作金蚕数十，家给一蚕。后聚而弗给，瘗之江上，为蚕墓。”② 显然自古以来蜀地民众有崇拜蚕的风俗习惯。

“纵目”或是蚕崇拜的直接反应。蚕属鳞翅目昆虫，其头部的复眼（Compound Eyes）发达，几乎占据整个头部，外形往往呈现为半球面，“视野非常广阔”，其“视觉的清晰度主要取决于所含小眼数目的多少”③。不论是蚁蚕、蚕蛹还是蚕蛾，其头部的复眼都比较明显。另外，“蜀”字甲骨文作，金文作，小篆作。东汉许慎《说文解字》卷13“虫部”释“蜀”字云：“葵中蚕也，从虫，上目象蜀头形，中象其身蜎蜎。”清段玉裁注云：“‘葵’，《尔雅释文》引作‘桑’。”④ 也就说，“蜀”字本身与蚕类昆虫关系密切。而蚕在破蛹之后便化作飞蛾，也即“飞虫”。因此我们推测，盐水神女“化为飞虫”或许就是她作为部落首领的一次巫术展现，而她的原型很可能与蚕类昆虫相关。盐水神女很有可能是蜀地崇拜蚕的部落首领，在廪君迁徙至盐阳时，双方部落发生交流冲突。

三 迁徙后——白虎崇拜与祈求鱼盐增收

当廪君带领部族战胜盐水神女部落之后，他们又“乘土船，下至夷城”，无奈此地“石岸曲，水亦曲”，环境依然险峻。廪君发出感叹之后，“石岸为崩，广三丈余”。“石岸为崩”表面上凸显了廪君的神性，其实这或许也是对廪君巴人民族迁徙的历史记忆。古代三峡一带经常发生“岸

① （晋）常璩著，刘琳校注：《华阳国志校注》，巴蜀书社1984年版，第181页。

② （宋）祝穆著，祝洙增订，施和金点校：《方舆胜览》卷51《成都府路》，中华书局2003年版，第913页。

③ 雷朝亮、荣秀兰主编：《普通昆虫学》，中国农业出版社2003年版，第289页。

④ （汉）许慎著，（清）段玉裁注：《说文解字注》，上海古籍出版社1988年影印本，第665页下栏。

崩”灾害。如《水经注》云：“江水历（巫）峡东，迳新崩滩。此山汉和帝永元十二年（100）崩，晋太元二年（377）又崩。当崩之日，水逆流百余里，涌起数十丈。”① 虽然《水经注》所载之事在汉晋，但也反映出此地确实常发生山崩的自然灾害。

（一）白虎崇拜与巴人生活环境

廪君去世之后，巴蜀地区流传廪君魂化白虎的神话传说。前引《南蛮传》即载，廪君死后“魂魄世为白虎”，而且巴人“以虎饮人血，遂以人祠”。巴人化虎的民间传说也多见于古籍文献，如《搜神记》载，“江汉之域有貙人，其先廪君之苗裔也，能化为虎”②。廪君魂化白虎是其部族定都夷城之后的事。关于廪君魂化白虎的神话传说，多数学者认为这是早期巴人对白虎崇拜的体现。如向柏松认为，“巴人崇白虎之风由廪君始”，廪君之前巴人也并非崇虎，而是崇蛇。廪君巴人将蛇图腾改为虎图腾的原因，作者认为，一是廪君蛮时代是母系制转向父系制的时代，二是受虎氏族图腾文化的影响，三是与特殊的地理环境有关。③。柳倩月同样认为，廪君巴人的图腾由巴蛇转变为白虎，与虎方文化的西进、西北部文化地区崇尚白虎观念的东进以及巴人多次战争与迁徙有关。④ 巴人崇白虎基本得到学界公认，兹不赘述。

同时需要指出的是，廪君之前巴人崇蛇与他们穴居的生活环境密切相关，随着廪君巴人的迁徙，他们的图腾便根据所处的现实环境发生了改变。何星亮先生指出：“图腾观念与其它观念一样，基于一定的社会存在。它的产生与一定的社会生产和社会生活密不可分。”⑤ 除向柏松、柳

---

① （北魏）郦道元著，陈桥驿校证：《水经注校证》卷34《江水》，中华书局2007年版，第790页。

② （晋）干宝著，李剑国辑校：《新辑搜神记》，中华书局2007年版，第343页。

③ 向柏松：《从巴蛇到白虎：巴人图腾的转换》，《湖北民族学院学报》（哲学社会科学版）1992年第1期。

④ 柳倩月：《廪君神话的历史内涵与现代表达》，《长江大学学报》（社会科学版）2019年第3期。

⑤ 何星亮：《图腾与中国文化》，江苏人民出版社2008年版，第48页。

倩月等人分析的原因之外，巴人崇拜白虎也与其后来的生活环境有一定关联。如《南蛮传》云："板楯蛮夷者，秦昭襄王时有一白虎，常从群虎数游秦、蜀、巴、汉之境，伤害千余人……时有巴郡阆中夷人，能作白竹之弩，乃登楼射杀白虎。"① 又如《华阳国志·巴志》云："秦昭襄王时，白虎为害，自秦、蜀、巴、汉患之……白虎常从群虎。"② 说明先秦时期，巴蜀地区已有大量白虎存在，而且是当地较为严重的自然灾害。因此，这也是巴人崇拜白虎的原因之一，他们崇拜白虎，实际也是对其力量的崇拜，也是希望作为白虎之后裔可以免受虎灾。

另外，巴人以人血祭祀廪君也体现出廪君巴人的祖先崇拜。廪君虽不是巴人始祖，但他作为廪君巴人的先祖之一应属无疑，他是民族英雄，死后被尊为祖先理所当然。"以白虎饮人血，遂以人祠"，同样是巴人人祭风俗的体现，兹不赘述。

（二）巴人白虎崇拜与其盐业生产

巴人以人祭祀白虎的另一个目的或许与祈求鱼盐增收有关。自古以来，四川一带就是我国重要的盐产区，考古已发现先秦时巴人的制盐遗址，特别是今重庆市忠县境内的中坝遗址。考古研究者指出，"四川盆地盐矿储量非常丰富，东到万县、石柱，西至洪雅、盐源，北到仪陇、阆中、江油，南到长宁、江津等县都有盐盆分布，主要有川东、川中、川西三大盐盆。"③ 明宋应星《天工开物》卷上《作咸》"井盐"条云："凡滇、蜀两省，远离海滨，舟车艰通，形势高上，其咸脉即蕴藏地中。凡蜀中石山去河不远者，多可造井取盐。"④ 巴蜀地区正处盐盆区域，其盐资源早已被当地民众利用。这也就不难理解，盐水神女对廪君说："此地

① （南朝宋）范晔等撰：《后汉书》卷86《南蛮西南夷列传》，中华书局1965年版，第2842页。

② （晋）常璩著，刘琳校注：《华阳国志校注》，巴蜀书社1984年版，第34—35页。

③ 四川省文物考古研究院等：《中坝遗址的盐业考古研究》，《四川文物》2007年第1期。

④ （明）宋应星著，潘吉星译注：《天工开物译注》，上海古籍出版社1993年版，第243页。

广大，鱼盐所出，愿留共居。”这是符合历史事实的，文献记载与考古所见相互印证。

“盐阳”及“盐水神女”之名也暗示此地确实产盐。《水经注》云：“夷水又东与温泉三水合……父老传此泉先出盐，于今水有盐气。夷水有盐水之名，此其一也。”[①] 廪君射杀盐水神女之后，定居夷城。所谓“夷城”或许也在夷水一带，距盐水神女处不远。盐不仅是民众赖以生存的物质资源，更是国家重要的财政收入，蜀盐自然也是重要的贸易商品。《史记·货殖列传》载：“及秦文、（孝）［德］、缪居雍，隙陇、蜀之货物而多贾。”南朝宋裴骃《集解》引徐广言曰：“隙者，间孔也。地居陇、蜀之间要路，故曰隙。”[②]《货殖列传》又载：“江陵故郢都，西通巫、巴，东有云梦之饶。陈在楚、夏之交，通鱼盐之货，其民多贾。”[③] 可见秦穆公时期，陇、巴、蜀、楚之间已有众多商贾往来，“鱼盐之货”便是重要的贸易商品。

不仅如此，盐还是重要的朝廷贡品。《周礼》云：“盐人掌盐之政令，以共百事之盐。祭祀，共其苦盐、散盐；宾客，共其形盐、散盐。”唐贾公彦疏云：“政令谓受入教所处置者，谓四方盐来，盐有数种，处置不同。”[④] 可以看到，不同的盐在不同的场合有不同的功能，这些盐往往来自地方进贡。“巴为周之南土”，参与过武王伐纣之战，周王室所用之盐有一部分可能来自巴人的进贡。

我们要问，巴人贡盐与白虎崇拜的关系是什么？郑玄注“形盐”云：“形盐，盐之似虎形。”[⑤]《太平御览》卷865引《凉州异物志》曰：“盐山二岳，三色为质。赤者如丹，黑者如漆，小大从意，镂之写物，作兽辟恶，佩之为吉。”注曰：“赤与黑者皆小，惟白大，或如篋箱，从人所

① （北魏）郦道元著，陈桥驿校证：《水经注校证》卷37《夷水》，中华书局2007年版，第864页。

② （汉）司马迁：《史记·货殖列传》，中华书局1959年点校本，第3261—3262页。

③ 同上书，第3267页。

④ 《周礼注疏》卷6《盐人》，《十三经注疏》，中华书局1980年影印本，第675页中栏。

⑤ 同上。

为形也，戎盐可以疗疾。”① 可见自然盐其白者如“篋箱”，这样就很有被雕刻为虎形盐进贡的可能。或许从一开始，廪君巴人的居住环境与盐就有密切关系，后来迁居也是因为穴居的环境不再适宜继续生存。

盐与廪君巴人的生产生活密切相关。中坝遗址虽然已经表明巴人开始人工煮盐，但其盐产量仍然不高，自然岩盐的产量更少。不论是廪君巴人自己所需，还是以盐牟利，以盐进贡，盐需求量之大可想而知。由于生产力低下，巴人势必会以祭祀的方式祈求增产，而祭拜祖先与祈求丰收也密切相关。这就不难理解，廪君巴人以人祭祀白虎（廪君）的另一个重要目的或许是祈求鱼盐增产，以利其民。

结　语

古籍文献所载廪君神话显然是对廪君巴人族群迁徙历史的记载，可以看到廪君巴人从最初的穴居转变为定都建城，不仅是生活方式的转变，同时也涉及君主权力的集中。族群迁徙之前，廪君巴人还未有严格的中央集权型首领，五姓部落的生活方式也相对原始。但生活环境的变化促使他们迁徙，才出现“掷剑”与“造船”的难题考验，择君的方式正是处在民族迁徙的大背景之下，与中原王朝的王位争夺明显不同。五姓择君之“土船”至今没有学者能给出一个合理解释，但从考古所见之“船棺”来看，二者明显暗合，船棺与巴人的实际生活环境也较为贴近。廪君巴人崇拜白虎，崇拜力量，学界对此基本已达共识，进一步来看，廪君巴人崇拜白虎与其禳除虎灾、盐业生产也有密切关联。在整个迁徙过程中，无论是掷剑、造船，还是与盐水神女斗争、定都夷城，都可以看到廪君作为部落首领的果敢与睿智。也就是说，廪君神话从本质上讲属于帝王神话传说，是神话历史，在一定程度上可以作为地方文化历史的重要资料。

① 《太平御览》卷865《饮食部》，中华书局1960年影印本，第3840页下栏。

“真倭”与“假倭”文本书写背后的故事
——冯梦龙《杨八老越国奇逢》创作过程考

刘　涛[①]

内容提要：围绕《杨八老越国奇逢》创作过程，从“真倭”与“假倭”文本书写切入，从中发现《杨八老越国奇逢》取材《耳谈》，意义又远超《耳谈》，是冯梦龙创作的海洋文学作品。《杨八老越国奇逢》所处的时空背景实则是世界大航海时代，塑造的文学人物均有原型，既有历史名人，又有海商、“假倭”等群体。《杨八老越国奇逢》揭示“嘉靖大倭寇”发源于福建的特征，反映冯梦龙心系民生，反对明朝“海禁”弊政。《杨八老越国奇逢》体现闽南文化、江南文化、明代卫所军户文化，揭露流传闽南乡村的“倭化”过程，对反思海洋文明具有重要的启示。

关键词：冯梦龙；《杨八老越国奇逢》；嘉靖大倭寇；世界大航海时代；闽南文化

目前，学术界关于《杨八老越国奇逢》创作研究已取得一定成果，也存在着一些问题。吕友仁、米格智《〈三言〉〈二拍〉故事来源考补正——读王同轨〈耳谈〉和〈耳谈类增〉后》一文发现《杨八老越国奇逢》源于《耳谈》，为后学研究奠定了基础，但是该文未能发现冯梦龙将

---

① ［作者简介］刘涛（1985—　），男，龙岩学院闽台客家研究院客座研究员，肇庆学院肇庆经济社会与历史文化研究院历史文化研究员，主要从事闽学与明代文学研究。

《耳谈》所载“关中民”改作“闽中民”，也未能认识到冯梦龙改动的用意，未考证故事讲述者。陈瑜《文学地域叙事的历史、文化价值——“三言”闽地叙事初探》一文从地方社会历史变迁角度进行考辨，对后学研究有一定的启示，然而却未对杨八老及其家人原型进行考证，未能考证出杨八老遇倭的具体地点，未发现冯梦龙围绕着福建“假倭”在浙江与南直隶活动进行书写。李燕分《由〈杨八老越国奇逢〉看元末倭患之因》一文多元视野研究倭患原因，却就文本论文本，未对杨八老遇到倭寇的地点漳浦进行考证，未围绕漳州、汀州发生倭患的时间进行考述。①

本文将广泛搜集小说、方志、文集、《明实录》等史料，通过考辨《杨八老越国奇逢》所述人物原型、“假倭”群体特点、人物关系的书写意涵，还原冯梦龙的创作过程，探索其文本书写的意涵，揭示其应有的历史地位。

一 人物原型考辨

（一）杨八老

1. 生活在明嘉靖年间

杨八老主要事迹在漳州。《耳谈》所载《蘖公、杨公得父》称：杨公“复贾于闽漳浦”②，“倭夷突犯海上诸郡，略公以去”③，《杨八老越国奇逢》据此称杨八老“祖上原在闽、广为商”④，实指地处福建、广东之交的福建漳州漳浦县；而“往漳州商贩”⑤，源于漳浦县隶属漳州，并无矛盾。

杨八老与漳州倭乱有关。《耳谈》述及杨某贾于“漳浦，主蘖氏。蘖

① 参见吕友仁、米格智《〈三言〉〈二拍〉故事来源考补正——读王同轨〈耳谈〉和〈耳谈类增〉后》[《河南师范大学学报》（哲学社会科学版）1991年第4期]、陈瑜《文学地域叙事的历史、文化价值——“三言”闽地叙事初探》[《中国石油大学学报》（社会科学版）2019年第2期]、李燕分《由〈杨八老越国奇逢〉看元末倭患之因》（《名作欣赏》2019年第5期）。

② （明）王同轨撰：《新刻耳谈》卷6，中国国家图书馆藏，明刻本15卷第2册，第1页b。按，《新刻耳谈》即《耳谈》。

③ 同上。

④ （明）冯梦龙编：《喻世明言》卷18《杨八老越国奇逢》，《中国古典小说名著丛书》，上海古籍出版社2012年版，第209页。

⑤ 同上。

新寡，复为其家赘婿，生一子，冒姓蘖氏，亦已三岁，倭夷突犯海上诸郡，略公以去"[①]，冯梦龙据此增加杨八老"为讨欠账，行至州前。只见挂下榜文，上写道：'近奉上司明文。倭寇生发，沿海抢劫'"[②]，此"州"指漳州，杨八老从漳浦前往漳州城，看到漳州地方官府关于倭寇抢劫沿海的布告，实则反映倭寇劫掠漳州沿海的历史背景。而"次日清晨，杨八老起身梳洗，别了岳母和浑家，带了随童上路。未及两日，在路上吃了一惊"[③]，"杨八老看见乡村百姓，纷纷攘攘，都来城中逃难，传说倭寇一路放火杀人，官军不能禁御。声息至近，唬得八老魂不附体"[④]。实指杨八老在漳州遭遇倭乱。

漳州、漳浦倭乱始于何时？万历《漳州府志》始载：

> （嘉靖）三十五年十月，有倭寇由漳浦县地方登岸，屯住六都后江头土城。烧毁房屋，劫掠男妇无计。漳自是有倭寇。[⑤]

此"漳"指漳州府，"六都"指漳浦县六都（今云霄县）。漳州府及其属县在嘉靖三十五年（1556）始有倭乱。

杨八老在漳州城一带遭遇倭乱。万历《漳州府志》始载漳州城一带倭乱：

> （嘉靖）三十八年二月，有倭寇数千自潮州来，攻劫诏安、云霄、漳浦等处。三月，由东厝岭抵月港八九都，转石马、福河、东洲、水头等处，夺舟流劫月余方去。[⑥]

---

① （明）王同轨撰：《新刻耳谈》卷6，中国国家图书馆藏，明刻本15卷第2册，第1页b。

② （明）冯梦龙编：《喻世明言》卷18《杨八老越国奇逢》，《中国古典小说名著丛书》，上海古籍出版社2012年版，第210页。

③ 同上书，第211页。

④ 同上。

⑤ （明）罗青霄修纂，陈叔侗点校，福建省地方志编纂委员会整理：万历《漳州府志》卷12《漳州府·杂志·兵乱》，厦门大学出版社2010年标点本，上册 第373页。按，此"万历《漳州府志》"指万历元年《漳州府志》。

⑥ （明）罗青霄修纂，陈叔侗点校，福建省地方志编纂委员会整理：万历《漳州府志》卷12《漳州府·杂志·兵乱》，厦门大学出版社2010年标点本，上册，第373页。

“月港八九都”原文标点有误，应作“月港、八九都”，其时与石马、福河、东洲、水头均属漳州府治龙溪县。“东厝岭”，位于今漳浦县旧镇东厝村，时属漳浦县七都东窑境内。[①] 嘉靖三十八年（1559）二月，数千倭寇从广东潮州劫掠诏安、云霄、漳浦等地。是年三月，倭寇由漳浦县东厝岭抵达龙溪县月港、八九都，转往石马、福河、东洲、水头等地，夺船劫掠一月有余而去。

杨八老在漳浦“不觉住了三年”[②]，杨八老在嘉靖三十五年（1556）前往漳浦，嘉靖三十八年（1559）三月遭遇倭乱，其时倭寇为“嘉靖大倭寇”。

2. 客居漳浦六都云霄

《杨八老越国奇逢》称杨八老到漳浦，与“专待收买番禺货物”[③] 的蘖妈妈联系上。

漳浦与广东潮州府接壤，至今乡村流行潮剧，却与广州府番禺县联系较少，此“番禺货物”实指“番货”。其时明朝厉行“海禁”政策，杨八老通过蘖妈妈参与海外走私贸易，冯梦龙改用“番禺货物”隐喻“番货”。

朱纨《阅视海防事》记载：“虽月港、云霄、诏安、梅岭等处，素称难制。”[④] “月港”，时属漳州府龙溪县。嘉靖四十二年（1563）正月壬辰，“巡抚福建都御史游震得奏上御倭三事”[⑤]，述及“漳州月港亦通倭要地”[⑥]，漳州月港是对日走私贸易的重要港口。“云霄”，时属漳浦县六都，是“嘉靖大倭寇”最早登陆漳州的地方。“诏安梅岭”，时属漳州府诏安县。云霄是其时漳浦县重要的走私港口，仅次于月港，成为远道而

---

① （清）陈汝咸修：康熙《漳浦县志》卷2《方域志下》，康熙四十七年刻本，中国国家图书馆藏，第4页a—b。

② （明）冯梦龙编：《喻世明言》卷18《杨八老越国奇逢》，《中国古典小说名著丛书》，上海古籍出版社2012年版，第210页。

③ 同上书，第209页。

④ （明）徐孚远、陈子龙、宋征璧、彭宾选辑：《皇明经世文献》卷205，转引自（明）朱纨《朱中丞甓余集》，崇祯平露堂刻本，第9页b。

⑤ 《明世宗实录》卷517，嘉靖四十二年正月上，“中研院”历史语言研究所校印1962年影印本，《明实录》第9册，第8485页。

⑥ 同上。

来客商的首选。

3. 汀州避倭由来

《杨八老越国奇逢》记载：杨八老在漳州遇倭，“进退两难，思量无计，只得随众奔走，且到汀州城里，再作区处。又走了两个时辰，约离城三里之地”[①]。述及杨八老从漳州往汀州之事。

万历《漳州府志》记载：漳浦“为汀漳之要冲”[②]，此“汀”指汀州，“漳”指漳州。漳浦地处汀州、漳州两地要冲，往来便利。

《杨八老越国奇逢》述及汀州，实则源于明代设置漳南道。万历《漳州府志》记载：

> 分巡漳南道，始于成化六年，因汀、漳、潮、赣等处盗贼出没，议于福建按察司添设佥事一员，专管汀、漳二府，整饬兵备兼分巡地方，在于上杭县驻扎。[③]

成化六年（1470），明朝基于汀州、漳州、潮州、赣州动乱，设置福建按察司佥事一名，即分巡漳南道，专管汀州、漳州二府兵备事务，道署设在汀州府上杭县。

上杭县隶属汀州府，时人可简称汀州。漳州府龙溪县人张燮《兵宪朱公汀州生祠碑》记载：“公既称漳南备兵使者，然宪府故在汀，而漳其褰帷徐及处也。”[④] 此“漳南备兵使”指分巡漳南道，“宪府”指漳南道，“汀”指汀州。冯梦龙认为其时漳州卫所军队抵御不了倭寇，百姓们由此逃往漳南道所在地汀州避难。

---

① （明）冯梦龙编：《喻世明言》卷18《杨八老越国奇逢》，《中国古典小说名著丛书》，上海古籍出版社2012年版，第211页。

② （明）罗青霄修纂，陈叔侗点校，福建省地方志编纂委员会整理：万历《漳州府志》卷19《漳浦县·舆地志》上册，第629页。

③ （明）罗青霄修纂，陈叔侗点校，福建省地方志编纂委员会整理：万历《漳州府志》卷3《漳州府·监司》上册，第138页。

④ （明）张燮撰：《群玉楼集》卷47《碑记一》，转引自（明）张燮著，陈正统主编《张燮集》，中华书局2015年标点本，第3册，第803页。

4. 杨八老实因明朝“海禁”政策被迫参与“嘉靖大倭寇”

《耳谈》仅载杨某被倭夷掠去“居十九年”①。冯梦龙将杨八老置身在元末，随“真倭”回到日本，由此接受“倭化”。

然而，洪朝选《瓶台谭侯平寇碑》记载：

> 嘉靖甲辰，忽有漳通西洋番舶，为风飘至彼岛，回易得利。归告其党，转相传语，于是漳泉始通倭。异时贩西洋，类恶少无赖，不事生业。今虽富家子及良民，靡不奔走。异时维漳缘海居民习奸阑出物，虽往，仅什二三得返，犹几幸少利。今虽山居谷汲，闻风争至；农亩之夫，辍耒不耕。齐贷子母钱往市者，握筹而算，可坐致富也。于是中国有倭银，人摇倭奴之扇，市习倭奴之语。甚豪者，佩倭奴之刀。其俗之偭仁弃义，自叛于中国声明文物之教如此，彼岛夷者恶得而不至哉？曾未数年，弓船蜈橹，逗沙舣岸，偏袒秃发，弥川亘野。手挥九尺之刀，足圆三石之弦者，跳跃于雉堞之前，扇摇蝴蝶之军，旗举长蛇之阵者，指挥于高原之上。已遂隳中国之名城，辱中国之衣冠，包裹中国之财帛，仆妾中国之士女，虔刘中国之人民。积骸成山，殷血丹水。②

“嘉靖甲辰”指嘉靖二十三年（1544），“漳”指漳州府，“泉”指泉州府，“西洋”指海外贸易，“彼岛”指岛国日本。漳州走私海外的船舶被风飘到日本，就地与日本交易，从中大获其利，回来告诉其贸易伙伴，漳州、泉州开始与日本贸易往来。“通倭”人群从最初不愿意从事农耕的百姓扩大到富家子弟与勤于耕作的农民。“缘海”指沿海，“山居谷汲”

① （明）王同轨撰：《新刻耳谈》卷6，中国国家图书馆藏，明刻本15卷，第2册，第1页b。

② （明）洪朝选撰：《芳洲先生文集》卷4，转引自方友义编校，邱夔友等注释《洪朝选研究》，（香港）华星出版社2002年标点本，第3册，第262—263页。按，原文标点“跳跃于雉堞之前扇；摇蝴蝶之军旗；举长蛇之阵者，指挥于高原之上。已遂隳中国之名城”，有误，据此修订。

指山区。"通倭"范围从闽南沿海地区扩大到山区。农民纷纷贷款渡海贸易。明朝开始出现日本银钱，摇着日本扇子，集市中流行日本话。有的直接佩戴起日本刀。驾驶着日式船舶，停泊在海岸，剪着日式发型。手上挥舞着九尺长的倭刀，脚穿木屐，跳跃在城垛上。摇着日本扇子跳着蝴蝶舞，举着日本旗帜，摆着日本长蛇阵法，指挥攻城略地，以"倭寇"自居，实则"假倭"。

"瓶台谭侯"指同安县知县谭维鼎。《明嘉靖二十年进士题名碑录（辛丑科）》记载："洪朝选，福建泉州府同安县军籍。"① 洪朝选在嘉靖二十一年（1542）中进士，漳州通倭时，洪朝选已中进士两年，所写是漳州、泉州民间实情。

张燮《东西洋考》记载："刀：倭刀甚利，中国人多鬻之"②，张燮应漳州府海澄县知县陶镕的邀请而撰写《东西洋考》，反映日本刀传入明朝后深受青睐，闽南漳州人更是趋之若鹜。

其时，闽南乡村"倭风"盛行，"嗜利忘禁"的百姓不必前往日本就可完成"倭化"。明朝厉行"海禁"政策，海商无法合法贸易，只能进行走私活动，为应对官府镇压，被迫武装自卫。漳浦部分百姓为虚张声势，装扮日本武士，漳浦以及漳州地方官府出于推脱治理无方的责任，也指称此"假倭"为"倭寇"。

明代中期，泉州府同安县经漳州通倭，漳州"倭风"胜于泉州。漳浦六都是倭寇登陆地，漳浦"倭风"是漳州最突出的地方，杨八老深受"倭风"影响。杨八老在明朝"海禁"背景下参与走私贸易，为了自保，被迫参与"嘉靖大倭寇"成为"假倭"。所谓杨八老被"真倭"所掳，实则嘉靖年间多是"假倭"引诱"真倭"前来。杨八老客居日本的情节，实则揭露闽南乡村"倭风"横行。

① 屈万里主编：《明清历科进士题名碑录》第1册，（台北）华文书局1969年影印本，第734页。

② （明）张燮撰：《东西洋考》卷6《外纪考·日本》，转引自（明）张燮著，陈正统主编《张燮集》第4册，中华书局2015年版，第1563页。

《杨八老越国奇逢》所云杨八老“也有放下人头帐目，与随童分头并日催讨”[1]，以及杨八老“为讨欠债”[2]，实则杨八老因明朝“海禁”政策导致无法靠海吃海。所谓“日本国年岁荒歉”[3]而入侵元朝，实则杨八老在明朝“海禁”政策下，无法“耕海为田”，就装扮成“倭寇”到处劫掠进行报复。

5. 身陷倭中“十九年”由来

《杨八老越国奇逢》沿用《耳谈》记载：“略公以去，居十九年”[4]，称“杨八老在日本国，不觉住了一十九年”[5]。

康熙《绍兴府志》记载：

> （嘉靖）十九年，闽人李光头、歙人许栋逸福建狱，入海引倭，结巢于廊衢之双屿港，出没诸番，海上屡惊焉。二十七年，巡视都御史朱公纨遣都指挥卢镗等捣双屿巢。四月，擒李光头，焚其营房战舰。六月，又擒许栋，贼渊薮空焉。而歙人王直收其余党为乱。[6]

该志记载绍兴倭乱始末。王直在嘉靖二十七年（1548）收编李光头、许栋余部，重整旗鼓。

王直与李光头的关系，《筹海图编》明确记载：

> 光头者，福人李七；许栋，歙人许二也，皆以罪系福建狱。逸入海，勾引倭奴结巢于霩衢之双屿港。其党有王直、徐惟学、叶宗

① （明）冯梦龙编：《喻世明言》卷18《杨八老越国奇逢》，《中国古典小说名著丛书》，上海古籍出版社2012年版，第210页。

② 同上。

③ 同上书，第213页。

④ （明）王同轨撰，王嗣经校：《新刻耳谈》卷6，中国国家图书馆藏，明刻本15卷，第2册，第1页a。

⑤ （明）冯梦龙编：《喻世明言》卷18《杨八老越国奇逢》，《中国古典小说名著丛书》，上海古籍出版社2012年版，第212页。

⑥ （清）张三异修，（清）王嗣皋纂：康熙《绍兴府志》卷26《武备志二》，康熙十一年刻本，中国国家图书馆藏，第14册，第26页b。

满、谢和、方廷助等，出没诸番，分迹剽掠，而海上始多事矣！①

李光头又名李七，是福建福州府人，许栋是南直隶徽州府歙县人，两人从福州越狱入海。勾结“倭奴”即“真倭”，以浙江双屿港作为据点。王直最初是李光头的党羽。

康熙《绍兴府志》以王直在“（嘉靖）三十八年十二月，得旨斩于杭州市。自是越中鲜倭患”②，从嘉靖十九年（1540）到嘉靖三十八年（1559）正好十九年。

《杨八老越国奇逢》属于俗文学，冯梦龙采用虚实结合的手法，以免让人“对号入座”。所谓杨八老生活的“元泰定年间”③，按“定”字可引申为安定，与“靖”字意义相近，实指明朝嘉靖年间。所谓“元朝至大年间”④，以杨八老在泰定元年（1324）从日本作为“假倭”回国，逆推十九年，在元大德九年（1305）被倭寇掳去，杨八老应在大德六年（1302）从西安到漳浦经商，可见“元朝至大年间”应作“元朝大德年间”。究其原因，源于“至大年间”实指明朝“正德年间”，冯梦龙担心被联想到“正德年间”，有意错写成“至大年间”。

冯梦龙将漳浦躲避倭乱的百姓与地方官府的角色相对调，将实则已是“假倭”的杨八老说成是躲避倭乱的百姓，将地方官府比作落荒而逃的避难百姓。所谓杨八老被“真倭”所掳，在“真倭”裹挟下打家劫舍，以及“真倭”“见到身强力壮抓来充作‘假倭’，每次战斗就将其推到前面冲锋陷阵”，事实上嘉靖年间“假倭”与“真倭”关系却是“假倭”引诱“真倭”劫掠。所谓“官军只要杀得一颗首

① （明）胡宗宪，（明）郑若曾撰：《筹海图编》卷5，嘉靖四十一年刻本，中国国家图书馆藏，第3册，第19页a。

② （清）张三异修，（清）王嗣皋纂：康熙《绍兴府志》卷26《武备志二》，康熙十一年刻本，中国国家图书馆藏，第14册，第35页a。

③ 同上书，第213页。

④ （明）冯梦龙编：《喻世明言》卷18《杨八老越国奇逢》，《中国古典小说名著丛书》，上海古籍出版社2012年版，第209页。

级，便好领赏”[①]，按《筹海图编》记载有抗倭策略“处首级”[②]，将斩获倭寇首级与银两挂钩，冯梦龙应参考《筹海图编》，揭露明代卫所军队战斗力低下，需靠白银刺激，而且军纪涣散，存在将百姓当作“假倭”滥竽充数的现象。

6. 参考“假倭”取名

《耳谈》《古今谈概》《情史》仅载“杨某”，冯梦龙在《杨八老越国奇逢》为之取名：“姓杨，名复，八月中秋节生日，小名八老”[③]，即杨复，字八老，其原因分析如下。

杨复之名，根据《耳谈》所载杨某“复贾于闽漳浦，主糵公家”[④]而阐发。

“小名八老”则源自“嘉靖大倭寇”首领名字。万历元年《漳州府志》记载：“（嘉靖）三十七年冬，有海寇谢老、洪老（即洪迪珍）等诱倭三千余人，船泊浯屿”[⑤]，此“倭”指“真倭”，谢老、洪老是“海寇”，为应对明朝“海禁”政策武装自卫，而被贴上“海寇”标签。“洪老”本名“洪迪珍”，是闽南“假倭”首领，与“谢老”均以“老”字相称，是闽南“假倭”的命名特点。冯梦龙虽然交代杨八老携带关中土产前往漳浦贸易，却未形成杨八老故里盩厔与漳浦长期进行贸易往来，杨八老实则在漳浦沿海参与走私贸易，成为“假倭”，冯梦龙据此参考闽南“假倭”“洪老”为之取名“杨八老”。冯梦龙之所以称杨复因八月十五日生日而取小名“八老”，实因八月十五日中秋月圆人团圆，隐喻“假倭”期盼与家人团聚。

---

① （明）冯梦龙编：《喻世明言》卷18《杨八老越国奇逢》，《中国古典小说名著丛书》，上海古籍出版社2012年版，第211页。

② （明）胡宗宪、郑若曾撰：《筹海图编》卷11《经略一》，第6册，第104页a。

③ （明）冯梦龙编：《喻世明言》卷18《杨八老越国奇逢》，《中国古典小说名著丛书》，上海古籍出版社2012年版，第209页。

④ （明）王同轨撰：《新刻耳谈》卷6，中国国家图书馆藏，明刻本15卷，第2册，第1页b。

⑤ （明）罗青霄修纂，陈叔侗点校，福建省地方志编纂委员会整理：万历《漳州府志》卷12《漳州府·杂志》上册，第216页。

（二）"蘗妈妈"原型"薛妈妈"

漳浦未有"蘗"姓，南朝何承天《姓苑》就有薛姓改为蘗姓的记载，可见薛姓可作蘗姓。漳浦有薛姓，《明万历八年进士题名碑录（庚辰科）》记载："薛士彦，福建漳州府漳浦县军籍"①，嘉庆《云霄厅志》：万历八年庚辰（1580）张懋修榜进士"薛士彦，西林人"②，"西林"指西林村，在明代隶属漳州府漳浦县六都。

西林村从西林城发展而来。正德《大明漳州府志》记载：元末"时分省右丞罗良总制府事，君用乃分治漳浦筑西林城以居焉"③。"君用"指陈君用，元末漳州路总管府同知。该志认为西林城是陈君用与福建右丞罗良不合，另建城堡办公。万历元年《漳州府志》却披露："（至正）二十一年，西林贼陈世民陷漳浦，良攻之，世民南走潮州，良追之，众贼杀世民以降，遂安其众"④，此"良"指罗良，"西林贼"是西林城武装首领，所谓兴建西林的"陈君用"实则"西林贼陈世民"。从西林城出发可乘船入海，元末成为"海贼"据点，以海外走私贸易闻名。

薛士彦是军籍进士，闽南卫所军户长期参与海外走私贸易。早在明宣德九年（1434）就有"漳州卫指挥覃庸等私通番国"⑤，嘉靖年间参与走私贸易的林希元，《明正德十二年进士题名碑录（丁丑科）》记载其是"福建泉州府同安县军籍"⑥。林希元与抗倭名将唐顺之的门生洪朝选交往

① 屈万里主编：《明清历科进士题名碑录》，（台北）华文书局 1969 年影印本，第 2 册，第 971 页。

② （明）薛凝度修：嘉庆《云霄厅志》卷 12《选举上明进士》，民国二十四年铅印本，中国国家图书馆藏，第 7 页 b。

③ （明）陈洪谟修、中国人民政治协商会议福建省漳州市委员会整理：正德《大明漳州府志》卷 25《人物传·元·人物·陈君用》，厦门大学出版社 2012 年影印本，下册，第 1559 页。

④ （明）罗青霄修纂，陈叔侗点校，福建省地方志编纂委员会整理：万历《漳州府志》卷 4《漳州府·秩官志下·名宦·元名宦传·总管罗良》，上册，第 79 页。

⑤ 《明宣宗实录》卷 109"宣德九年三月上"，"中研院"历史语言研究所校印 1962 年影印本，《明实录》第 4 册，第 2447 页。

⑥ 屈万里主编：《明清历科进士题名碑录》，（台北）华文书局 1969 年影印本，第 1 册，第 602 页。

密切，“朝选”二字为林希元所取，又与揭发嘉靖丙午（1546）、丁未（1547）“奸民互市”漳州月港的戴时宗“相处一十八年，交情益笃”①。西林城薛氏宗族以军籍出身作掩护，凭借所居西林城防御功能参与走私贸易，为避人耳目，以女性为代表参与走私贸易。“蘖妈妈”原型“薛妈妈”，是嘉靖年间女海商。

杨八老既然本钱丰厚，为何未纳薛氏为妾，反而选择入赘薛氏宗族？究其原因，应与杨八老认识到薛氏宗族可根据军籍出身，以在西林城为据点，迅速致富。

（三）“二贵子”原型

1.“蘖太守”原型许东望

《耳谈》称蘖太守、杨郡丞与杨某认亲，阖郡百姓“呼为循吏之报”，有“盖守、丞即两地两姓，实同体兄弟”② 之称。

康熙《绍兴府志》记载：

> 许东望，字应鲁，山东平山卫籍，直隶宿松县人，嘉靖戊戌进士，甲寅年任。东望初令山阴，政尚宽和，民德之，如慈父。迁户部郎，历浙江参议。会倭寇突扰境内，奉檄分守浙东，治绍兴。时方军兴，敛急法烦，间间骚动，东望一切镇以简静，爱民下士，吏卒无不感恩，用命柯亭、龛山、后梅、清风之捷，东望皆亲冒矢石，而典史吴成器实左右之，以功进按察副使，整饬兵备，兵巡之衔自此始。东望自为令，及兵宪务为宽大，人比之羊叔子，越人至今祠祀之。③

---

①（明）林希元撰，何丙仲校注，厦门市图书馆编：《林次崖先生文集》卷15《祭文》，厦门大学出版社2015年标点本，下册，第580页。

②（明）王同轨撰：《新刻耳谈》卷6，中国国家图书馆藏，明刻本15卷，第2册，第2页a。

③（清）张三异修，（清）王嗣皋纂：康熙《绍兴府志》卷27《职官志一·统辖》，康熙十一年刻本，中国国家图书馆藏，第15册，第15页a。

许东望是南直隶宿松县人，与杨八老是南直隶同乡，又是卫所军户出身，与杨八老入赘的漳浦薛氏宗族同属军籍，是闽南乡村所谓“自己人”。作为首任宁绍台道，许东望战功赫赫。此“至今”，指康熙《绍兴府志》成书的康熙十一年（1672），许东望在浙东影响深远。早在担任绍兴府山阴县知县时就颇有政绩，被当地百姓奉为“慈父”。许东望与典史吴成器并肩作战，功勋卓著，深得民心，自然可称“循吏”，不是亲兄弟却胜似亲兄弟。

2. “杨郡丞”原型吴成器

康熙《绍兴府志》记载：

> 吴成器，休宁人，三十八年任。初为会稽典史，有胆略，善弓马，颇谙遁甲。时倭寇扰越境，成器屡有斩获，以功超擢通判，越中诸村落皆祀之。①

吴成器在嘉靖三十八年（1559）任绍兴府通判，“休宁”即休宁县，隶属南直隶徽州府。其颇具胆略，擅长骑马射箭，精通兵法，以抗倭战功从会稽县典史破格提拔为绍兴通判，浙东各村百姓均崇祀他。

吴成器所任绍兴府通判与杨世道任职相近，又与王直是徽州同乡，和杨八老是南直隶同乡。冯梦龙认为吴成器既然在抗倭中颇有胆略，自然可以作为首先接触“假倭”的人选，据此作为杨世道的原型。

3. 倒置父母官与子民关系的原因

康熙《绍兴府志》记载：

> 王近讷，崇阳人，举人，三十五年任。守介识敏，不畏权势。时知府邵龄颇狼藉，近讷每事与忤龄，后迁浙东兵备，近讷遂乞致

① （清）张三异修，（清）王嗣皋纂：康熙《绍兴府志》卷29《职官志二·郡佐》，康熙十一年刻本，中国国家图书馆藏，第15册，第8页b。

仕去，士论高之。[①]

王近讷在嘉靖三十五年（1556）到任绍兴府同知。在任期间恪尽职守，不畏权势，尤其是绍兴府知府邵龄作斗争。邵龄声名狼藉，王近讷在邵龄升任浙东兵备后，彻底绝望，挂冠归里，绍兴士林对其敬重不已。

“浙东兵备”指宁绍台道。查康熙《绍兴府志》记载：宁绍道台邵龄“南直隶徽州府休宁县人，庚戌进士，绍兴府知府升任”[②]，其在“三十九年任”[③] 绍兴知府，其继任杨兆在“四十二年任”[④]，邵龄在嘉靖三十九年（1560）到任绍兴知府，嘉靖四十二年（1563）升任宁绍道台。邵龄到任之际正是绍兴倭患结束的第二年，邵龄严重失职渎职，导致绍兴错过复兴时机。然而，邵龄却在任职三年后升任浙东抗倭统帅。

邵龄来自徽州，与王直是同乡，绍兴百姓刚“送”走了徽州王直，却在第二年“迎”来徽州邵龄，可谓乐极生悲。冯梦龙有意颠倒官民关系，实则针砭时弊，指出绍兴百姓前脚刚“送”走“假倭”王直，后脚却又“迎”来“假倭”杨八老。绍兴百姓抗倭胜利后，苛政成为新的“倭患”，百姓头顶上的阴影从未消失。

二 揭示“嘉靖大倭寇”群体特征

（一）强调杨八老的福建“假倭”身份

《耳谈》记载：杨某对杨世道说“我关中民也”[⑤]，“蘖公问翁何由入闽”[⑥]，父子相认后，由此“阖郡老黎欢忭”[⑦]，冯梦龙《情史》却作“我

① （清）张三异修，（清）王嗣皋纂：康熙《绍兴府志》卷29《职官志二·郡佐》，康熙十一年刻本，中国国家图书馆藏，第15册，第6页b。

② 同上书，第15页b。

③ （清）张三异修，（清）王嗣皋纂：康熙《绍兴府志》卷28《职官志二·郡守》，第15册，第12页b。

④ 同上。

⑤ （明）王同轨撰：《新刻耳谈》卷6，中国国家图书馆藏，明刻本15卷，第2册，第1页b。

⑥ 同上书，第2页a。

⑦ 同上。

闽中民也"[①]，"阖郡"又改作"闽郡"[②]，由于《古今谈概》已有不同，《情史》并非刊刻之误，而是冯梦龙有意改动，强调"假倭"与福建的渊源。

杨八老参加的"假倭"席卷温州、余杭、宁绍、苏州等地[③]。《杨八老越国奇逢》述及清水闸顺济庙，查《西湖游览志》有相似记载[④]，《西湖游览志》成书于嘉靖二十六年（1547），冯梦龙应据此采编。冯梦龙为方便阅读，将原作冯俊梦见上帝的年龄从十八岁改成明代男子成丁的年龄十六岁，又删除了冯俊所获封号的年号。

康熙《钱塘县志》记载："清水闸，在候潮门外，城南下隅一图，南接浑水闸"[⑤]，清水闸位于钱塘县候潮门外。

余杭即杭州府，钱塘为其属县，与温州、宁波、绍兴同属浙江，苏州则属南直隶。冯梦龙广泛搜集浙江、南直隶倭乱史料，有意对其故里苏州府以元朝的地名"平江路"相称，暗示所述南直隶情节来自作者增加。

（二）绍兴倭患与福建关系密切

康熙《绍兴府志》记载：绍兴自嘉靖三十二年（1553）起有倭寇萧显"陷临山卫"[⑥]、林碧川"寇沥海所"[⑦]，嘉靖三十三年（1554）萧显再度骚扰绍兴，林碧川、沈南山骚扰[⑧]，嘉靖三十四年（1555）"松浦贼又

① （明）詹詹外史评辑：《情史》卷2《情缘类》，清乾隆四十九年刻本，中国国家图书馆中华古籍资源库官网据天津图书馆藏，第1册，第35页b。

② 同上。

③ （明）冯梦龙编：《喻世明言》卷18《杨八老越国奇逢》，《中国古典小说名著丛书》，上海古籍出版社2012年版，第213页。

④ （明）田汝成辑撰：《西湖游览志》卷19《南山分脉·城外胜迹》，嘉靖二十六年严宽刻本，中国国家图书馆藏，第5册，第6页a—b。

⑤ （清）魏嵘修：康熙《钱塘县志》卷3《河梁·闸》，康熙五十七年刻本，中国国家图书馆藏，第36页a。

⑥ （清）张三异修，（清）王嗣皋纂：康熙《绍兴府志》卷26《武备志二》，康熙十一年刻本，中国国家图书馆藏，第14册，第27页a。

⑦ 同上书，第27页a—b。

⑧ 同上书，第27页b。

有自福宁州来者，越平阳、仙居，至奉化，与钱仓贼合，几七百人入绍兴，势益滋蔓”[①]，直到嘉靖三十八年（1559）王直伏诛。

萧显、林碧川、沈南山均是福建“假倭”，“松浦贼”与福建福宁州有渊源。王直曾追随福州“假倭”李光头，也有福建渊源。

（三）浙江、南直隶“假倭”来自福建

《杨八老越国奇逢》记载：“杨八老诉道：‘众人都是闽中百姓，只我是安西府盩厔县人。’”[②] 杨八老又说：“只是那一十二人，都是闽中百姓，与我同时被掳的。”[③] 冯梦龙于此强调杨八老原籍，与身边的福建“假倭”不同，似乎自相矛盾。

然而，查万历癸丑《漳州府志》记载：

> 中丞阮鹗帅兵讨倭，倭走南澳，乱民从倭者，集梅岭，且万家。佥议往屠之。水陆毕集，中军隔一舍宿。是夜，中丞踌躇不寐，出行微月，所偕来指挥林凤闻叹息声，知为军门请所往。中丞曰：“大兵四合，梅岭之贼可尽矣！然孰非赤子？其在浙、直为倭，还梅岭则民也。”[④]

“中丞”指福建巡抚。“浙”指浙江，“直”指南直隶。阮鹗发现福建“假倭”在老家是百姓，一到浙江、南直隶则是“假倭”。

《筹海图编》记载：“唐荆川云：倭患始于福建，福建者，乱之根也”[⑤]，又云：“闽贼亦浙、直贼”[⑥]，“唐荆川”即唐顺之，号荆川，深知

① （清）张三异修，（清）王嗣皋纂：康熙《绍兴府志》卷26《武备志二》，康熙十一年刻本，中国国家图书馆藏，善本书号：05183，第14册，第32页b。

② （明）冯梦龙编：《喻世明言》卷18《杨八老越国奇逢》，《中国古典小说名著丛书》，上海古籍出版社2012年版，第214页。

③ 同上书，第217页。

④ （明）闵梦得修，中国人民政治协商会议福建省漳州市委员会整理：万历癸丑《漳州府志》卷38《丛谈志》，厦门大学出版社2012年影印本，下册，第2567—2568页。

⑤ （明）胡宗宪、郑若曾撰：《筹海图编》卷4，嘉靖四十一年刻本，中国国家图书馆藏，善本书号：12758，第3册，第25页a。

⑥ 同上书，第22页a。

"嘉靖大倭寇"内幕。

杨八老虽非福建人，却在福建参加"假倭"，与福建"假倭"合流。实则冯梦龙深知"假倭"实情，有意突出。

三 增加人物原型

（一）王国雄、王兴原型

1. 王国雄原型卢镗

《耳谈》未提及千户王国雄及其亲兵王兴，王国雄、王兴二人均是冯梦龙在《杨八老越国奇逢》增加的人物。王国雄即"老王千户"[①]，"还是百户之职，在彼领兵"[②]，按"彼"指漳州，"有功，升了千户，改调浙中地方做官"[③]，其在抗倭立功升任千户调往浙江。

万历《漳州府志》记载：

> （嘉靖）二十六年，有佛郎机夷船载货在于浯屿地方货卖，漳、泉，贾人辄往贸易。巡海道柯乔、漳州知府卢璧、龙溪知县林松发兵攻夷船不得，通贩愈甚。时新设总督闽浙、都御史朱纨厉禁，通贩者九十余人，遣令旗、令牌行巡海道柯乔、都司卢镗就教场悉斩之。寻乱发，柯乔、卢镗皆拟重典。后恤刑郎中陆稳奏释之。[④]

"佛郎机"即法兰西。"浯屿"隶属福建泉州府同安县，与漳州交界。"漳"指漳州，"泉"指泉州。嘉靖二十六年（1547），卢镗时任都司，奉朱纨之命厉行"海禁"政策，在漳州屠杀参与走私贸易的海商，由此引起福建沿海社会的强烈反弹，遭到打击报复，下狱论死。卢镗侥幸生

---

① （明）冯梦龙编：《喻世明言》卷18《杨八老越国奇逢》，《中国古典小说名著丛书》，上海古籍出版社2012年版，第214页。

② 同上书，第215页。

③ 同上。

④ （明）罗青霄修纂，陈叔侗点校，福建省地方志编纂委员会整理：万历《漳州府志》卷12《漳州府·杂志·兵乱》，上册，第372—373页。

还后回到浙江，官复原职，参与抗倭，却接连失利，戴罪分守浙东。卢镗从漳州转任浙江，虽未参与漳州抗倭，却参与屠杀海商，导致海商被迫装扮倭寇劫掠各地。冯梦龙根据卢镗事迹形塑王国雄，有意将其参与海禁下狱说成立功，反映了冯梦龙深刻认识到“嘉靖大倭寇”源于明朝的“海禁”政策。

2. 王兴原型是来自“假倭”的卢镗部属

《杨八老越国奇逢》记载：“忽见倭犯中一人，看定王兴，高声叫道：‘随童，我是你旧主人，可来救我！’王兴假意认了一认，两下抱头而哭。因事体年远，老王千户也忘其所以了。忙唤王兴，问其缘故。王兴一一诉说：‘此乃小人十九年前失散之主人也。彼时寻觅不见，不意被倭贼掳去。小人看他面貌有些相似，正在疑惑，谁想他到认得小人，唤起小人的旧名。望恩主辨其冤情，释放我旧主人，小人便死在阶前，瞑目无怨。’说罢，放声大哭。”[①] 王兴原是杨八老的“随童”，杨八老是“假倭”，王兴实际上能通倭语。

康熙《绍兴府志》有明代军队能通倭语的记载：

> （嘉靖三十四年）十一月，松浦贼复自温州登海，历奉化，遂犯余姚，参将卢镗遇于文亭，令所部兵能倭语者倭饰，绐贼曰：“余姚兵盛不可敌，吾等宜南行。”遂逶迤入四明山中。[②]

“松浦贼”在嘉靖三十四年（1555）侵犯时属绍兴府的余姚县，与卢镗相遇。卢镗下令部属中会讲“日本话”者假扮“倭寇”欺骗“松浦贼”。“松浦贼”果然中计。王兴原型是卢镗“能倭语”的部属。

王兴为何通晓日语？

---

① （明）冯梦龙编：《喻世明言》卷18《杨八老越国奇逢》，《中国古典小说名著丛书》，上海古籍出版社2012年版，第215页。

② （清）魏㟲修：康熙《绍兴府志》卷26《武备志二》，康熙十一年刻本，中国国家图书馆藏，第15册，第29页b。

万历癸丑《漳州府志》可作佐证：

（倭寇）毕歼之夜，（阮鹗）引数骑入诏安，召学官觅梅岭所善儒生二人单骑抵梅岭。二生从梅岭先闻兵至，戒侣约战败即入海从倭。嗣闻军门单骑至，始不信。有曾役会城者侦之，果然。乃延入其堡之大家，众毕集衷刃以听，堂上满不尽闻见累几，为台登而谕之。众环拜稽额相号泣，缚倭遁藏者数人以献，引众至玄钟所分别劝惩之。收其骁勇数千人分隶水陆，梅岭悉平。①

"玄钟"指玄钟守御千户所，隶属福建镇海卫。阮鹗带兵平定漳州诏安梅岭"假倭"之际，阮鹗见漳州诏安梅岭倭风盛行，难以通过屠杀解决倭患，只能在"假倭"中挑选骁勇善战的编入卫所军队。

王兴应是梅岭数千名"假倭"的一员，由此追随千户，改名"王兴"重新做人。所谓王兴躲在厕所得以脱身，按厕所是死角，反而导致瓮中捉鳖，事实上并不可行。冯梦龙如此书写王兴，实则意在揭示王兴的历史并不清白。

王兴与杨八老同为来自漳州"假倭"，可辨别得出杨八老口音。冯梦龙揭示了明代中期卫所军队既有来自接受招安的"假倭"，又存在"通倭"的现象，所谓"兵匪一家"。杨八老得以免遭惩治，正源于明朝卫所军中有人。

（二）"平江路普花元帅"原型王忬

王忬是冯梦龙的苏州同乡，曾领导浙东抗倭。冯梦龙以其作为"平江路普花元帅"② 的原型，称其为平江路元帅，王忬表字"民应"，"民"

---

① （明）闵梦得修，中国人民政治协商会议福建省漳州市委员会整理：万历癸丑《漳州府志》卷 38《丛谈志》，下册，第 2568 页。

② （明）冯梦龙编：《喻世明言》卷 18《杨八老越国奇逢》，《中国古典小说名著丛书》，上海古籍出版社 2012 年版，第 213 页。

即百姓，代表多，具有普遍性，取“普”字。王忬别号思质，“花”字可通“华”字，与“质”字义相反，犹如朱熹字晦庵；取“花”字，得名“普花”。

（三）“闽帅”原型阮鹗

《耳谈》记载倭寇“后又拥众犯闽，会闽帅败之去”①，《杨八老越国奇逢》未提及“闽帅”，仅述及明朝官兵未充分备战而失败。

万历癸丑《漳州府志》记载：“嘉靖三十六年，地方寇乱，军门阮鹗令民筑土堡”②，阮鹗时任“提督福建军务、右副都御史”③，在嘉靖三十六年（1557）下令福建百姓兴建土堡防御倭寇入侵。阮鹗实则“闽帅”。

万历癸丑《漳州府志》记载阮鹗收编梅岭“假倭”后：

> 叶相国《苍霞集》曰：身从儒生数人抵梅岭捕黠民之，为贼间者而收其良者为兵，贼失乡导乃大阻。盖指此事也。④

“叶相国”指叶向高，《明万历十一年进士题名碑录（癸未科）》记载其是“福建福州府福清县军籍”⑤，来自沿海福建镇东卫军户，对阮鹗此举大加赞许。嘉靖三十七年（1558）六月“提督福建军务、右副都御史阮鹗被逮至京。法司谳上其狱，诏黜为民”⑥。冯梦龙深

① （明）王同轨撰：《新刻耳谈》卷6，中国国家图书馆藏，明刻本15卷，第2册，第1页b。

② （明）闵梦得修，中国人民政治协商会议福建省漳州市委员会整理：万历癸丑《漳州府志》卷4《规制志上·城池·海澄县》，上册，第299页。

③ 《明世宗实录》卷457，嘉靖三十七年三月上，台北“中研院”历史语言研究所校印1962年影印本，第7729页。

④ （明）闵梦得修，中国人民政治协商会议福建省漳州市委员会整理：万历癸丑《漳州府志》卷38《丛谈志》，下册，第2568页。

⑤ 屈万里主编：《明清历科进士题名碑录》，（台北）华文书局1969年影印本，第2册，第986页。

⑥ 《明世宗实录》卷460“嘉靖三十七年六月下”，台北“中研院”历史语言研究所校印1962年影印本，第7776页。

知《耳谈》所载“闽帅”实指阮鹗，由于阮鹗遭到革职为民，不便对其述及“闽帅”。

结语

综上所述，得出以下三点结论。

第一，《杨八老越国奇逢》源自《耳谈》，由王同轨的挚友汪元范口述，最初版本已经过改编。汪元范围绕嘉靖年间绍兴抗倭，揭示“假倭”与福建的渊源关系，揭露明朝“海禁”政策弊端。汪元范所述杨某本是其南直隶徽州府休宁同乡，汪元范有意调换官民关系，揭露王朝体制问题，为避免绍兴府徽州籍官员对号入座而改称杨某原籍为“盩厔”。冯梦龙取材《耳谈》，已对杨八老故事进行考辨，有意将杨八老所处的明代置换为元代。

第二，杨八老在嘉靖三十五年（1556）通过入赘明代卫所军户望族薛氏宗族，定居福建漳州府漳浦县六都西林城，与闽南女海商薛氏密切合作，参与云霄走私贸易。杨八老在漳浦深受“倭化”影响，迫于明朝“海禁”政策，嘉靖三十八年（1559）参与“嘉靖大倭寇”，成为“假倭”，劫掠闽南浙东沿海。冯梦龙因家乡苏州曾遭倭患，深刻认识到“嘉靖大倭寇”发源于福建，在《杨八老越国奇逢》增加苏州倭乱情节。冯梦龙通过创作杨八老故事，对其日后担任福建寿宁知县治理闽地、书写《寿宁待志》倭寇叙事多有启示。

第三，新时期冯梦龙小说研究，应在文献分析的基础上，进行文本分析，重构历史。既要揭示区域社会历史文化变迁，又要立足全球史视野。本文通过还原冯梦龙小说创作的过程，揭示了冯梦龙小说文本书写的原因与目的。

稿　约

《区域文化与文学研究集刊》诚约稿件

《区域文化与文学研究集刊》是一本专门研究区域文化与文学的纯学术刊物（书代刊）。本刊以“区域”为理论视角审视文学及文化的构成和发展，展示推介相关研究成果；以促进文化学术的繁荣为宗旨，为当下的文学与文化研究提供新思维和新方向；坚持“双百方针”，强调社会责任，服务学术事业和区域经济文化发展建设。本刊暂定一年两期，由中国社会科学出版社出版，全国发行。

为此，本刊向学界同仁诚约稿件，欢迎选题独特精当、内容充实、思想深刻、观点新颖、具有前沿性和前瞻性的学术论文。敬请关注，不吝赐稿，并予以批评指正。

为联系方便和技术处理，来稿要求如下：

（一）论文篇幅最好不超过15000字。书评不超过3500字。

（二）论文若系课题阶段性成果，请在标题后添加脚注，说明课题来源、名称及编号。

（三）作者名后请以脚注方式添加作者简介，说明作者姓名、出生年月、职称（或学位）、研究方向及工作单位等信息。

（四）论文请附300字以内的中文提要，并附3—5个中文关键词。

（五）注释格式及规范

1. 一律采用脚注，注释序号用123格式标示，每页重新编号。

2. 中文注释具体格式如下列例子：

例 1：

余东华：《论智慧》，中国社会科学出版社 2005 年版，第 35 页。

同上书，第 37 页。

同上。

《马克思恩格斯选集》第 2 卷上册，人民出版社 1972 年版，第 25 页。

刘少奇：《论共产党员的修养》，人民出版社 1962 年第 2 版，第 76 页。

例 2：

［美］弗朗西斯·福山：《历史的终结及最后之人》，黄胜强等译，中国社会科学出版社 2003 年版，第 7 页。

例 3：

刘民权等：《地区间发展不平衡与农村地区资金外流的关系分析》，姚洋主编《转轨中国：审视社会公正和平等》，中国人民大学出版社 2004 年版，第 138—139 页。

例 4：

茅盾：《记“孩子剧团”》，《少年先锋》第 1 卷第 2 期。

杨侠：《品牌房企两级分化　中小企业“危”“机”并存》，《参考消息》2009 年 4 月 3 日第 8 版。

例 5：

费孝通：《城乡和边区发展的思考》，转引自魏宏聚《偏失与匡正——义务教育经费投入政策失真现象研究》，中国社会科学出版社 2008 年版，第 44 页。

参见江帆《生态民俗学》，黑龙江人民出版社 2003 年版，第 60 页。

例 6：

赵可：《市政改革与城市发展》，博士学位论文，四川大学，2000 年，第 21 页。

任东来：《对国际体制和国际制度的理解和翻译》，全球化与亚太区域化国际研讨会论文，天津，2006 年 6 月，第 9 页。

《汉口各街市行道树报告》，1929 年，武汉市档案馆藏，资料号：Bb1122/3。

例 7：

陈旭阳：《关于区域旅游产业发展环境及其战略的研究》，2003 年 11 月，中国知网（http：//www. cnki. net/index. htm）。

李向平：《大寨造大庙，信仰大转型》（http//xschina. org/show. php? id = 10672）。

例 8：

《太平寰宇记》卷 36《关西道 · 夏州》，清金陵书局线装本。

姚际恒：《古今伪书考》卷 3，光绪三年苏州文学山房活字本，第 9 页 a（指 a 面）。

（汉）班固：《汉书》，中华书局 1983 年标点本，第 xx 页。

《太平御览》卷 690《服章部七》引《魏台访议》，中华书局 1985 年影印本，第 3 册，第 3080 页下栏。

乾隆《嘉定县志》卷 12《风俗》，第 7 页 b。

《旧唐书》卷 9《玄宗纪下》，中华书局 1975 年标点本，第 233 页。

3. 外文注释如下列例子：

例 1：

Seymou Matin Lipset and Cay Maks, *It Didn ' t Happen Hee : Why Socialism Failed in the United States* , New York：W. W. Norton & Company, 2000, p. 266.

例 2：

Christophe Roux-Dufort, "Is Crisis Management（Only）a Management of Exceptions?", *Journal of Contingencies and Crisis Management* , Vol. 15, No. 2, June 2007.

（六）来稿一律采用电子版，请在文末注明作者联系电话、电子邮件、详细通信地址及邮编，以便联系有关事宜。

（七）切勿一稿多投。

本刊同意被中国知网（CNKI）收录，并许可其以数字化方式复制、汇编、发行、网络传播本刊全文，文章作者版权使用费和稿酬本刊将一次性给付。如作者不同意文章被收录，请在来稿时向本刊声明，本刊将作适当处理。

本刊地址：重庆市沙坪坝区大学城重庆师范大学文学院《区域文化与文学研究集刊》编辑部

邮政编码：401331

电子邮箱：qywxjk@ 163. com

重庆师范大学区域文化与文学研究中心

《区域文化与文学研究集刊》编辑部

后　　记

站在寒冷的岁尾回眸这个曾被赋予了美好期待的一年，幸存者们在默望着已陨落无数星辰的夜空时，回想起漫长的春、夏、秋、冬里跌跌撞撞闯过来的分分秒秒，酸、苦、麻、辣或许就会杂陈于心头：这是异常艰难的一年。

艰难的日子里，我们仍然甚至更加需要诗与远方，仍然甚至更加需要相濡以沫。本辑刊物在这艰难年头却能顺利面世，就与编委会成员们秉持的这种信念有关，与师友们坚守的这种精神有关：当我们请谭桂林、李怡、张光芒老师支持本刊时，恰处于今年至为难熬的时段里，然而三位老师立即答应并很快确定了组稿方向；当我们希望本辑作者进一步修改正文、核查引文与注释时，都得到了他们热切、认真的回应。这些无条件的切实的支持，促成了内容丰富、质量颇高的本缉刊物按时呈现于读者诸君面前。

“彭燕郊百年诞辰纪念专栏”“现代巴蜀湮没文学研究”“江南文化与江苏文学研究”这三大栏目，均是在区域文化与文学视野下对中国现当代文学史加以细密考索的重要成果。彭燕郊先生对湖湘文坛的深远影响，从谭桂林、龚旭东、易彬、陈璐几位学人满含着温情与热爱的文字中即可见出；发掘民国时期巴蜀湮没文学的重要性与急迫性由李怡先生提出，体现在康斌对陈翔鹤感伤抒情特质的独特发现、胡余龙对王余杞散文《我的故乡》的深入解读，也体现在范利荣对四川新文学教育的先行者刘大杰事迹的细致钩沉；江南文化的悠久与江苏文学的特殊魅力，在韩松刚笔下，是当代江南小说的审美倾向——“水乡的诗学”，在邓全明笔下，是新时期苏州小说创作的苏州/南方想象，在蒋洪利笔下，是当代已然形成的“南京作家群”，在张光芒笔下，是2019年江苏长篇小说与江南文化之间的密切互动与精神的相互生成，在董卉川笔下，则是陈白尘1920年代小说创作与江南文化、江苏文学的幽微关联。这些成果都在尽可能深描曾经被视为“地方经验”，而在事实上却关联着、影响着中国现当代文化与文学形貌的重要部分，区域视野的介入、地方路径的探究，无疑会有助于修正中国现当代文学研究的整体格局。

“区域文化与比较文学研究”“区域文化与古代文学研究”系本刊物的重要栏目。设计它们的初心，就在于将区域文化与文学的研究视野延及其他国家，又由20世纪上溯到中国古代，从而开拓更宽广的研究疆域，实现跨区域多学科的有益对话。“区域文化与比较文学研究”栏目所选载的熊晓霜的大作，细究朱利安·巴恩斯《时代的喧嚣》中的历史想象、政治想象与文学想象，颇有新意；周子玉、谭心顺的宏文，全面论析哈格德的“艾莎”系列小说与新旧殖民思潮冲突的密切关联，细密翔实；李元乔将文学中的空间与动物结合起来进行讨论，不无新意；刘静对辰野隆《关于纯粹诗歌的论争》的翻译与评介，对我们理解纯诗之争不无裨益；常芬对冲绳作家大城立裕的文学自律性主张的剖析，细致缜密。“区域文化与古代文学研究”栏目所选载的三篇文章中，何亮、张桃英之文详论端午的节俗文化的地域性及其对中国古代小说的重要意义，张云之文剖析廪君神话与巴蜀历史文化之深层关联，刘涛之文细考闽南文化对冯梦龙《杨八老越国奇逢》创作过程的渗透，都有力推进了古代文学与区域文化的关系研究。

在这“不容易”的感叹四处流淌的岁尾，让我们以持续的努力翻过那些忧郁的日子。

杨华丽

2020年11月